Günter Budina

Gärtnern
mit der Natur

Günter Budina

Gärtnern
mit der Natur

Neumann Verlag
Radebeul

Der Text wurde unter Mitarbeit von
Dr. Hans Dieter Knapp
(Naturnahe Gartengestaltung)
und Dr. Manfred Geyer
(Einleitung, der Biotop und naturwissenschaftliche
Grundlagen) verfaßt.
Herr Veit Ludewig unterstützte mit praktischen Hinweisen.
Bildidee und Zeichnungen
stammen von Hans Preuße.

Budina, Günter:
Gärtnern mit der Natur / Günter Budina.
(Zeichn. von Hans Preuße). – 1. Aufl. –
Radebeul : Neumann Verlag, 1990.
– 256 S. : 231 Ill. (z. T. farb.)
ISBN 3-7402-0077-4

ISBN 3-7402-0077-4

1. Auflage 1990
Alle Rechte vorbehalten
© Neumann Verlag Radebeul, 1990
VLN 151-310 · LSV 4309
Lektor: Dr. Manfred Geyer
Gestaltung: Bettina Neustadt
Gesamtherstellung:
Graphischer Großbetrieb Pößneck GmbH
Printed in Germany

Inhalt

Einleitung

Wer mit Hilfe von Licht, Wasser und Pflanzen auf einer bestimmten Bodenfläche Kohlköpfe oder Äpfel oder Schnittastern zum Verkauf produziert, ist ein Gemüse- oder Obst- oder Zierpflanzengärtner und bedarf zur Ausübung dieses Berufes einer jeweils sehr speziellen Fachausbildung. Seine wirtschaftliche Tätigkeit würde er selbst nicht »gärtnern« nennen und sich dagegen verwahren, wenn andere sie so bezeichnen.

Im Haus- oder Kleingarten werden Gemüse und Obst und Zierpflanzen von Menschen angebaut, die meist keine Fachleute der Gemüse-, Obst- oder Zierpflanzenproduktion sind. Genaugenommen müßten sie aber Fachleute des Gemüsebaus und des Obstbaus und des Zierpflanzenbaus sein und zusätzlich noch Kenntnisse über Gartengestaltung und Gartentechnik besitzen, handwerklich geschickt zum Bau und zur Erhaltung einer Gartenlaube sein – das ist sicher noch nicht alles, was ein »Freizeitgärtner« an Fähigkeiten mitbringen sollte, obwohl er »nur« gärtnert. Es gibt kein Berufsbild des Freizeitgärtners, und es gibt kein Lehrbuch des Gärtnerns. Wer einen Garten als Freizeitbeschäftigung gestaltet, bewirtschaftet und unterhält, setzt sich in eine sehr elementare und komplexe Beziehung zur Natur. Er gestaltet Natur und setzt sich Erfahrungen, Erfolgen und Mißverständnissen im Umgang mit der Natur aus. Er erfährt ein Stück individuell gesteuerter und individuell verantworteter Natur. Der homo ludens – der spielende Mensch – ist nirgendwo ernsthafter beim Spiel als in seinem Garten. Gärtnercharaktere spiegeln sich im Charakter ihrer Gärten, im blankgeputzten Ziergarten und in der Gartenwildnis, im Mini-Gemüseacker und im baumumstandenen Teppichrasen-Garten, im Troggärtlein und im aufgetürmten Steingarten. Alle gärtnern sie mit Natur, experimentieren mit Natur und haben dieses Experiment zu verantworten, auch wenn sie nicht zur Verantwortung gezogen werden. Ihre Auffassungen vom Gärtnern sind so verschieden wie ihre Berufe und ihre Charaktere, und ihr Umgang mit dem Stück Natur, das sie ihr eigen nennen oder das ihnen anvertraut wurde, wird zumeist von einem Konglomerat von Sach- und Fachinformationen verschiedenster Art beeinflußt. Nur selten sind es Informationen in der für die Entwicklung unseres Umweltverständnisses notwendigen komplexen Form. Es gibt eine Fülle populärwissenschaftlicher Literatur mit dem Anspruch, dem Freizeitgärtner fachgerechte Rezepte zum erfolgreichen, ertragreichen Gärtnern zu geben, praktische Ratschläge werden von Nachbar zu Nachbar weitergereicht, in Zeitungen und Zeitschriften werden unzählige, oft unzureichend begründete Anweisungen und Ratschläge gegeben, und es gibt die geheimnisvolle Gartenalchimie, die von Generation zu Generation weitergesagt wird. Aus dieser Menge sich häufig widersprechender Informationen sucht sich ein Freizeitgärtner eine Konzeption des Gärtnerns heraus. Mit wachsender Erfahrung wird seine Konzeption des Gärtnerns daraus. Die Erkenntnisse der Fachwissenschaften werden noch zu wenig genutzt. Die Form ihres Angebotes leidet außerdem manchmal noch an Berührungsangst mit Laien. Der Freizeitgärtner dilettiert im Bereich angewandter Biowissenschaften. Es gibt meisterhafte Dilettanten, aber sie sollten nicht lebenslang Dilettanten bleiben. Der Vorzug des Gärtnerns, so wie es hier verstanden werden soll, bedeutet unter anderem frei zu sein von wirtschaftlichem Zwang, eine bestimmte Fruchtart in einer bestimmten Zeiteinheit in einer bestimmten Masse auf einer bestimmten Fläche produzieren zu müssen. Der Freizeitgärtner hat die Wahl, eine von ihm bevorzugte Fruchtart anzubauen und diese Fruchtart und ihre Kultur so zu wählen, daß er ohne große Zusatzaufwendungen mit den Gegebenheiten seines speziellen Standortes zu optimalen, stabilen, eben standortgerechten Erträgen kommt. Dazu braucht er die Zusammenschau von Naturvorgängen und das Experiment. Der Freizeitgärtner steht in der moralischen Pflicht, auf seinem Stück Boden ein Stück fruchtbare Natur zu gestalten, produktiv zu entwickeln und in seiner Produktivität zu erhalten. Der Freizeitgärtner braucht nicht so sehr die allgemein verständlich aufbereitete Produktionstechnologie der Gemüse-, Obst- und Zierpflanzenproduktion, er braucht das Verständnisangebot für die Naturprozesse, die in seinem Garten ablaufen. Mit einer populären Gartenbauliteratur schlechthin ist es nicht getan. Es bedarf einer speziellen Literatur des Gärtnerns. An dieser Literatur mangelt es. Mit dem vorliegenden Buch wird noch kein Lehrbuch für den Freizeitgärtner vorgelegt. In ihm wird nur ein zunehmend an Interesse gewinnendes Problem des Gärtnerns im größeren Zusammenhang behandelt: in welchem Ausmaße müssen wir in unseren Gärten die Natur bevormunden, und in welchem Umfange können wir auf ihre Selbststeuerung vertrauen.

Der seit über einem halben Jahrhundert verbreitete Begriff des »biologischen Gartenbaus« ist in diesem Buch nicht zu finden. Einen abiologischen Gartenbau gibt es nicht. Die vor der Entdeckung der Kybernetik und der Entwicklung der Systemtheorie gefundenen oder wieder beachteten biologischen Wirkungsgefüge verdienen aber unser Interesse. Auch wenn ein Garten ein biologisches Wirkungsgefüge ist, schützt ihn das noch nicht davor, als abiologischer Funktionsmechanismus betrachtet und als solcher behandelt zu werden. Der »biologische Gartenbau« hat zur Aufklärung dieses Mißverständnisses und zur Rückführung auf das Verständnis und die Anwendung komplexer biologischer Wirkungsmechanismen viel beigetragen. Wir haben inzwischen im

Black-Box-Prinzip zu akzeptieren gelernt, daß es nicht immer erforderlich ist, einen genannten Wirkungsmechanismus in allen seinen Einzelheiten zu begreifen, wenn die Ausgangsleistung der Erwartung entspricht, die wir mit der Eingabe in das System verbanden. Es ist aber unzulässig, fehlendes Wissen durch Spekulationen zu ersetzen. Der Mensch hat einen urtümlichen Hang, alle unverstandenen Naturvorgänge zu mystifizieren oder sie durch naive Deutungen einem schlichten Weltverständnis einzugliedern.

Viele werden die auch in diesem Buch beschriebenen Pflanzenjauchen, Kräuteraufgüsse und Nachbarschaftswirkungen als unwissenschaftlich ablehnen. Das ausgehende 20. Jahrhundert ist im Gegensatz zur verbreiteten Annahme noch vor dem Zeitalter der technischen Wissenschaften das Zeitalter der Biologie. Die biologischen Zusammenhänge und Wirkungskomplexe, die durch wissenschaftliche Forschung in atemberaubender Vielfalt aufgeklärt oder wenigstens beschrieben werden können, haben eine neue Epoche der Biologie als Wissenschaft eröffnet. Die lange Zeit vorrangig betriebene analytische Betrachtung, Klassifizierung und theoretische Synthese wird in fortschreitendem Maße von Zusammenschau, von Synopsis abgelöst. Die Wirkungszusammenhänge stehen im Zentrum der Untersuchungen. Wir beginnen auf dem Gebiet der Pflanzenwirkstoffe Zusammenhänge zu erkennen, die uns noch abenteuerlich anmuten, für deren Verständnis die modernen Naturwissenschaften aber durchaus Modelle bereit haben. Wenn der Pyrethrumextrakt, dessen eigenartigen Geruch wir wahrnehmen können, ein radikales Mittel gegen Blattschädlinge ist, warum soll dann der für viele Menschen unangenehm riechende Stoff, den Studentenblumen ausscheiden, ohne Einfluß auf das biologische Standortsystem der Pflanze sein? Das Auffallende an den meisten dieser für die biologische Schädlingsbekämpfung genutzten Pflanzen ist das Vorhandensein solch stark riechender, bitter schmeckender oder sogar in weitem Sinne giftiger Stoffe, eine auffallende Resistenz der Pflanzen gegen Schädlingsbefall und meist auch eine ausgesprochene Vitalität und Anpassungsfähigkeit gegen Mangelerscheinungen. Für die Forschung ist hier noch ein weites Feld, das Überraschungen erwarten läßt.

Es muß aber bereits in der Einleitung zu diesem Buche gesagt werden, daß die hier empfohlenen Pflanzenschutzmittel in der DDR staatlich nicht zugelassen sind. Ihre Wirkungen und ihre Wirksamkeit sind nicht im Sinne des Gesetzes zum Schutz der Kultur- und Nutzpflanzen und seiner Durchführungsbestimmungen überprüft worden, deshalb empfehlen die staatlichen Einrichtungen des Pflanzenschutzes diese Mittel nicht.

Wenn wir unter dem Begriff des Biotops die funktionale Abhängigkeit von Tieren und Pflanzen in einem Systemzusammenhang verstehen, dann darf mindestens theoretisch der Einfluß auch nur eines Elementes auf das ganze System nicht ausgeschlossen werden. In vielen Gärten haben sich in Ecken und Winkeln stabile Biotope herausgebildet, die nur nicht beachtet werden, aber über Jahrzehnte stabil bleiben und sicher über mehrere Menschengenerationen stabil blieben, wenn nicht jede Menschengeneration ihre eigene Vorstellung über rationelle Flächennutzung hätte. Im Widerspruch zu den Ansichten extremer »Biogärtner« sind das nicht immer nur einheimische Wildpflanzen am natürlichen Standort. Viele fremdländische und uralte Gartensorten gehören dazu. Es sind wichtige Studienobjekte für die naturnahe Gartengestaltung. Jeder Anbau von Feldfrüchten hat die Vernichtung standortgebundener Vegetation zur Voraussetzung. Ihr folgt die Notwendigkeit, die Wiederansiedlung dieser standortgemäßen Vegetation zu verhindern. Um existieren zu können, muß die Menschheit Natur versehren. Der Garten Eden wurde von Sammlern bewohnt. Mit der Feldwirtschaft schaffen wir neue, von der Natur nicht vorgesehene, instabile Lebensgemeinschaften, für deren Erhaltung der Mensch all seine Kraft und seinen Verstand gebrauchen muß, um sie produktionsfähig zu erhalten. Der schwerwiegendste Eingriff dabei ist der brachliegende, umgebrochene oder ungeschützt liegende Boden. Boden, als organische Struktur, wird dann leicht zu Substrat. Nicht einseitig betriebene intensive Nutzung ermöglicht auf Dauer höhere Erträge, sondern richtige Bodenpflege. Den Boden lebendig zu erhalten kann man jedem Freizeitgärtner zumuten. Auch zwischen Gemüsereihen kann der Boden mit Mulch abgedeckt werden. Was die landwirtschaftliche Technik nicht zuläßt, der Freizeitgärtner kann es: Er kann sein Gemüse in Mischkultur und Fruchtfolge anbauen und dadurch die Devastation des Standortes, des Bodens seines Gartenstandortes durch einseitige Beanspruchung vermindern; ja er hat sogar die Möglichkeit, seinen Boden durch zielgerichtete Bodenpflege in seiner Produktivität und biologischen Qualität zu entwickeln.

Das schwächste Glied einer Kette bestimmt die Stärke der gesamten Kette. Die Nährstoffe, die von den Pflanzen dem Boden entzogen werden, müssen ihm wieder zugeführt werden. Die Rolle der Pflanzennährstoffe wird in dem vorliegenden Buch relativ ausführlich behandelt, es ist ein Schlüsselproblem sowohl für das Wachstum gesunder produktiver Pflanzen als auch für die Entwicklung eines gesunden Bodens. Die Humusversorgung spielt bei der Rückführung organischer Substanz zum Boden die Hauptrolle. Je weniger leicht lösliche Düngesalze zugeführt werden müssen, um so geringer ist die Gefahr, daß Düngung zu Schäden an Pflanzen, Böden und Grundwasser führt. Die natürliche Nährstoffzufuhr der Pflanzen erfolgt im Kreislauf der Produktion und des Abbaus organischer Substanz. Diesen Kreislauf durchbrechen wir mit der Entnahme organischer Substanz, oftmals völlig sinnlos, indem wir z. B. das Laub zusammenrechen und verbrennen. Als »nachschaffende Kraft« kann uns bei tiefgründigen Böden und bei bestimmten Verwitterungsböden die Freisetzung von Nährstoffen im Untergrund zu Hilfe kommen; nicht in jedem Fall wird sie genügen. Die Nährstoffbilanz ist bei allen instabilen jährlich oder sogar mehrmals im Jahr wechselnden Pflanzenkulturen ein aufmerksam zu verfolgendes Problem. Gedüngt werden sollte mit komplexer organischer Masse; spezielle Defizite an einzelnen Nährstoffen müssen mit speziellen dosierten Mineraldüngergaben abgedeckt werden. Besser ist es, solche Defizite durch eine ausgewogene Gartenkultur möglichst nicht entstehen zu lassen.

Grüne Pflanzen bestehen zu 80 bis 90% ihrer gesamten Masse aus Wasser. Die Trockensubstanz setzt sich aus 40% Kohlenstoff, 40% Sauerstoff, nur 6% Wasserstoff, 3% Stickstoff, 2% Kalium und

Gebirgswiese mit Arnika

0,4 % Phosphor zusammen. Alle übrigen, am Stoffwechsel der Pflanzen beteiligten oder in ihre Organe eingebauten Elemente machen weniger als 3 % der gesamten Trockensubstanz aus. Diese Massenverhältnisse sollte man immer bedenken, wenn wir in unserem Garten darangehen, Pflanzen zu »ernähren«.

Chemie und »chemische« Mittel haben nicht nur im Garten einen schlechten Ruf bekommen. Das ist ungerecht gegenüber einer Wissenschaft, durch deren erfinderische Arbeit die Entwicklung der modernen Gesellschaft überhaupt erst möglich geworden ist und deren permanent andauerndes Schöpfertum eine auf der industriellen Produktion bestehende Gesellschaft erhält. Es bereitet keine Schwierigkeiten, mit synthetischen Mitteln Leben zu zerstören, auch Gegenstände vor Leben zu schützen. Doch Leben entsteht nicht in Retorten. Produktiv werden die Erzeugnisse der chemischen Industrie im Garten erst dann, wenn sie im Stoffkreislauf der Pflanze umgewandelt werden. Wir haben uns bisher zu leichtfertig der Chemie als Mittel Leben zu zerstören bedient. Das ist nicht mehr abzustreiten. Dieses Verhalten war Bestandteil eines wenig entwickelten Verständnisses für ökologische Zusammenhänge. Mit den Erfahrungen, die wir inzwischen mit dem integrierten Pflanzenschutz machen, wachsen die Möglichkeiten, mit immer weniger Chemie immer höhere Erträge bei standortgerechtem Anbau zu erzielen. Der Schrei »Kampf der Chemie!« ist natürlich nur ein Schrei des schlechten Gewissens. Nicht die Chemie hat schuld, sondern unser Umgang mit ihren Produkten. Noch auf lange Sicht wird die Ernährung der Menschheit von dem Einsatz chemischer Pflanzenschutzmittel abhängen. Wir werden damit Naturschäden in Kauf nehmen, um das Überleben von Menschen zu sichern; wir sollten aber unverzüglich damit beginnen, bei uns, in unserem Garten das natürliche Gleichgewicht mit naturbürtigen Mitteln zu erhalten und mit chemischen Mitteln so umgehen wie der verantwortungsbewußte Mediziner mit der Tablette: nur, wenn die körpereigenen Kräfte, die Physiotherapie und die soziale Umwelt nicht mehr helfen können.

In unserer Zeit zieht sich der Mensch Schritt für Schritt aus der materiellen Produktion zurück und überläßt diese Arbeit den Automaten. In umgekehrtem Maße wächst die menschliche Leidenschaft nach Tätigsein in kleinen Gärten. Machen Sie Ihren Garten nicht zum Sportplatz für die Abreaktion überschüssiger Kräfte. Dazu eignet er sich nicht. Schon Karl Foerster (1874–1970) verlangte nach dem Garten für den intelligenten Faulen. Der fleißigste Gärtner ist nicht unbedingt der beste Gärtner. Lassen Sie Natur für sich arbeiten, sie arbeitet kostenlos und zuverlässig. Erwarten Sie von Natur nicht, daß sie ihr Funktionssystem auf menschliches Verständnismaß umstellt. Mit welchen Mitteln Sie Natur veranlassen können, zu Ihren Gunsten zu produzieren, müssen Sie durch engen und aufmerksamen Kontakt mit der Natur selbst herausfinden. Mit der Natur gärtnern bedeutet also in diesem Sinne Partnerschaft mit der Natur. Die Kenntnis der Naturgesetze, ihre Verallgemeinerung für die Praxis und rückwirkend die Auswertung der praktischen Erfahrungen sind die Voraussetzungen dafür, daß diese Partnerschaft für Sie zum Erlebnis wird. Viele haben es vergessen: Wir selbst sind Teil dieser unteilbaren Natur!

Der Biotop

Gesunde Pflanzen können nur in gesunden, leistungsfähigen, biologisch aktiven Böden und in Gesellschaft anderer Pflanzen gedeihen. Das Gedeihen der Pflanzen wird auch von der Tierwelt beeinflußt, am auffälligsten in seiner negativen Form, dem Schädlingsbefall. Die dynamische Gemeinschaft zwischen Pflanzen und Tieren wird Biozönose genannt, ihr Lebensraum ist der Biotop. Biotope sind Hochmoor, Fichtenforst, Kornfeld, Teich, Erlenbruch, Obstbaumwiese, Gemüsegarten usw.

Natürliche Biozönosen haben eine stabile Struktur. Bodenverhältnisse, Klima, Pflanzenbestand und Tierwelt befinden sich im Gleichgewicht. Was dieser jeweils sehr speziellen Struktur fremd ist, als angewehter Samen oder als eingewandertes Tier, erliegt dem Konkurrenzdruck der optimal angepaßten Lebewesen oder geht an Mangelerscheinungen anderer Art (Lichtmangel, Wassermangel oder -überschuß, Nährstoffarmut usw.) zugrunde. Werden grundlegende Beziehungen in einem Biotop gestört, dann versucht das System zunächst den Schaden auszugleichen. Auf einem Kahlschlag im Walde siedeln sich sofort wieder standortgerechte, nämlich dem Biotop »Kahlschlag« entsprechende Pflanzen, die eventuell wieder zum Biotop »Laubwald« überleiten können. Werden die Beziehungen großflächig und dauerhaft gestört, z. B. durch nachhaltige Entwässerung, wandelt sich die Biozönose. Da nicht nur Klima, Boden und Wasserhaushalt auf die Biozönose wirken, sondern diese rückwirkend wieder auf Wasserhaushalt, Boden und Klima, ändert sich das ökologische Gefüge dieses Raumes.

Die Lebensgemeinschaften unserer Gärten sind von uns geschaffen. Sie können sich auf keine natürlichen Vorbilder berufen. Die meisten Erfahrungen mit natürlichen Pflanzengesellschaften können wir noch im Gartenteich, in der Staudenrabatte und im Steingarten nutzen, aber nirgendwo in der Natur wachsen Pflanzen reihenweise wie unsere Erdbeeren, Zwiebeln und Kohlrabi. Wir haben es also mit eigentümlich neuen Biotopen zu tun, denen wir den regulierenden Einfluß von Pflanzennachbarschaften und die Grundlagen für die Entwicklung einer standortgerechten Tierwelt erst schaffen müssen. Der Garten ist eine menschliche Schöpfung.

Die Geschichte der natürlichen Pflanzengesellschaften zählt nach Jahrtausenden, die Geschichte unserer Gärten nicht einmal nach Jahrhunderten. Unsere Gärten sind keine stabilen Biotope, von manchem extensiv genutzten Wochenendgarten abgesehen. Besonders unsere Gemüsegärten sind äußerst empfindliche Lebensgemeinschaften auf Zeit, deren Gefährdung in dem Maße wächst, in dem sie den Charakter einer hygienischen, mit chemischen Mitteln gesund erhaltenen und mit Produkten der chemischen Industrie ernährten Monokultur annehmen. Wer die Gratisleistungen der Natur mißachtet, muß die Leistungen selbst erbringen. Auf einem sauberen, mehrmals im Jahr gehackten Gartenbeet können jährlich neue Sommerblumen stehen. Im Herbst sind sie verwelkt, ein biologisches Beziehungsgefüge bricht zusammen und muß im nächsten Jahr neu begründet werden. Das gleiche Beet kann mit Stauden und Gehölzen bepflanzt, die zueinander und zum Standort passen, über Jahrzehnte eine stabile Gemeinschaft entwickeln, in die fast nicht eingegriffen zu werden braucht. Das Gemüse dagegen *müssen* wir im Schweiße unseres Angesichts erarbeiten, aber auch hier gilt: die Natur nicht bevormunden, sondern für uns arbeiten lassen. Dafür brauchen wir Spürsinn und Beobachtungsgabe, und wir sollten nicht verachten, was uns unsere Vorfahren an Erfahrungen überlieferten.

Um unseren eigenen Gartenbiotop begründen zu können, müssen wir das Gefüge des Biotops erkennen, den wir zum Gartenbiotop umwandeln wollen, oder wir müssen zu ergründen suchen, welcher natürliche Biotop würde sich auf der Fläche entwickeln, die wir, vielleicht als kahles Bauland, übernommen haben.

Das Klima begrenzt die Wuchsleistung der Pflanzen durch den Jahresgang der Temperatur, die frostfreie Zeit und die regelmäßig zu erwartenden Tiefsttemperaturen. Auch die Menge der Niederschläge in der Vegetationsperiode ist wichtig. Wassermangel ist aber noch am ehesten, durch Zusatzbewässerung, auszugleichen. Frost, der den Pflanzen droht, können wir nicht abwenden, eine Reisigdecke ist ein kümmerlicher Ersatz für eine Schneedecke.

Neben der Art des Bodensubstrats und seiner Mischung (Sand, Verwitterungsboden aus anstehendem Gestein, Ton, Lehm, Rohhumus usw.) ist der Grundwasserstand und das Wasserhaltevermögen des Bodens für unsere gärtnerischen Absichten von größter Bedeutung. Auf Sand, unter dem erst in einigen Metern Tiefe Grundwasser ansteht, können z. B. Obstbäume jahrelang kümmern, oder sie gehen ein. Sie müssen sich durch ein weit ausgreifendes oberflächennahes Wurzelsystem das lebensnotwendige Wasser suchen. Grundwassernahe Sandböden bedürfen dagegen nur etwas Gärtnerfleißes, um zum üppigen Garten zu werden.

Wo artenreiche Wiesen wuchsen, wird es leicht sein, einen Garten zu begründen. Auf steinigen Hängen, die von Trockenrasen bewachsen sind, werden wir erst nach Jahren mühevoller Entwicklung einer schattenspendenden Gehölzvegetation und einer entsprechenden Bodenschicht unseren stabilen Gartenbiotop haben. Er wird anders aussehen als der, vor dem einst Wiesen wuchsen. Trotz aller Begeisterung gestalterisch zu verändern, versuchen Sie nicht, Ihren Willen der Natur aufzuzwingen. Damit haben wir schon zu großen Schaden angerichtet!

Der Boden

Was ist Boden?

Unsere Vorfahren, die den Begriff »Mutterboden« prägten, wußten sehr genau, daß alles Leben auf dem festen Land vom Boden abhängt. Die Indianer sagten: »Wenn Menschen auf die Erde spukken, bespeien sie sich selbst!«

Boden ist keine sich ständig gleichbleibende, den Pflanzen nur einen Halt gebende Masse, sondern ein lebendiges, sich ständig veränderndes System. Es besteht aus organischen und anorganischen Teilchen, der Bodenlösung und der Bodenluft. Diese drei Phasen bilden in ihrem Zusammenwirken die Bodenstruktur, das Bodengefüge. Eine poröse, lockere Krümelstruktur des Bodens ist Voraussetzung und Ergebnis eines optimalen Pflanzenwachstums. Boden vermittelt den Pflanzen Nährstoffe, er kann sie aber auch blockieren. Wenn verwitterndes Gestein für Pflanzen und Tiere zu einem Lebensraum wird, spricht man von Boden.

Dem Begriff »Boden« übergeordnet ist der Begriff »Standort«. Damit wird ein bestimmter Boden an einer bestimmten Stelle der Erdoberfläche einschließlich seiner klimatischen Situation bezeichnet. Der Gärtner sollte nie vergessen, daß er es mit Standorten zu tun hat, die er bewirtschaftet. Boden ist Träger des Lebens und Raum für das Leben. Er bedingt die erstaunliche Vielfalt des Lebens und ist selbst in seiner Struktur sehr vielseitig. Boden vermag viele Schäden, die ihm zugefügt werden, auszugleichen, aber er bleibt ein empfindliches biologisches System, dessen Regenerationsfähigkeit nicht unbegrenzt ist.

Mit der Natur gärtnern heißt, mit dem, was uns die Natur bietet, vernünftig zu wirtschaften. Dazu gehört eine richtige Bodenpflege. Aus Unkenntnis wird sie oft vernachlässigt. Das führt zwangsläufig zu Ertragsausfällen im Garten. Damit Sie Ihren Gartenboden richtig behandeln können, bedarf es einiger Kenntnisse in der Bodenkunde.

Boden entsteht, seitdem die Gesteinskruste der Erde unter dem Einfluß der Atmosphäre zu verwittern begann und damit Minerale für die Ernährung von Organismen freigesetzt wurden.

An der Verwitterung arbeiten Wasser, Luft, Hitze, Kälte, Pflanzen, Tiere und nicht zuletzt auch der Mensch mit. Die Struktur des starren Gesteins wird aufgelöst, es zerfällt kontinuierlich, oft erst in Zeiträumen von Jahrtausenden zu Kies, Sand, Lehm und Ton. Mit zunehmendem Grad der Verwitterung siedelt sich Leben in dem Substrat an. Die mineralischen Rohböden entwickeln sich zu einem System, dessen wichtigste Kennzeichen eine Krümelstruktur sowie der Gehalt an Humus sind. Mineralien, Wasser, Luft und Lebewesen bilden ein dynamisches Ökosystem, in dem physikalische, chemische und biologische Prozesse miteinander verknüpft sind, den »Boden«.

Je nach dem Ausgangsgestein und den klimatischen, hydrologischen, pflanzlichen, tierischen, aber auch menschlichen Einflüssen bei der Verwitterung sind die Strukturen der Böden unterschiedlich. Dabei entstehen Bodenarten mit ihren unterschiedlichen Eigenschaften. Es gilt, sie beim Gärtnern zu beachten.

Bodentypen

Die Geschichte der Entstehung Ihres Gartenbodens können Sie erkennen, wenn Sie eine ein bis anderthalb Meter tiefe Grube ausheben, das dabei zutage geförderte Bodenmaterial untersuchen und die Grubenwand genau betrachten. Aus dem Schichtenaufbau des Bodens, dem Profil, sind wichtige Schlüsse für die Nutzbarkeit des Bodens möglich.

Die Schichten (Horizonte) unterscheiden sich in Farbe, Struktur und anderen Eigenschaften voneinander. Nach den Horizonten werden Bodentypen benannt. Der A-Horizont ist der belebte und durchwurzelte Oberboden, der »Mutterboden« des Gärtners. In unserem gemäßigten Klima folgt ihm bei unseren bewirtschafteten Böden in der Regel ein B-Horizont (Verwitterungshorizont), in dem eine stärkere Mineralverwitterung (als Nährstoffe nachschaffende Kraft) wirkt. Je nach Wasserführung und Niederschlagsmenge können Stoffe ausgewaschen oder eingeschlämmt werden. Der B-Horizont kann auf flachgrundigen Böden über anstehendem Gestein auch fehlen. Man spricht dann von A-C-Böden. Es sind in der Hauptsache entstehungsgeschichtlich sehr junge Böden oder Böden, die einer ständigen Abtragung unterliegen. Der B-Horizont, als Auswaschungshorizont, wird bei hochanstehendem Grundwasser in staunassen mineralischen Böden durch einen Gley-Horizont ersetzt. Durch reduzierte Eisen- und Manganverbindungen sind Gley-Horizonte fahlgrau bis grünlich gefärbt und zeigen damit Sauerstoffmangel an. Als C-Horizont folgt das anstehende Gestein. Die organischen Moorböden werden nach ihren Lagen verschiedener Torfarten unterschieden. Die Horizonte werden mit T_1 bis T_n bezeichnet.

In einem wenig gestörten Boden bleiben die Schichtstrukturen mit ihren spezifischen Eigenschaften stabil, oder ihre Ausprägung verstärkt sich. Durch Lockerung und Humusanreicherung kann u. U. der A-Horizont vertieft werden, durch zu starke Bewässerung kann jedoch die Auswaschung von Tonmineralien und Nährstoffen beschleunigt werden. Tiefgründiges »Umwenden« des Bodens kann biologisch inaktiven Boden nach oben und die wertvolle biologisch aktive Krume darunter zum Ersticken bringen.

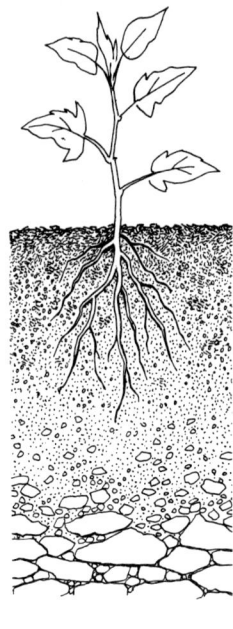

Von Regenwürmern
verdaute Erde an der
Erdoberfläche

Bodenstruktur

Bei der Einzelkornstruktur liegen die einzelnen Bodenteilchen
ohne Verbindung zueinander. Das trifft z. B. auf reine Sandböden
und reine Tonböden zu. Je kleiner die Bodenteilchen sind, um so
geringer ist das Porenvolumen des Bodens, um so größer die Gefahr der Verdichtung und Austrocknung, der Verschlämmung oder
der Verfrachtung durch Wind und Wasser.

Die Krümelstruktur als Idealzustand des Bodens ist dem Begriff
Bodengare gleichzusetzen. Eine gute Krümelstruktur entsteht nur
dann, wenn ein reiches Bodenleben vorhanden ist. Je mehr minera-
lische und organische Teilchen durch organische Stoffe und Boden-
kolloide miteinander verklebt werden, desto stabiler sind auch die
Krümel. Selbst ein starker Regenguß wird den Boden nicht ver-
schlämmen. Ein gutes Bodengefüge aufzubauen und zu erhalten,
ist für den Gärtner eine lohnende Aufgabe und Voraussetzung für
stabile Erträge.

Bodenwasser

Um 1 kg Pflanzensubstanz zu erzeugen, sind 200 bis 800 l Wasser
erforderlich. Im Wasser lösen sich die Bodennährstoffe und werden dadurch erst für Pflanzen aufnehmbar. Belebter Boden hat ein
hohes Speicherungsvermögen für Wasser in Form von Kapillarwas-
ser und an Bodenteilchen adsorbierten Wassers und ist gegen Austrocknung weit weniger empfindlich, als es anorganische und organische Rohböden sind. Je geringer der Anteil an abschlämmbaren
Teilchen ist, um so größer ist die Gefahr eines übermäßigen Was-
serverlustes durch zu starke Erwärmung des Bodens (z. B. bei Sandböden).

Die Stärke der Wasserbindung an den Boden wird Wasserspan-
nung (Wasserpotential) genannt. Das Wasserpotential ist ein
Druck. Freies, flüssiges Wasser hat das Wasserpotential 0. Je niedri-

Nässe anzeigende
Sumpfdotterblumen

ger der Druck ist, um so stärker ist das Wasser an den Boden oder
an Salze gebunden und um so weniger für die Pflanze verfügbar.
Die Speicherfähigkeit (Feldkapazität) eines Bodens für Wasser
kann deshalb groß sein, und die Pflanzen vertrocknen trotzdem.

Der »permanente Welkepunkt« wird bei Tonböden schon bei
einem Wassergehalt von etwa 25 Vol.-%, in Lehmböden erst bei
8 Vol.-% erreicht. Das Speichervermögen für pflanzenverfügbares
Bodenwasser beträgt bei diesen Böden 16 bzw. 31 Vol.-%. Sandböden haben sowohl eine geringe Feldkapazität als auch ein geringes
Speichervermögen an verfügbarem Bodenwasser.

Bodenluft

Die Bodenatmung, der Gasaustausch zwischen Boden und Atmosphäre erfolgt über die Kapillaren im Boden. Ein gesunder Boden besteht zu etwa 50 Vol.-% aus Hohlräumen. Bodenverdichtung
führt zur Einschränkung der Bodenatmung. Das Maß der Bodenatmung ist auch abhängig von der organischen Masse, die im Boden
atmet. Die Bodenatmung ist Maßstab für die biologische Aktivität
des Bodens.

Mineralstoffe und pH-Wert

Pflanzen brauchen zum Leben außer Licht, Luft, Wärme und Wasser eine Vielzahl von Mineralstoffen. Die meisten dieser Stoffe
werden im Bodenwasser in elektrisch geladene Teilchen kleinster
Größenordnung zerlegt. In dieser Form werden sie von den Pflanzen als Nährstoffe aufgenommen. In zu hoher Konzentration können sie zu Schadstoffen werden. Der Boden funktioniert hierbei als
Puffer, indem er überschüssige Nährstoffe festhalten kann (Sorptionsvermögen des Bodens) und bei Abfall der Konzentration im
Bodenwasser die Nährstoffe in pflanzenverfügbarer Form wieder
in das Bodenwasser abgibt. Das Sorptionsvermögen des Bodens ist

eine wichtige Größe für den Nährstoffhaushalt. Je wasserdurchlässiger der Boden und je kolloidärmer, um so größer ist die Nährstoffauswaschung. Im Jahr können z. B. pro Hektar in Mitteleuropa bis über 300 kg Calcium, 50 kg Magnesium, 40 kg Stickstoff ausgewaschen werden. Das beste Sorptionsvermögen hat der Löß, das schlechteste der Sand. Ob die Bodenlösung von saurer oder basischer (alkalischer) Reaktion ist, wird von der Konzentration der Säure- bzw. Hydroxidionen bestimmt. Sind Wasserstoffionen in der Mehrzahl, reagiert der Boden sauer. Enthält er mehr Hydroxidionen, reagiert er basisch. Für die Anzahl der Wasserstoffionen gibt es eine Meßzahl, den pH-Wert. Unterhalb pH 7 wird die Bodenreaktion zunehmend saurer, oberhalb pH 7 ist sie basisch.

Auf zu hohe Wasserstoff-Ionenkonzentration der Bodenlösung reagieren Pflanzen mit vermindertem Wachstum und mit nekroiden Flecken an Spitzen und Rändern der Blätter.

Zur Anhebung des Boden-pH-Wertes werden vor allem Calcium- und Magnesium-Oxide und -Karbonate eingesetzt. Je mehr sorptiv gebundene Kationen von Calcium und Magnesium im Boden vorhanden sind, um so besser ist der Boden gegen eine pH-Veränderung abgesichert.

Die meisten Gemüse-, Obst- und Beerenarten lieben eine schwach saure Reaktion des Bodens (pH 5,5 bis 6,5). Blumenkohl, Tomaten, Zwiebeln, Sellerie, Bohnen, Birnen, Aprikosen, Pfirsiche und Kirschen gedeihen besser in neutralen bis basischen Böden. Bei zu saurer Reaktion wird die Tätigkeit der Mikroorganismen gehemmt, und die Bodenstruktur verschlechtert sich. Die Nährstoffe werden ausgewaschen oder festgelegt, so daß sie von den Pflanzen nicht aufgenommen werden können. Es können auch Ionen freigelegt werden, die für Pflanzen giftig sind.

Zeigerpflanzen

Bei der Beurteilung des Zeigerwertes von Pflanzen ist zu berücksichtigen, daß ihr Vorkommen am Standort von einem Ursachenkomplex abhängig ist. In der Regel deutet das Vorkommen mehrerer dieser Wildkräuter in unserem Garten auf die Pflanzengesellschaft, die sich wieder einstellen würde, wenn wir die Bewirtschaftung dieser Fläche unterließen.

Wenn der Kleine Sauerampfer in Ihrem Garten lästig ist, muß das noch nicht auf sauren Boden hindeuten. Die Pflanze hat sich den neuen Standortbedingungen angepaßt. Für die Bewirtschaftung ist das ein Hinweis, daß die Bodenreaktion zum sauren Bereich neigt. Außerdem ist zu bedenken, daß der pH-Wert des Gartenbodens viel instabiler ist als der unter standortgerechter Vegetation.

Ackerspörgel *(Spergula arvensis),* Hasen-Klee *(Trifolium arvense),* Kahle Fingerhirse *(Digitaria ischaemum),* Lämmersalat *(Arnoseris minima),* Weiches Honiggras *(Holcus mollis)*	Anzeiger für stark sauren Boden
Acker-Hundskamille *(Anthemis arvensis),* Echter Ehrenpreis *(Veronica officinalis),* Einjähriger Knäul *(Scleranthus annuus),* Saat-Hohl-	Anzeiger für sauren Boden

zahn *(Galeopsis segetum)*, Hederich *(Raphanus raphanistrum)*, Kleiner Sauerampfer *(Rumex acetosella)*, Liegendes Mastkraut *(Sagina procumbens)*, Rote Schuppenmiere *(Spergularia rubra)*, Rot-Straußgras *(Agrostis tenuis)*

Anzeiger für kalkhaltige Böden	Acker-Haftdolde *(Caucalis platycarpos)*, Ackerröte *(Sherardia arvensis)*, Erdnuß-Platterbse *(Lathyrus tuberosus)*, Feldrittersporn *(Consolida regalis)*, Gelber Günsel *(Ajuga chamaepitys)*, Gelbklee *(Medicago lupulina)*, Huflattich *(Tussilago farfara)*, Nadelkerbel *(Scandix pecten-veneris)*, Rundblättriges Hasenohr *(Bupleurum rotundifolium)*, Sommer-Adonisröschen *(Adonis aestivalis)*
Anzeiger für nasse Böden	Acker-Minze *(Mentha arvensis)*, Acker-Schachtelhalm *(Equisetum arvense)*, Gänse-Fingerkraut *(Potentilla anserina)*, Gemeine Rispe *(Poa trivialis)*, Huflattich *(Tussilago farfara)*, Sumpf-Ziest *(Stachys palustris)*, Weißes Straußgras *(Agrostis stolonifera)*
Anzeiger für krumenfeuchte Böden	Kriechender Hahnenfuß *(Ranunculus repens)*, Krötenbinse *(Juncus bufonius)*, Liegendes Mastkraut *(Sagina procumbens)*, Rote Schuppenmiere *(Spergularia rubra)*, Stechender Hohlzahn *(Galeopsis tetrahit)*, Quendel-Ehrenpreis *(Veronica serpyllifolia)*
Anzeiger für stickstoffreiche Böden	Amarant-Arten *(Amaranthus spec.)*, Gemeine Hühnerhirse *(Echinochloa crus-galli)*, Gemeines Kreuzkraut *(Senecio vulgaris)*, Große Brennessel *(Urtica dioica)*, Großes Schöllkraut *(Chelidonium majus)*, Klebkraut *(Galium aparine)*, Kleine Brennessel *(Urtica urens)*, Rote Taubnessel *(Lamium purpureum)*, Schwarzer Nachtschatten *(Solanum nigrum)*, Weiße Taubnessel *(Lamium album)*, Weißer Gänsefuß *(Chenopodium album)*, Wege-Rauke *(Sisymbrium officinale)*, Weg-Malve *(Malva neglecta)*, Zaun-Wicke *(Vicia sepium)*
Anzeiger für nährstoffreiche Böden	Ackersenf *(Sinapis arvensis)*, Acker-Gauchheil *(Anagallis arvensis)*, Acker-Hellerkraut *(Thlaspi arvense)*, Bunter Hohlzahn *(Galeopsis speciosa)*, Europäischer Sauerklee *(Oxalis fontana)*, Floh-Knöterich *(Polygonum persicaria)*, Gänseblümchen *(Bellis perennis)*, Gemeiner Erdrauch *(Fumaria officinalis)*, Guter Heinrich *(Chenopodium bonus-henricus)*, Herbstlöwenzahn *(Leontodon autumnalis)*, Hirtentäschel *(Capsella bursa-pastoris)*, Klatsch-Mohn *(Papaver rhoeas)*, Zwerg-Storchschnabel *(Geranium pusillum)*, Schlitzblättriger Storchschnabel *(Geranium dissectum)*, Sophienrauke *(Descurainia sophia)*, Spreizende Melde *(Atriplex patula)*, Weißes Straußgras *(Agrostis stolonifera)*, Weiß-Klee *(Trifolium repens)*

Humus

Die organische Substanz des Bodens ist ein außerordentlich komplizierter Komplex von Substanzen.

Lebende Bestandteile (Edaphon) und abgestorbene sind eng miteinander verknüpft. Humus ist ein dynamischer Stoffkomplex, der von den pflanzlichen und tierischen Ausgangssubstanzen bis zu den braunen oder schwarzen Huminstoffen reicht, bei denen die Struktur des Ausgangsmaterials nicht mehr zu erkennen ist.

Huflattich wächst auf
Lehmböden

Die Humussäuren, als Endformen des Humifizierungsprozesses sind hochmolekulare organische Säuren, deren Struktur noch nicht ausreichend geklärt ist. Wir können noch zwischen Nährhumus und Rohhumus unterscheiden. Rohhumus besteht aus organischen Ablagerungen, die sich in kalten Klimaten, unter Luftabschluß oder anderen biologisch inaktiven Verhältnissen entwickeln (z. B. Torf). Seine Reaktion ist meist sauer. Nährhumus ist die biologisch aktivste Form des Humus. In ihm herrscht ein reges Leben, das die Pflanzenreste rasch zersetzt und mit mineralischen Substanzen vermischt. Nährhumus zeigt eine neutrale Reaktion.

Bodenarten

Die Bodenarten werden nach dem Anteil der Korngröße der mineralischen Bodenteilchen (Bodentextur, im Unterschied zu Bodenstruktur) unterschieden. Für den Gärtner ist die Bodentextur von großer Bedeutung, weil z. B. der Anteil der abschlämmbaren Teilchen (Korngröße unter 0,01 mm) ihm Auskunft über die Fähigkeit des Bodens, Wasser und Nährstoffe festzuhalten (Sorptionskraft), gibt. Von den Hauptbodenarten können die Skelettböden (mehr als 75% des Gesamtbodens bestehen aus Bodenteilen über 2 mm Durchmesser) hier vernachlässigt werden.

Sandböden sind leicht zu bearbeiten, luft- und wasserdurchlässig, erwärmen sich schnell, kühlen aber auch rasch aus. Der Nährstoffgehalt ist gering. Deshalb muß man Sandböden mit Humus anreichern. Das Einbringen von Lehm und Gesteinsmehlen trägt ebenfalls zur Bodenverbesserung bei. Sandböden enthalten über 75% Quarzsand mit einer Korngröße von 0,05 bis 2,0 mm und bis 10% abschlämmbare Teile. Trockener Sandboden rieselt durch die Finger, wenn man ihn in die Hand nimmt. Der Mangel an bindigen Bestandteilen (Tonmineralien) läßt keine stabile Krümelstruktur zustande kommen. Sandboden trocknet rasch aus, Nährstoffe werden vom Regen in den Untergrund ausgewaschen. Besonders un-

Sandböden

günstig sind Sandböden, in denen Grundwasser erst in mehr als 1 m Tiefe auftritt. Zu den Sandböden zählen auch Böden mit Lehmanteilen. Die Korngrößen über 0,05 mm dominieren aber. Lehmiger Sandboden hat 10 bis 20% abschlämmbare Teilchen.

Lehmböden

Lehmböden bestehen aus einer Mischung von Sand, 30 bis 44% abschlämmbaren Teilchen und im Idealfall einem hohen Anteil an Humus. Der ideale Boden für Landwirtschaft und Gartenbau ist die »Schwarzerde«, die aus eiszeitlichem, sehr kalkreichem Löß hervorgegangen ist und deren Name auf den hohen Humusgehalt hinweist. Zwischen Lehmböden und Sandböden gibt es alle Übergänge. Von sandigem Lehmboden spricht man bei 20 bis 30% abschlämmbarer Teilchen. Die Bedingungen für die Bodenlebewesen und der Gehalt an Nährstoffen ist sehr günstig. Der hohe Anteil von Tonmineralien vermag Nährstoffe einerseits für die Pflanze kontinuierlich verfügbar zu halten, ein Zuviel und Schadstoffe aber abzupuffern. Pflegemaßnahmen erstrecken sich auf Kompostgaben, ständige Bodenabdeckung (Mulchen) und Fruchtwechsel. Verarmen Lehmböden an Humus, dann neigen sie zur Verdichtung. Basenarme Standorte benötigen Kalkgaben.

Tonböden

Tonböden sind dichte, für Wasser und Luft schwer durchlässige Böden. Sie enthalten mehr als 60% abschlämmbare Teilchen mit einem Durchmesser von weniger als 0,01 mm, davon mehr als die Hälfte in der Korngröße unter 0,002 mm. Tonböden sind im nassen Zustand klebrig, ausgetrocknet steinhart. Man kann sie plastisch verformen. Sie erwärmen sich nur langsam, sind meist naß, reich an Mineralien, besitzen aber keine Krümelstruktur.

Zwischen Lehmböden und Tonböden wird zuweilen noch eine Hauptbodenart, die Schluffböden (mit über 50% der Korngrößenfraktion 0,002 bis 0,02 mm), eingeordnet. Sie neigen stark zur Verschlämmung, Verdichtung und Vernässung. Die Belüftung dieser Böden ist deshalb die wichtigste Pflegemaßnahme.

Moorböden

Moorböden sind bei einer Definition nach Korngrößen keine eigenständige Bodenart. Abgesehen von den rein organischen Hochmoorböden kann man sie als extrem humusreiche Form einer der genannten Hauptbodenarten ansehen. Moorböden werden sie genannt, wenn eine mehr als 20 cm mächtige Schicht über 20% Humus enthält. Hochmoorböden sind arm an Nährstoffen, sauer und sehr wasserhaltig. Durch Zugabe von Sand, Lehm, Gesteinsmehlen, Kalk und Kompost kann aus ihnen fruchtbarer Gartenboden werden. Niederungsmoorböden entstehen auf dem Schlick von verlandeten Seen. Sie haben einen hohen Gehalt an Tonmineralien, reagieren meist neutral oder alkalisch und sind bei entsprechender Regulierung der Wasserführung meist ausgezeichnete Gartenböden.

Der Humusgehalt und der Gehalt an Kalk werden zur weiteren Charakterisierung herangezogen. Als humusarm werden sandige Böden mit einem Humusgehalt unter 1% und lehmige bis tonige Böden unter 2% bezeichnet. Stark humos sind Sandböden mit 6 bis 10% und Lehm- bzw. Tonböden mit 10 bis 15% Humus. Böden mit einem $CaCO_3$-Gehalt zwischen 20 bis 40% werden als Mergelböden, solche mit mehr als 40% als Kalkböden bezeichnet.

Für sandige Böden charakteristisch
sind Natterkopf und Königskerze

Auf nährstoffreichen Ackerböden kann eine
artenreiche Begleitflora siedeln

Bodenuntersuchungen

Alle zwei Jahre sollte man seinen Gartenboden untersuchen lassen.
Um zu aussagekräftigen Untersuchungsergebnissen zu gelangen,
ist folgendes zu beachten:

Das Labor benötigt eine Probe von etwa 50 g, in einem Plastebeutel
verpackt. Der Beutel muß mit der Anschrift des Absenders versehen sein.

Von der zu untersuchenden Gartenfläche sollten mehrere Einzelproben entnommen und gründlich durchmischt werden. Von
300 m² Fläche genügt im allgemeinen eine Mischprobe von 15 bis
20 Einzelproben.

Die Einzelproben werden aus einer Tiefe bis zu 20 cm entnommen.
Bei Obstbäumen und Reben kann auch eine gesonderte Probe aus
einer Tiefe bis 40 cm von Interesse sein.

Der günstigste Zeitpunkt für die Probenentnahmen ist der Herbst.
Der Boden soll feucht, aber nicht naß oder gefroren sein. Selbstver-
ständlich darf vor der Probenentnahme nicht gedüngt werden. Die
Proben sollen nicht von Brandflächen, alten Dungstätten, Mieten-
plätzen oder untypischen Bereichen stammen.

Wenn es sich um einen größeren Garten handelt, empfiehlt es sich,
Proben von den Standorten verschiedener Kulturen (Kernobst,
Beerenobst, Gemüse) getrennt einzusenden.

Im Untersuchungsprotokoll werden in der Regel Mangel als
auch Überschuß an Nährstoffen, Bodenreaktion, Grad der Humusversorgung vermerkt und daraus Düngeempfehlungen abgeleitet.
Wir gleichen Nährstoffmängel möglichst mit organischen Düngern
aus (vgl. Tabelle über den Nährstoffgehalt tierischer Dünger und
Abfallstoffe S. 42). Bei der Verwendung von Mineraldünger ist es
sehr wichtig, die Sorptionsfähigkeit seines Gartenbodens zu ken-
nen (S. 18 ff.).

Leider beschränken sich die Bodenuntersuchungen meist nur auf den Chemismus des Bodens. Über die Korngrößenzusammensetzung und damit die Sorptionsfähigkeit können Sie sich aber leicht selbst durch eine einfache Schlämmanalyse ausreichende Klarheit verschaffen.

Füllen Sie einen Meßzylinder von etwas über 20 cm Höhe mit 3 cm gesiebten Boden auf, feuchten Sie ihn an und erhitzen Sie ihn, damit der Humusgehalt zerstört wird. Danach füllen Sie den Zylinder 20 cm hoch mit Wasser, vermischen durch Schütteln über den Zeitraum von 1 min Boden und Wasser und stellen danach den Zylinder plötzlich wieder gerade auf. Bei einer Fallhöhe von 20 cm und einer Temperatur von 20 °C haben sich nach 4,5 s die Korngrößen über 0,5 mm abgesetzt. Es folgen

Durchmesser in mm	0,2	0,1	0,05	0,02	0,01	0,005	0,002	<0,002
Fallzeit	10 s	25 s	90 s	9 min	36 min	2,5 h	15 h	mehrere Tage

Bodenleben

Für die Gesamtheit der bodenbewohnenden Mikroorganismen wurde der Begriff »Edaphon« geprägt. Die Lebenstätigkeit dieses Edaphons ist ausschlaggebend für die Gare, die Struktur und die Fruchtbarkeit des Bodens. Es baut tote organische Substanz zu stabilen Humusformen ab und erschließt gleichzeitig Nährstoffe für die höheren Pflanzen. Die Bodenorganismen tragen aber auch zur Zersetzung des anstehenden Gesteins bei (biologische Verwitterung), verfestigen die Bodenteilchen und geben ihnen damit eine stabile Krümelstruktur. Größere Bodenorganismen vermischen kontinuierlich die organischen und anorganischen Teile des Bodens und wirken dadurch an der Schaffung eines beständigen Ton-Humus-Komplexes mit. Höchstens 1% der Bodenmasse und höchstens 10% der organischen Substanz ist Edaphon, davon entfallen höchstens 20% auf Tiere. Den größten Anteil am Edaphon hat die Mikroflora (Bakterien, Strahlenpilze, Pilze und Algen). In den oberen 30 cm eines gesunden Bodens können je Quadratmeter eine Billiarde Bakterien leben. Sie kommen vor allem im Bereich der Wurzeln der Höheren Pflanzen vor. Es gibt Hinweise dafür, daß Bakterien in der Lage sind, Pflanzen »anzusprechen« und zur Abgabe von Wurzelausscheidungen zu veranlassen. Ein Beispiel für eine von Mikroorganismen ausgehende Zusammenarbeit ist die Bildung der Wurzelknöllchen bei den Schmetterlingsblütlern. In ihnen leben Bakterien, die Luftstickstoff beim körpereigenen Eiweißaufbau verarbeiten können. Dieser steht in der Folge als Pflanzennährstoff (Nitrat) auch den Wirtspflanzen zur Verfügung. Einige Strahlenpilze sind Zersetzungsspezialisten für Zellulose, den Holzstoff Lignin und für das Chitin der Insektenpanzer. Diese, nach ihren fadenförmigen »Ausläufern« (Myzelien) benannten Niederen Pflanzen, sorgen auch für den charakteristischen Erdgeruch. Strahlenpilze sind fähig, Antibiotika zu bilden, die giftig auf andere Mikroorganismen wirken. Bakterien und Strahlenpilze bevorzugen ein alkalisches Bodenmilieu. Die Pilze bauen vor allem in sauren

Böden komplizierte Stickstoff-Kohlenstoff-Verbindungen ab und tragen zur Humusbildung bei. Eine große Zahl lebt in Symbiose mit Bäumen in einem Mykorrhiza genannten Pilz-Wurzel-Organ. Algen benötigen genügend Feuchtigkeit und Licht. Sie beschleunigen die Löslichkeit der Minerale. Einige Blaualgen können Stickstoff aus der Luft binden. Etwa 380 kg Einzeller (Amöben, Flagellaten und Ziliaten) kommen in den obersten 15 cm eines Hektars Akkerland vor.

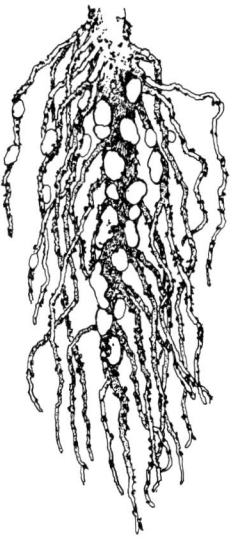

Bakterienknöllchen an Bohnenwurzeln

Die tierischen Einzeller sind »Bodenschwimmer« und auf freies Wasser in der Bodenkrume angewiesen. Auf einem Quadratmeter können von ihnen mehr als 1000 Milliarden vorkommen. Nach Masse und Anzahl sind nach den Protozoen die Fadenwürmer (Nematoden) die häufigsten Bodentiere. Von den etwa 10 000 verschiedenen Arten leben ungefähr die Hälfte frei, die anderen als Parasiten. Die Spitzenstellung im Bodenleben nehmen die Regenwürmer ein. Durchschnittlich rechnet man mit 4 000 kg/ha.

Regenwürmer nähren sich von Pflanzen- und Tierresten, bereiten sie chemisch auf und vermischen sie mit Erde. Ihre mehrere Meter tief reichenden Stollensysteme sind wertvolle Belüftungs- und Drainageanlagen im Boden. Eine gut gepflegte Regenwurmpopulation gräbt einen Garten in wenigen Jahren völlig um, ohne dabei die Schichtung zu zerstören.

In Mitteleuropa leben etwa 30 Arten. Im Garten finden wir häufig die hellroten 6 bis 8 cm langen Mist- oder Kompostwürmer (Eisenia foetida). Sie brauchen viel Feuchtigkeit und Wärme und leben deshalb gern in Komposthaufen. Der größere, dickere und braungefärbte Acker- oder Tauwurm (Lumbricus terrestris) hat ein abgestumpftes Hinterende.

Charles Darwin schrieb 1881: »Der Pflug ist einer der ältesten und wertvollsten Erfindungen des Menschen; aber schon lange, ehe er existierte, wurde das Land durch Regenwürmer regelmäßig gepflügt und wird fortdauernd noch immer gepflügt. Man kann wohl bezweifeln, ob es auch viele andere Tiere gibt, welche eine so bedeutungsvolle Rolle in der Geschichte der Erde gespielt haben wie diese niedrig organisierten Geschöpfe.« Darwin berechnete, daß die Regenwürmer jährlich 17,4 bis 45 t/ha Kotkrümel auf der Erdoberfläche absetzen.

Wenn ein Regenwurm sein Höchstalter von zehn Jahren erreicht, erzeugt er etwa 1,7 kg fruchtbaren Boden. Die Nahrungsmenge, die im Laufe eines Tages aufgenommen wird, kann das Dreifache des eigenen Körpergewichtes betragen.

Regenwürmer kann man züchten. Man verwendet hierzu eine Holzkiste von etwa 40 cm × 60 cm Grundfläche und 40 cm Höhe, die bis zur Hälfte in den Boden eingegraben wird. Die Kiste wird mit Laub, lockerer Erde, etwas halbfertigem Kompost oder Mist und anderen organischen Abfällen bis zu Dreiviertel ihrer Höhe gefüllt. In dieses Substratgemisch werden dann etwa 100 Regenwürmer eingesetzt. Als besondere Leckerbissen gibt man Zwiebelscheiben, Kaffeesatz, Obstreste, Wellpappe und vor allem angewelkte Pappelblätter dazu und feuchtet alles gut an. Damit die Würmer nicht entweichen können, wird die Kiste mit einem Deckel, in dem sich ein Gazefenster befindet, abgedeckt. Die Regenwürmer werden regelmäßig mit Obstresten, Laub, zerkleinerten Kartoffeln und

Regenwurmkiste

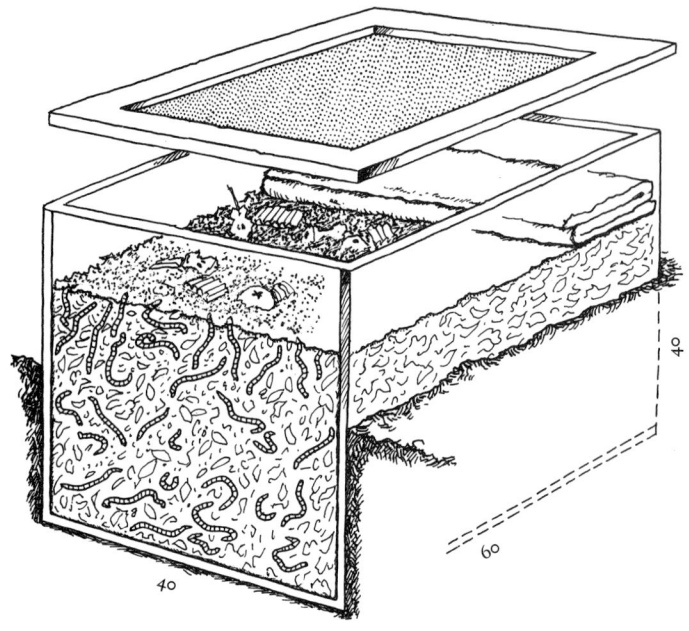

Möhren gefüttert (jedoch nicht zu viel auf einmal). Man legt das Futter einfach obenauf und bedeckt es mit einem Sack, den man feucht hält. Nach etwa vier Wochen können die ersten Jungwürmer entnommen werden. Man füllt einen Eimer mit Substrat aus dem Kasten und läßt ihn einige Stunden stehen. Die meisten Würmer sind dann nach unten gekrochen, so daß sie sich nach Umstürzen des Eimers leicht aufsammeln lassen. Die alten Würmer beläßt man im Zuchtkasten. Neben jungen Würmern kann man auch die gelblich oder bräunlich gefärbten stecknadelkopfgroßen Wurmeier entnehmen und unter die Mulchdecke der Beete oder in den Komposthaufen umsetzen, wo bald junge Würmer ausschlüpfen werden. Vor allem die roten Mistwürmer wird man in den Komposthaufen setzen, wo sie ständig frische Abfälle finden, die sie für ihre weitere Entwicklung benötigen. Auf freier Fläche würden sie bald wieder verschwinden, wenn es an frischer Nahrung fehlt. Der Mistwurm ist empfindlich gegenüber Kalk und kalkhaltiger Holzasche. Das muß man bei der Kompostbereitung beachten.

Außer den genannten Lebewesen halten sich noch zahlreiche Arten anderer Tiergruppen im Boden auf. Je Quadratmeter sind es einige Hundert bis einige Tausend. Vor allem sind es Insekten, besonders Springschwänze, und Milben. Von allen Milben haben die Hornmilben einen besonders hohen Anteil am Abbau toter pflanzlicher Substrate. All diesen Lebewesen im Boden ist es zu verdanken, daß die organische Substanz, von der jährlich etwa 7 t/ha anfallen, sich nicht auftürmt, sondern wieder in den Stoffkreislauf Pflanze – Boden zurückgeführt wird.

Fünfzinken-Hacke: Kreil

Bodenpflege

Die im Durchschnitt 30 cm mächtige Schicht »Muttererde« unserer Gärten ist das kostbarste Gut des Gärtners. Um ihre Fruchtbarkeit zu erhalten oder zu verbessern, bedarf es der richtigen Bodenpflege.

Die Natur duldet keinen kahlen Boden. Entsteht er durch gärtnerisches Wirken, siedeln sich bald Wildkräuter an. Durch sie wird der Boden und das ihm innewohnende Leben vor dem Austrocknen, Abschwemmen und Verhärten geschützt. Auch der herbstliche Laubfall ist ein Beispiel dafür, wie die Natur den Boden schützt und ihm gleichzeitig während der Vegetationsperiode entzogene Nährstoffe wieder zuführt.

Bodenlebewesen benötigen für ihre humusbildende Arbeit unbedingt Sauerstoff. Sie leben deshalb nahe der Bodenoberfläche. Wird der Gartenboden umgegraben, stellt der Gärtner mit dem Spaten die Stockwerke des Bodenlebens auf den Kopf. Ein fein aufeinander abgestimmtes System wird zerrissen. Schon die geringste Veränderung des Regimes des Bodenwassers, in dem Kleinstlebewesen schwimmen, kann diese töten. Ein neues biologisches Gleichgewicht muß sich herausbilden. »Um«graben ist im allgemeinen nur selten notwendig, z. B. zur Auflockerung schwerer Böden mit Hilfe der Frostgare, der rigorosen Bekämpfung von Wurzelunkräutern oder einer tiefgründigen Bodenverbesserung durch Einbringen von Vorratshumus, Tiefenkalkung und dem Durchbrechen von wasserstauenden Schichten im Boden.

In den meisten Fällen muß der Boden nicht umgewendet, sondern nur gelockert werden. Dabei bleibt die Schichtung erhalten.

Mulch aus Rindenabfällen
und Zweigen auf
Baumscheibe

Dazu ist z. B. eine fünfzinkige Hacke geeignet, die durch die oberen 15 cm des Bodens gezogen wird. Ein Spaten oder eine Grabegabel wird in den Boden gedrückt und der Stiel nur vor und zurück bewegt. Dabei wird der Boden gelockert, die Schichtung bleibt aber erhalten.

Der gelockerte Boden wird anschließend sofort mit organischem Material abgedeckt oder, wenn es die Jahreszeit noch zuläßt, mit Senf, Ölrettich oder anderen Gründüngungspflanzen angesät. Diese Pflanzen schützen mit ihrer Blattmasse den Boden, selbst dann noch, wenn sie nach dem ersten Frost zusammengefallen sind.

Mulchen lohnt sich

Unter Mulchen versteht man das ständige Bedecken des Bodens mit organischem Material. Recht gut eignen sich dafür z. B. Laub (möglichst halb verrottet), Rasenschnitt (etwa 10 cm lang), kurzgeschnittenes Stroh, Kartoffelkraut oder Rhabarberblätter. Mulchen ist ein wesentlicher Bestandteil einer naturnahen Bodenpflege. Wenn Sie Ihren Gartenboden das ganze Jahr hindurch mulchen, ersparen Sie sich das Lockerhacken, »Unkraut«-Jäten und häufiges Gießen. Der Boden wird durch die Mulchdecke vor Wegschwemmen bei starkem Regen und vor Verwehen durch Wind geschützt, und er verkrustet nicht. Auch über Winter bleibt der Boden mit Mulch abgedeckt. Beim Aussäen zieht man die Mulchdecke etwas auseinander und nach dem Aufgehen wieder um die Saatpflänz-

Strohmulch in
Gemüsekultur

chen. Neu gepflanzte Gemüsepflanzen werden sogleich mit Mulch
umgeben.

Wenn Sie Ihren Garten aufs Mulchen umstellen wollen, beginnen Sie mit einer etwa 10 cm hohen Schicht. Das Mulchmaterial
wird sich bald »setzen«. Durch Festtreten und Regen wird das noch
beschleunigt. Neuer Mulch wird spätestens dann aufgebracht,
wenn sich nackter Boden zeigt oder Wildkräuter hindurchzuwachsen beginnen. Das kann bei Rasenschnitt schon nach wenigen Wochen notwendig werden.

Mit dem Mulchen kann man zu jeder Jahreszeit beginnen. Der
Herbst liefert das Laub dazu, im Sommer gibt es Rasenschnitt, und
im Frühjahr wird man halbverrottes Laub dazu verwenden. Unter
Beerensträuchern eignen sich auch Hobelspäne und Fichten- oder
Kiefernnadeln als Mulch. Bedenken, daß Holzabfälle oder Eichenlaub den Boden sauer machen, wenn sie als Bedeckung aufgebracht
werden, sind unbegründet. Das Mulchen führt dem Boden kontinuierlich organische Stoffe zu. Es mildert Temperaturschwankungen an der Bodenoberfläche und aktiviert vor allem das Bodenleben. Es werden weniger Nährstoffe in den Untergrund ausgewaschen, weil das Bodenleben unmittelbar unter der Mulchdecke am
aktivsten ist.

Mancher wird finden, daß ein gemulchter Garten unordentlich
aussieht. Das ist Ansichtssache. Eine gewollte Unordnung wird
hier zum Prinzip, und außerdem sollte man nicht häusliche Ordnungsprinzipien in den Garten übertragen.

Das langsam verrottende Mulchmaterial erhöht den Humusanteil des Bodens und macht ihn damit von Jahr zu Jahr fruchtbarer.
Halb verrottetes Mulchmaterial kann leicht untergeharkt werden.
Bei einem gemulchten bindigen Gartenboden kann man das Gie
ßen auf ausgesprochene Trockenzeiten beschränken. Die lang anhaltende ausgeglichene Bodenfeuchte ist für das Pflanzenwachstum von großer Bedeutung. Auf Wege zwischen den einzelnen
Beeten kann verzichtet werden. Man tritt wie auf einen Teppich,
ohne dabei den Boden festzutreten und sich die Schuhe erdig zu
machen.

Die Pflanzen

Pflanzennährstoffe

Wenn wir von Pflanzennährstoffen sprechen, meinen wir immer Elemente, die von der Pflanze in ionisierter Form oder als organische Moleküle aufgenommen werden und aus denen sie körpereigene Stoffe aufbauen.

Was sind Nährstoffe?

Für die Pflanze müssen 10 Elemente unbedingt in ausreichender Menge zur Verfügung stehen (Makronährelemente): Kohlenstoff, Sauerstoff, Wasserstoff, Stickstoff, Schwefel, Phosphor, Kalium, Calcium, Magnesium und Eisen.

In geringeren Mengen unentbehrlich (Mikronährelemente, Spurenelemente) sind Mangan, Bor, Zink, Kupfer, Molybdän und Chlor. Natrium, Selen, Kobalt und Silicium werden nur von bestimmten Höheren Pflanzen benötigt.

Kohlenstoff, Sauerstoff und Wasserstoff beziehen die Pflanzen aus der Luft und aus dem Wasser, die anderen Elemente müssen den Pflanzen in einer Nährlösung, in unserem Falle dem Bodenwasser, zugeführt werden. Die Einteilung in Makro- und Mikronährstoffe sagt nicht sehr viel über ihre physiologische Wirksamkeit aus.

Unter biologischem Gesichtspunkt ist eine Einteilung nach biochemischen Eigenschaften und physiologischen Aufgaben sinnvoller:

1. Kohlenstoff, Wasserstoff, Sauerstoff. Grundbausteine aller organischen Moleküle, Aufnahme als Gas, HCO_3^-, H_2O.

2. Stickstoff, Schwefel, Phosphor, Bor, Silicium (Nichtmetalle). Wichtige Bausteine der organischen Strukturen, Aufnahme als NO_3^-, NH_4^+, SO_4^{2-}, Phosphat, Transport als anorganisches Ion oder organisches Molekül.

3. Kalium, Natrium, Magnesium, Calcium (Alkali-, Erdalkalimetalle). Meist unspezifische Wirkungen, Vermittlung von Stoffwechselvorgängen, werden als Kationen aufgenommen und transportiert. Chlorid, obwohl kein Kation, gehört mit in diese Kategorie.

4. Mangan, Eisen, Kupfer, Zink, Molybdän usw. (übrige Metalle). Meist in komplexe chemische Bindungen eingebaute Elemente, die als Biokatalysatoren Reaktionen des Stoffwechsels beschleunigen.

Stickstoff (N)   Die Luft besteht zu etwa 80% aus Stickstoff. Dieser Stickstoff steht aber der Pflanze für ihren Stoffaufbau nicht zur Verfügung. Er muß in Form von Nitraten aus dem Boden aufgenommen werden. Einen erheblichen Teil des Stickstoffs benötigt die Pflanze für die Bildung von Blattgrün.

Luftstickstoff wird sowohl von freilebenden Bakterien als auch von den symbiontisch vor allem in Wurzeln von Leguminosen lebenden Knöllchenbakterien (Rhizobium-Bakterien) im Organismus gebunden. Nach Absterben der Mikroorganismen stehen mehr als 90% des eingelagerten Stickstoffs den höheren Pflanzen zur Verfügung. In der Landwirtschaft werden Rhizobium-Präparate zur Beimpfung der mit Leguminosen bestellten Bodenflächen mit großem Erfolg angewandt. Durch mikrobiologische Vorgänge im Boden wird im globalen Maßstab das Mehrfache der industriell hergestellten Stickstoffmenge aus der Atmosphäre gebunden. Allerdings entweicht auch Stickstoff in etwa der gleichen Größenordnung durch Umsetzungsvorgänge wieder in die Atmosphäre. Die möglichst verlustarme Bewirtschaftung des Stickstoffkreislaufs ist eine der wichtigsten Aufgaben naturnahen Gärtnerns. Ihr Kernstück ist eine optimale Kompostwirtschaft.

Fehlt es der Pflanze an Stickstoff, verfärben sich ihre Blätter hellgrün, und die Wuchsleistung läßt nach. Durch den Anbau von Leguminosen, wie Erbsen, Bohnen, Lupinen, durch Gründüngung und kompostierten Mist läßt sich Stickstoffmangel beheben.

Richtig zubereiteter Kompost enthält ausreichende Mengen an Stickstoff, um damit Schwach- und Mittelzehrer unserer Kulturpflanzen zu versorgen. In einem Boden, dem ausreichend Humus zugeführt wird, wird es kaum an Stickstoff fehlen.

Die Verwendung großer Mengen von Mineraldünger in der Landwirtschaft vieler Länder führt zu einer starken Erhöhung des Nitratgehaltes der Pflanzen und des Bodenwassers. Dem Richtwert der Weltgesundheitsorganisation von 50 mg NO_3^-/l bzw. dem DDR-Richtwert von 40 mg NO_3^-/l im Trinkwasser entspricht Brunnenwasser in landwirtschaftlichen Gebieten schon häufig nicht mehr. Der ADI-Wert (= acceptable daily intake) ist auf 5 mg $NaNO_3$/kg Körpergewicht festgelegt worden. Das bedeutet, daß ein Mensch mit einem Gewicht von 70 kg zeit seines Lebens täglich 350 mg $NaNO_3$ ohne Schaden zu sich nehmen kann. Die Gesundheitsgefährdung geht nicht von den Nitraten, sondern von Nitriten (NO_2) aus, die durch bakterielle Umwandlungen im Boden bzw. im Magen-Darm-Trakt entstehen. Aber auch mit organischem Dünger, z. B. Jauchen und Gülle, kann der Boden mit Stickstoff überdüngt werden (vgl. auch S. 42). Eine präzise Einhaltung der pflanzenphysiologisch notwendigen Stickstoffdüngung nach Menge und Zeitpunkt ist deshalb sehr wichtig.

Eine Überdüngung mit Stickstoff hat eine Reihe von Nachteilen zur Folge. Die Gewächse schließen mit dem Jahrestrieb zu spät ab und erfrieren bei stärkeren Frösten, oder die Früchte werden nicht mehr rechtzeitig reif, wie das bei Tomaten häufig der Fall ist. Stickstoffüberdüngte Pflanzen haben eine geringere Standfestigkeit, die Früchte sind nicht lange haltbar und weniger bekömmlich. Folge von Stickstoffüberdüngung kann auch eine erhöhte Anfälligkeit der Pflanzen gegen Krankheiten und Schädlinge sein.

Stickstoffüberdüngung und
Phosphormangel bei Mais

Schwefel wird von der Pflanze aus den Abbauprodukten des Hu-   **Schwefel (S)**
mus und aus der Atmosphäre aufgenommen. Schwefel wird Bestandteil von Proteinen (Eiweißstoffen) und z. B. des Senföls der
Kreuzblütler (Senf, Meerrettich, Kresse usw.). Bei den Zellprote-
inen kommt ein Atom Schwefel auf etwa 36 Atome Stickstoff.
Ebenso wie bei den Nitraten kann es zur Anreicherung freien Sul-
fats in den Zellen kommen. Bei Schwefelmangel ist die Ausbildung
der Chloroplasten behindert, die Blätter werden fahlgrün. Schwefelmangel tritt bei uns selten auf.

Phosphor ist ein zentrales Element des Energiestoffwechsels. Er ist   **Phosphor (P)**
Bestandteil der Zellkerne und verschiedener Eiweiße und Kohlen-
hydrate. Phosphor ist entscheidend an der Blüten- und Fruchtbil-
dung beteiligt. Seine Aufnahme durch die Pflanze erfolgt als
Phosphation (HPO_4^{2-} bzw. $H_2PO_4^-$). In Thomasmehl, das beim Ver-
hütten von Eisenerzen gewonnen wird, sind etwa 20% Phosphat
enthalten. Knochenmehl enthält bis zu 30% Phosphat. Auch Hüh-
ner- und Schweinemist ist phosphatreich. Die meisten Gartenböden sind ausreichend mit Phosphor versorgt. Böden mit aktivem
Bodenleben enthalten in der Regel ausreichende pflanzenverfüg-
bare Phosphormengen. Die Pflanzenwurzeln nehmen Phosphat
nur aus ihrer unmittelbaren Umgebung auf, deshalb leiden
schwach wurzelnde Pflanzen eher an Phosphormangel als reich-
und tiefwurzelnde. Bei Phosphormangel bleiben die Pflanzen
klein, aufrecht, die Blätter sind starr (»Starrtracht«), das Laub ist
schmutziggrün, ältere Blätter sind purpurn verfärbt.

Das Element vermag mit Kohlenhydraten Verbindungen einzuge-   **Bor (B)**
hen und erhöht vermutlich die Stabilität der Zellwände. Werden
die geringen, für das Pflanzenwachstum erforderlichen Konzentra-

Die Wiesen-Schlüsselblume deutet auf kalkhaltigen Boden

Leberblümchen in nährstoffreichem Laubhumus

tionen überschritten, wirkt es giftig. Kohlenaschen sind sehr borreich. Ihre Ausbringung kann deshalb das Wachstum borempfindlicher Kulturen (z. B. Bohnen) erheblich mindern. Eine auffallende Mangelerscheinung ist die »Herzfäule« der Zucker- und Futterrüben. Es kommt zu Hemmungen der Blütenbildung, Störung im Wasserhaushalt und Störung im Abtransport der Assimilate aus den Blättern.

Silicium (Si) Nach dem Sauerstoff hat das Silicium in Form der Kieselsäure am elementaren Aufbau der Erdkruste den höchsten Anteil. Für die Pflanze am schlechtesten zugänglich ist es im Quarz. In der Bodenlösung liegt Silicium in Form der Monokieselsäure $Si(OH)_4$ vor. Die Silicium-Aufnahme der Pflanzen ist deshalb auf Sandböden am geringsten. Die wachstumsfördernde Wirkung der Kieselsäure ist noch nicht vollständig aufgeklärt, für den Reis ist sie nachgewiesen. Die Ablagerung von Kieselsäure in den Stützgeweben vieler Pflanzenarten (»Silicium-Sammler«) und der Einfluß auf Stoffwechselvorgänge gestattet es, das Silicium mindestens als einen auf die Pflanze günstig wirkenden Mineralstoff zu bezeichnen.

Kalium (K) Der Kaliumgehalt der Pflanze ist sehr hoch. Kalium wird in keine organischen Verbindungen der Zelle eingebaut, es ist aber für den gesamten Stoffwechsel besonders für den Wasserhaushalt unentbehrlich. Der Kaliumgehalt eines Bodens ist um so höher, je höher sein Ton- und Schluffgehalt ist.

Den Mangel erkennt der Gärtner besonders an der unnatürlichen Verkürzung der Stengel sowie mangelnder Standfestigkeit. Die Blattspitzen werden gelb und vertrocknen, die Pflanzen machen einen welken Eindruck (»Welketracht«). Kaliummangel vermindert die Widerstandsfähigkeit gegen Frost und Krankheiten. Holzaschen, Granitmehl, Laubkompost, Farnkraut- und Beinwell-Jauchen, sowie alle Tiermiste und -jauchen sind recht kaliumreich und deshalb zur Düngung bei Kaliummangel geeignet.

Leben zwischen Asphalt
und Beton

Reich an Magnesium sind Böden über Dolomitgestein und junge Marschböden, extrem arm dagegen leichte, durchlässige Sandböden. Magnesium ist als Zentralelement des Chlorophylls ein wichtiger Baustein des Blattgrüns und wirkt mit vielen Enzymen zusammen. In hohen Konzentrationen ist Magnesium giftig und behindert die Kaliumaufnahme aus dem Bodenwasser. Magnesiummangel ist an Gelbfärbung der älteren Blätter, und zwar in der Mitte zwischen den Rippen beginnend, zu erkennen. Beim Apfel führt er zur Spitzendürre der Zweige. Im allgemeinen kommt es nur in sauren, schlecht gekalkten Böden zu Magnesiummangel.

Magnesium (Mg)

Calcium ist in bindigen Böden meist ausreichend vorhanden. Es ist vor allem für die Bildung und Entwicklung des Bodens von Bedeutung. In der Pflanze ist es Bestandteil von Zellwänden und bedeutsam für den Quellungszustand des Zellplasmas. Es wirkt außerdem mit einigen Enzymen zusammen.

Calcium (Ca)

Im allgemeinen ist Calcium-Mangel sehr selten zu beobachten und dann meist an eine Überdüngung mit anderen Nährstoffen (Natrium, Kalium, Magnesium) gebunden und ist im Schadbild oft nicht eindeutig zu erkennen (Stippigkeit der Äpfel, Fruchtendfäule der Tomaten, zum Beispiel).

Calcium aktiviert das Bodenleben und fördert die Krümelstruktur. Es ist in der Lage, die Säure-Ionen des Bodens zu binden, d. h. den pH-Wert saurer Böden zu erhöhen. Es wird in Form von Gesteinsmehlen, Thomasmehl, Kalkmergel, Branntkalk, kohlensaurem Kalk oder anderer im Produktionsprozeß entstehender Kalke gegeben. In überkalkten Böden können Nährstoffe und Spurenelemente in einem Maße gebunden werden, daß Mangelerscheinungen am Pflanzenwuchs auftreten.

Besonders in den Blattgrün enthaltenden Pflanzenzellen und im Zellsaft ist Chlor angereichert. Es scheint bei der Sauerstoffentwicklung der Photosynthese eine Rolle zu spielen. Chlormangel ruft Welkerscheinungen hervor. Einen Chlormangel am natürlichen Standort gibt es nicht, eine Reihe von Pflanzen reagieren aber

Chlor (Cl)

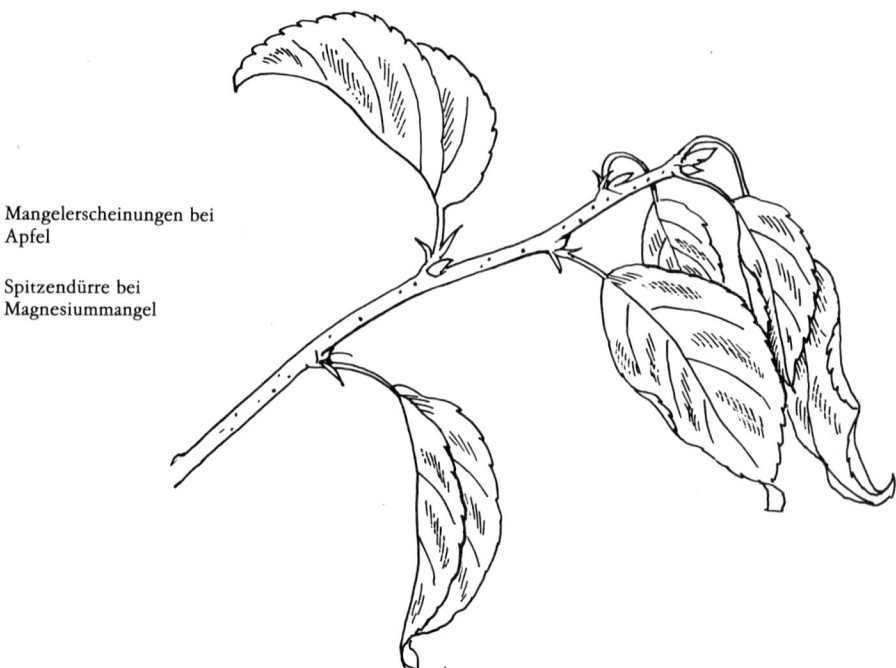

Mangelerscheinungen bei
Apfel

Spitzendürre bei
Magnesiummangel

empfindlich auf Chlorüberschuß, der durch chlorhaltige Düngemittel häufig eintritt. Zu diesen Pflanzen zählen Gurke, Bohne, Spargel, Kürbis, Tomate, Beerenobst, Süßkirschen, Wein und besonders Kartoffel, bei der Chlor die Stärkebildung negativ beeinflußt.

Mangan (Mn)   Nur in organischen kalkhaltigen Böden und armen Sandböden kann es zu Manganmangel kommen. Das Element ist an der Sauerstoffentwicklung bei der Photosynthese beteiligt und wirkt mit vielen Enzymen zusammen. Manganmangel kann ebenfalls (kleinflekkige) Chlorosen hervorrufen. Auf sauren Standorten können säureempfindliche Pflanzen toxisch wirkende Manganmengen aufnehmen.

Eisen (Fe)   Im Normalfall sind alle Böden ausreichend mit Eisen, auch in für die Pflanzen verfügbarer Form, versorgt. Eisenmangelerscheinungen an Pflanzen deuten deshalb in der Regel auf komplexe Störungen der Bodenfruchtbarkeit hin.

Den größten Teil des Eisens (ca. 80% des Gesamtgehaltes der Pflanze sind in den Chloroplasten enthalten) benötigt die Pflanze für die Synthese des Blattgrüns, obwohl es nicht Bestandteil des Blattgrüns ist.

Eisen ist außerdem in eine Reihe wichtiger Zellbestandteile eingebaut. Wenn sich junge Blätter gelblich verfärben, wobei die Nervatur als grüne Zeichnung besonders deutlich wird, mangelt es im Boden an pflanzenverfügbarem Eisen. In Kalkböden und in mit Kalk überdüngten Böden wird oft so viel Eisen gebunden, daß es

Zinkmangel

bei den Pflanzen zur »Kalkchlorose« (Vergilben der Blätter) kommt. Auch Überschuß von Schwermetallen, wie Mangan, Bodenversauerung, Bodenverdichtung, Überdüngung mit Stickstoff und Phosphaten kann zu Eisenmangel führen.

Zink (Zn)

Für den CO_2-Stoffwechsel und die Synthese bzw. den Abbau von Alkohol sind Enzyme, die Zink als Bausteine enthalten, unentbehrlich. Es kommt in mehr als 70 Enzymen vor. Zinkmangel ruft starke Wachstumsstörungen, z. B. verkleinerte Blätter und Chlorosen, hervor. Er tritt vor allem auf Ca-Karbonat-Böden auf.

Kupfer (Cu)

Ebenso wie Zink ist Kupfer Bestandteil vieler Enzyme. Seine Konzentration in der Pflanze beträgt aber nur ein Zehntel der des Zinkes. Fehlt es im Boden an Kupfer, verfärben sich Blätter hellgrün, hängen vertrocknet, auch verdreht herab oder rollen sich zusammen. Kupfermangel tritt häufig auf sauren Moorböden auf, aber auch auf Sandböden. Nach Kalkung dieser Böden ist der Kupfermangel besonders stark.

Molybdän (Mo)

Je geringer der pH-Wert eines Bodens, um so weniger Molybdän steht den Pflanzen in aufnehmbarer Form zur Verfügung, in der Regel aber immer in ausreichendem Maße.

Die Stickstoffassimilation wird von Enzymen geregelt, die Molybdän enthalten. Es ist beteiligt an der Nitratreduktion und an der Bindung molekularen Stickstoffs aus der Atmosphäre durch Knöllchenbakterien. Wenn es den Pflanzen an Molybdän fehlt, verfärben sich zuerst die älteren Blätter an den Rändern gelblich bis braun (Tomaten und Gurken). Die Mangelpflanzen bleiben im Wuchs zurück und welken, die Herzblätter sind häufig verkrüppelt (Kohlarten).

Düngung

Durch Düngung werden dem Boden die durch das Pflanzenwachstum entzogenen Nährstoffe wieder zurückgegeben. Dabei werden Mineraldünger oder/und organischer Dünger eingesetzt. Mineraldünger sind natürlich vorkommende Mineralien, wie Kalk, Kali, und Rohphosphate, industriell synthetisierte Mineralverbindungen, wie z. B. Kalkammonsalpeter und Sekundärprodukte der industriellen Produktion, z. B. Thomasmehl.

Unüberlegt verwendete leicht lösliche Mineraldünger greifen nicht nur schädigend in die Stoffwechselvorgänge der höheren Pflanzen ein, sondern verändern auch die Ökologie des Bodens nachteilig. Die Gefahr einer Überdüngung ist wesentlich größer als bei der Verwendung organischer Düngemittel.

Wir können im Kleingarten hauptsächlich mit organischen Substanzen auskommen. Durch die organische Düngung werden die Pflanzen mit den Hauptnährstoffen und den Spurenelementen im Komplex versorgt. Unter organischen Düngern versteht man alle die Düngemittel, die an der Bildung des Humuskomplexes im Boden beteiligt sind, damit die Bodenstruktur verbessern und bei ihrem Abbau Pflanzennährstoffe freisetzen.

Im Gegensatz zur langsamen Freisetzung der Nährstoffe bei Kompostgaben, Gründüngung und Mulchen sind viele Mineraldünger sofort wasserlöslich und werden von den Pflanzen in großen Schüben aufgenommen. Jeder Regen kann solche Wachstumsschübe, nicht immer in für die Pflanzen günstigen Wachstumsphasen, verursachen, z. B. dann, wenn die Temperatur im Frühjahr zur optimalen Entwicklung noch gar nicht ausreicht. Die Pflanzen wachsen dann schnell und üppig, z. B. als Folge mineralischer Stickstoffgaben. Das unter dem Mikroskop betrachtete Gewebe dieser Pflanzen ist sehr locker und schwammig. Die Inhaltsstoffe harmonieren nicht in ihrer Zusammensetzung. Unfertige Verbindungen, wie freie Aminosäuren usw. »riechen beim Kochen aus dem Topf«, die Bekömmlichkeit kann vermindert sein.

Bei organischer Düngung werden den Pflanzen die Nährstoffe kontinuierlich angeboten und stehen dadurch, je nach Bedarf, jederzeit zur Verfügung. Wachstumsaktive Phasen der Pflanzen fallen mit den biologisch aktiven Phasen der Freisetzung von Nährstoffen zusammen. Es kommt kaum zu einer unerwünschten Überdüngung. In einem gesunden Boden besteht ein Gleichgewicht zwischen Freisetzung von Nährstoffen und Bindung an Organismen. Organische Dünger ernähren nicht nur die Höheren Pflanzen, sie ernähren zuerst die Lebewesen im Boden und verbessern damit seine Fruchtbarkeit. Mit organischem Dünger ausreichend versorgte Böden garantieren stabile Erträge an gesundem Obst und Gemüse mit hohem Diätwert.

Organisch gedüngtes Gemüse und Obst zeichnet sich durch gute Bekömmlichkeit, reiches Aroma und lange Lagerfähigkeit aus. Bei Sellerie wurde z. B. mit zunehmender Mineraldüngung ein abnehmender Gehalt an Geschmacksstoffen nachgewiesen. Bei Kartoffeln führen zu hohe Stickstoffgaben zur Verringerung der Lagerfähigkeit, zu erhöhter Schädlingsanfälligkeit, zu Braunfäule und zur Verschlechterung ihrer Kochqualität.

Phacelien, Bienenweidepflanzen und Gründünger   Weißer Senf, alte Kulturpflanze und Gründünger

Gründüngung ist eine Düngung mit Pflanzen, die etwa zwei Monate nach ihrer Aussaat abgeschnitten, zerkleinert und angewelkt flach in den Boden eingearbeitet werden. Diese Pflanzenmasse ist Futter für die Bodenorganismen. Während der Wachstumszeit beschatten die Pflanzen den Boden, unterdrücken Wildkräuter, behindern Bodenabtrag und das Verkrusten der Bodenoberfläche. Leguminosen (Hülsenfrüchte) reichern den Boden zusätzlich mit Stickstoff an. Zur Gründüngung geeignete Pflanzen sind in der Tabelle aufgeführt. Eine Gründüngung über eine ganze Vegetationsperiode könnte man sich in größeren Gärten leisten. Ein ganzes Quartier, das von Jahr zu Jahr wechselt, wird dann mit Gründüngern angesät, die auch an Kleinvieh verfüttert werden können.

   Vor der Ansaat wird das abgeerntete Beet mit der Grabegabel gelockert. Die nicht überwinternden Gründünger müssen bis zum Herbst oberflächlich in den Boden eingearbeitet werden, die überwinternden Arten im Frühjahr. Gründünger können auch als Vorkultur eingesetzt werden, z. B. auf Flächen, die erst im Mai mit Tomaten oder Kohl bestellt werden. Raps, Rübsen und Ölrettich dürfen nicht vor Kohl als Gründünger angebaut werden (s. S. 80ff.).

   Winter-Wicke und Inkarnat-Klee, ab Mitte August bis Ende September ausgesät, bedecken nicht nur über Winter den Boden, sondern liefern im Frühjahr einen zeitigen Futterschnitt bzw. Mulchmaterial. Kartoffeln als Nachfrucht bringen beste Ernten. Beide Leguminosenarten können auch in Gemenge mit Raps und Roggen verwendet werden. Zur Sommer-Gründüngung sind Futtererbsen und Sommerwicken mit weißem Senf zu empfehlen.

Kalk ist vorwiegend ein Bodendünger. Zur unmittelbaren Ernährung der Pflanzen sind nur geringe Kalkmengen notwendig. Durch die andauernde Verwitterung im Boden, ständige Bildung von Kohlensäure bei der Bodenatmung und durch Auswaschungsverluste in das Grundwasser ist eine Kalkdüngung auf nahezu allen Böden eine der wichtigsten Bodenpflegemaßnahmen.

Gründüngung

Kalke

Für Gründüngung geeignete Pflanzen

Name	Boden-ansprüche	Aussaatzeit	Eigenschaften, Anbauempfehlungen
Ackerbohne (Vicia faba)	tiefgründige, humose kalkhaltige Böden	ab März	Samen 6 bis 8 cm tief einbringen, hoher Keimwasserbedarf, lange Wachstumszeit, bis 1 m hoch
Buchweizen (Fagopyrum esculentum)	verträgt nährstoffarme sandige Böden	ab April bis Ende Juni	wird bis 60 cm hoch, Bienenweide, bucheckernförmige braune Nußfrüchte
Büschelschön, Phacelia (Phacelia tanacetifolia)		ab März bis Ende August	Bienenweide, Samen schwach bedecken; Keimdauer im Frühjahr 14 bis 20 Tage, in Sommermonaten 7 bis 9 Tage; reichlich gießen; raschwüchsig; hinterläßt gute Gare
Esparsette (Onobrychis viciifolia)	kalkhaltig	April bis Mitte August	ausdauernd, Samen 2 bis 3 cm tief säen, Bienenweide
Futtererbse (Pisum sativum convar. speciosum)	kalkhaltig	März bis Mitte August	einjährig, Samen 2 bis 3 cm tief säen, bis 2 m hoch
Sonnenblume (Helianthus annuus)	lehmiger Sand, kalk- u. stickstoffhaltig	April/Mai	raschwüchsig, braucht viel Sonne
Gelbe Lupine (Lupinus luteus)	lehmiger Sand mit leicht saurer Reaktion	Ende April bis Anfang September	Stickstoffsammler, einjährig
Inkarnat-Klee (Trifolium incarnatum)	sandiger Lehm	Ende Juli bis Ende August	ein- bis zweijährig, flach auf gefestigten Boden aussäen, Fruchtfolge nach 6 Jahren; Bienenweide
Ölrettich (Raphanus sativus var. oleiformis)	sandiger Lehm, noch im sauren Bereich	März bis Anfang September	einjährig
Persischer Klee (Trifolium resupinatum)	gleichmäßige Feuchtigkeit	Mai bis Juli	4 Schnitte möglich, Bienenweide, bis 50 cm hoch
Serradella (Ornithopus sativus)	lehmiger Sand, feuchte humose Böden	Ende März bis Ende Juli	einjährig, Bienenweide, Stickstoffsammler, kann mehrere Jahre hintereinander an gleicher Stelle angebaut werden
Sommerraps (Brassica napus f. annua)	stickstoffreiche Böden	März	einjährig, Bienenweide
Steinklee (Melilotus albus)	trockene Standorte	bis Mitte Juni	mehrjährig, tiefreichende Wurzeln
Weißer Senf (Sinapis alba)		März/April und im	nur 100 Tage Kulturzeit, in Mischung mit Seradella und

		Sommer	Büschelschön, 2 Aussaaten möglich, Bienenweide; einjährig oder überwinternd
Winterraps *(Brassica napus f. biennis)*	sandiger Lehm, kalkhaltig	Mitte August	überwinternd, Bienenweide
Winterrübsen *(Brassica rapa f. autumnalis)*	auch auf schweren Böden	August bis September	überwinternd, Bienenweide
Winterroggen *(Secale cereale)*		Mitte September bis Anfang Oktober	überwinternd
Winterwicke *(Vicia villosa)*	Sand, sandiger Lehm	März/April und Mitte August	einjährig oder überwinternd, widerstandsfähig gegen Trockenheit

Der gewöhnliche Düngekalk ist der kohlensaure Kalk (Leunakalk, Kalkmergel). Je feiner seine Körnung ist, um so schneller löst er sich im Boden, und desto höher ist seine Wirkung. Kohlensaurer Kalk hat eine Langzeitwirkung.

Daneben gibt es Nährstoffdünger die als Nebenbestandteil Kalk enthalten. Zu ihnen zählen Kalkstickstoff, Kalksalpeter, Thomasphosphat u. a.

Der konzentrierteste Kalkdünger ist Branntkalk. Kommt er mit Wasser in Berührung, entsteht unter Wärmeabgabe Löschkalk. Auf schwerem Boden können Branntkalk oder Löschkalk außerhalb der Vegetationsperiode auf abgeerntete Flächen gegeben werden. Grüne Blätter werden durch Branntkalk verätzt. Die nicht sofort im Boden gebundenen Calcium-Ionen gehen mit den Säure-Ionen in Form des kohlensauren Kalkes eine relativ stabile Bindung ein.

Grundsätzlich sollten sich Menge und Form des eingesetzten Kalkes nach der Bodenart und der Bedürftigkeit des Bodens richten (Bodenuntersuchung). Danach wird zwischen »Gesundkalkung« und »Erhaltungskalkung« unterschieden.

Schwefeldioxid und Stickoxide können sich schädlich auf biologische und chemische Prozesse im Boden auswirken. Der Gärtner kann, wenn sein Garten davon betroffen wird, diesen Einfluß durch regelmäßig erhöhte Kalkung auszugleichen suchen.

Tierische Dünger fallen in Form von Mist und Jauche an. Rindermist enthält die pflanzlichen Nährstoffe in optimaler Zusammensetzung. Er wirkt nur mäßig treibend, aber regt das Wachstum nachhaltig an. Die intensive Verdauung des Wiederkäuermagens, durch die auch die Zellulose aufgeschlossen wird, hat einen guten Teil der biologischen Zersetzungsarbeit vorweggenommen, die bei anderen tierischen Düngern erst im Boden oder im Komposthaufen abläuft.

Tierische Dünger

Pferdemist gibt bei seiner Zersetzung noch viel Wärme ab und eignet sich deshalb besonders gut als Unterpackung für Frühbeetkulturen. Pferdemist aus Stallungen, in denen Sägemehl oder Hobelspäne eingestreut werden, zieht, frisch verwendet, Drahtwürmer und andere Schädlinge an.

Der Mist von Schweinen ist kalt, aber reich an Kalium und Stickstoff, enthält fast kein Calcium und nur wenig Phosphor. Er zersetzt sich langsam. Kompostiert eignet er sich besonders zur Düngung von Porree, Sellerie und Himbeeren.

Geflügelmist enthält viel Phosphor, Kalium und Stickstoff, Hühnermist in der Regel viel Kalk. Er ist ein sehr »hitziger« Mist. Im Gegensatz zum Rind hat Geflügel eine rasche Verdauung. Um Verbrennungen an Pflanzen zu vermeiden, muß man vorsichtig mit ihm umgehen. Zusammen mit anderen organischen Abfällen kompostiert wird Geflügelmist besonders bei stark zehrenden Pflanzen eingesetzt.

Kaninchen-, Schaf- und Ziegenmist hat einen hohen Stickstoffanteil und zählt ebenfalls zu den »hitzigen« Düngern. Im Übermaß verwendet, regt er die Pflanzen zu unerwünschtem Wuchsüberschuß an.

Tiermist und Tierjauche werden nicht in rohem Zustand als Dünger angewandt, sondern gehen erst über den Komposthaufen.

Nährstoffgehalt organischer Dünger und von Abfallstoffen
(nach Pötschke)

50 kg enthalten in g	Stickstoff	Phosphor	Kalium	Kalzium
Entenmist	500	700	310	850
Gänsemist	275	270	475	420
Hühnermist	815	770	425	1 200
Kaninchenmist	400	100	350	150
Pferdemist	290	140	265	125
Rindermist	210	95	250	225
Schafmist	425	115	335	150
Schweinemist	210	95	300	40
Ziegenmist	200	240	560	365
Taubenmist	1 000	300	1 000	400
Asche von Holz	—	1 500	4 000	1 600
Asche von Kohle	—	400	250	—
Kartoffelkraut, trocken	1 200	400	1 000	500
Gemüseabfälle	200	100	250	250
Laub	500	110	150	700
Hornmehl	6 000	2 500	—	—
Hornspäne	7 000	4 000	—	3 000
Steinmehl (Basalt)	—	420	750	6 000
Stroh (Roggen, Weizen)	200	130	500	140
Knochenmehl	2 000	11 000	150	130

Das dem Mist entweichende Ammoniak ist ein stark wirkender Insektenlockstoff. Bei mit frischem Mist gedüngten Rosen und Ge-

Behälter für Pflanzenjauche

müsearten wird oft ein verstärkter Befall durch Blattläuse und andere unerwünschte Insekten beobachtet. Man sollte Mist nicht mit Kalk in Berührung bringen. Kalke begünstigen die Bildung flüchtiger Stickstoffverbindungen im Mist.

Wird bei Regenwetter Jauche ausgebracht, werden Regenwürmer in Massen vernichtet. Das Regenwasser sammelt sich in ihren Wohnröhren und zwingt sie zum Atmen an die Erdoberfläche. Dort trifft sie dann der tödlich wirkende Jaucheguß.

Flüssige organische Dünger

Wir können im Garten flüssigen organischen Dünger aus bestimmten Pflanzen und Tiermist selbst herstellen. Man benötigt dazu ein Faß aus Holz, Steingut oder Plaste. Eisenfässer sind weniger geeignet, weil das Metall mit der gärenden Brühe unerwünschte chemische Verbindungen eingehen bzw. in Form von Eisenoxiden Nährstoffe binden kann. Zur Herstellung von Pflanzenjauche eignen sich besonders Brennesseln vor der Blüte (s. S. 74). Man nimmt für 10 l Regenwasser 1 kg frisches Kraut. Steht kein Regenwasser zur Verfügung, kann auch anderes in der Sonne abgestandenes Wasser verwendet werden. Die Brennesseln werden mit einem Stein unter Wasser gehalten und das Gefäß abgedeckt. Lästiger Geruch wird durch Hinzugeben von einigen Händen voll Gesteinsmehl oder wenigen Tropfen Baldrian-Extrakt vermindert. Pflanzenjauche riecht wie Jauche von Tieren. Wenn die Jauche nicht mehr schäumt, ist sie fertig. Das ist, je nach den Außentemperaturen, nach etwa 14 Tagen der Fall.

Jauche wird im Verhältnis 1 : 10 mit Wasser verdünnt und nur auf die Erde gegossen, niemals auf Pflanzen. Brennessel-Jauche soll das Pflanzenwachstum fördern und die Pflanzen gegen Krankheiten und Schädlinge widerstandsfähig machen. Regenwürmer wur-

den in mit Brennessel-Jauche gedüngten Böden in besonders großer Zahl gefunden. Vor allem Starkzehrer, wie Kohl und Tomaten,
können während der ganzen Wachstumszeit mit dieser rasch wirkenden Jauche gedüngt werden.

Zur Jaucheherstellung geeignete Pflanzen sind die stickstoff-
und kalireichen Beinwell-Arten *(Symphytum)*. *Symphytum asperum,*
der Komfrey, wird als Futterpflanze angebaut. Aber auch Schach-
telhalme, Farnkräuter, Hirtentäschel, Löwenzahn und Rainfarn.

Im Garten lästige Wildkräuter, besonders wenn sie schon Samen tragen und deshalb nicht kompostiert werden sollten, können
verjaucht werden. Über gute Erfahrungen wird mit verjauchten Disteln und Sauerampfer berichtet.

Um dem Gemüse im Frühjahr einen guten Start zu verschaffen,
müssen wir Pflanzenjauchen herstellen, wenn noch keine zu ver-
jauchenden Pflanzen gewachsen sind. Wir verwenden dann im
Herbst getrocknete, in Bündeln aufbewahrte Wildkräuter.

Die Verwendung von flüssigen tierischen und pflanzlichen
Düngern in Form der Jauchen ist umstritten. Die Entstehung von
Jauchen ist in der Natur nicht vorgesehen. Im Normalfall wird organische Substanz unter aeroben Bedingungen, unter Lufteinwir-
kung abgebaut. Die im Faulschlamm tiefer, schlecht belüfteter, stehender Gewässer entstehenden Faulgase sind lebensfeindlich.
Ähnliche Verhältnisse herrschen in Jauchegruben und Jaucheton-
nen. Der Vorteil dieser Jauchen ist ihr hoher Stickstoffgehalt. Aber
selbst mit einer mehrere Wochen lang »gereiften« Jauche düngt
man weitgehend mit Ammoniakwasser bzw. gelöstem Harnstoff,
die im Boden einen stabilen Ton-Humus-Komplex vorfinden müssen, an den sie absorbiert werden können. Flüssige Düngung wirkt
schnell, darin liegt aber zugleich eine Gefahr: die Pflanze wird
überdüngt oder durch eine zu hohe Konzentration geschädigt. Besser ist es, Jauchen mit zu kompostieren. Das Ausbringen von Kompost kann auch noch als Kopfdünger (ca. 5 cm tief entlang der
Pflanzenreihen eingearbeitet) erfolgen.

Gesteinsmehle

Gesteinsmehle bestehen überwiegend aus Tonmineralien, von denen über 80% eine Korngröße kleiner als 0,09 mm haben. Die
Oberfläche von 1 g Gesteinsmehl kann 400 m² betragen und bis zu
20 g Wasser binden. Die Verfügbarkeit der einzelnen Elemente für
die Pflanze in den verschiedenen Gesteinsmehlen ist nach Mineralbestand und Löslichkeit sehr verschieden. Ihr Wert ist in der Mischung verschiedener Elemente zu sehen, die mit ihnen dem Boden zugeführt werden. Wertvoll ist auch die langsame Verwitterung der oft schwerlöslichen Mineralien über vorwiegend
biologische Prozesse und ihre Fähigkeit, Wasser und andere Nährstoffe im Boden zu binden. Die Ertragsfähigkeit leichter Böden
kann durch Gesteinsmehlgaben von 150 g/m² wesentlich verbessert
werden.

Gemahlener Bentonit vermag Wasser bis zum Zehnfachen seines Volumens zu speichern. Die Fähigkeit der Gesteinsmehle,
leicht lösliche Stoffe, die im Bodenbildungsprozeß entstehen oder
in den Boden eingebracht werden, zu binden und zu neutralisieren,
wird am deutlichsten beim einfachsten aller Gesteinsmehle, dem
Kalk. Er neutralisiert im Boden überschüssige Säure-Ionen.

Die meisten Gesteinsmehle sind jedoch in ihrem Mineralbestand komplizierter aufgebaut und entsprechend diesem Mineralbestand unterschiedlich zu bewerten. Der Mineralbestand sagt allerdings noch nichts über die Pflanzenverfügbarkeit aus. In der Regel liegen die Minerale in schwerlöslicher Form vor und haben deshalb nur eine geringe aktuelle Düngewirkung. Günstig wirken sie vor allem langfristig auf die Bodenstruktur von Sandböden. Gesteinsmehle komplexer Zusammensetzung auf Lehm- oder Tonböden aufzubringen, bedeutet Wasser in den Fluß zu schütten. Wichtig sind Gesteinsmehle für die Kompostwirtschaft. Es wird empfohlen, je 1 m³ Kompostmaterial 5 kg Basaltmehl zuzusetzen.

Die für den Gärtner wichtigsten Gesteinsmehle sind die aus vulkanischen Gesteinen. An erster Stelle dabei steht der Bentonit, eine Bezeichnung, die für Gesteinsmehle aus verschiedenen tertiären Ergußgesteinen verwendet wird. Ursprünglich ist der Name für ein nordamerikanisches Tongestein, das einen hohen Anteil von Montmorillonit hat, verwendet worden. Dieses Mineral hat durch seine ausgeprägte Fähigkeit, aufzuquellen und Ionen auszutauschen, eine sehr große Bedeutung für die Bodenbildung. Alle Gesteinsmehle aus vulkanischen Gesteinen enthalten dieses Mineral. Neben Gesteinsmehlen aus vulkanischen Gesteinen, wie Basalt, Phonolith, Diabas und holozäner Lava kommen noch Gesteinsmehle aus verschiedenen Tiefengesteinen, wie Granit und Diorit in Anwendung. Sie sind ärmer an pflanzenverfügbaren Nährstoffen. Je dunkler ihre Farbe und je kleinkörniger diese Gesteine sind, um so ähnlicher sind diese Gesteinsmehle denen vulkanischer Gesteine.

Wasserlöslicher Mineralbestand verschiedener Gesteinsmehle (mg/kg TS) (nach Fragstein u. a. 1986)

Gesteinsart	CaO	MgO	K_2O	Na_2O	pH-Wert
Lava	566	97	236	155	8,47
Bentonit	149	100	104	0	8,42
Phonolith	77	4	9	434	11,08
Basalt	18	80	19	434	8,93
Diabas	51	20	38	187	8,91
Granit	53	20	85	93	8,66

Die im Garten verwendeten Gesteinsmehle sind in der Regel basisch, bei Granitmehlen kann der neutrale oder schwach saure Bereich erreicht werden. Auch das ist bei der Anwendung zu berücksichtigen. Es muß davor gewarnt werden, Gesteinsmehle unbekannter Herkunft und unbekannter Zusammensetzung zu verwenden. So sollen z. B. Mehle von Tonschiefern und Grauwacke bei Gefäßversuchen das Aufgehen der Saat verhindert haben (Richter, persönl. Mitt., 1987). Weiterhin ist der Bestand an Schwermetallen zu beachten, die über die Nahrungskette zu Gesundheitsschäden führen können. Nach einem Fachbereichstandard der DDR dürfen organische Düngestoffe nur unbeschränkt eingesetzt werden, wenn der Gehalt an Schwermetallen und Bor unter folgenden Werten (mg/kg) liegt:

Blei	100	Chrom	100	Nickel	50
Bor	25	Kupfer	100	Quecksilber	2
Cadmium	3	Molybdän	5	Zink	300

Diese Grenzwerte besagen, daß das eingebrachte Substrat keinen höheren Schwermetallwert haben soll, als die Grenzwerte für den Boden festlegen.

In vulkanischen Gesteinsmehlen können die genannten Grenzwerte z. B. bei Chrom und Nickel erreicht und überschritten werden. Vorbeugende Analysen sind deshalb von Nutzen.

Der Schwermetallgehalt der Böden wird vor allem nachteilig durch Industrieimmissionen, aber auch durch Klärschlamm beeinflußt.

Weitere Bedeutung haben Gesteinsmehle im Pflanzenschutz. Mit dem feinen Staub überpuderte Insekten und ihre Larven sterben ab. Auch Erfolge gegen Schorf und Mehltau werden berichtet. Pflanzenjauchen beigegeben (200 g/m³), mindern sie deren unangenehmen Geruch. In Stammanstrichen und Spritzbrühen (200 g/100 l) wirken sie als Haftmittel.

Der Komposthaufen

Wie wird kompostiert? Der Komposthaufen ist eine Brutstätte vielfältigen Lebens und das Herzstück eines jeden Gartens. Kompostbereitung ist eine schöpferische Kunst, der jeder Gärtner die größte Aufmerksamkeit schenken sollte. Im Gegensatz zum Mulchen, das einer Flächenkompostierung gleichkommt, werden bei der Haufenkompostierung alle Abfälle aus Garten, Stall und Haushalt verwendet.

Innerhalb des Komposthaufens herrschen ein ideales Kleinklima und beste Arbeits- und Lebensbedingungen für alle erwünschten Lebewesen des Bodens. Kompostierung führt zur Belebung der gemisch aufgesetzten organischen Masse und zu deren Verrottung. Compositus heißt »zusammengesetzt«, aber auch »geordnet«. Beides sollte der Komposthaufen sein. Das Ziel des Komposthaufens ist es, sich in einen natürlichen Mischdünger zu verwandeln.

Der Komposthaufen gehört in rauhen Lagen in die Sonne, denn nur bei Wärme wird das Bodenleben rege genug, um seine Aufgaben erfüllen zu können. Kompost darf aber nicht austrocknen oder verbrennen. In warmen Gegenden wird man deshalb den Komposthaufen im Halbschatten von Bäumen oder Sträuchern anlegen.

Richtig behandelter Kompost verspeckt und stinkt nicht und zieht auch keine Fliegen an. Er braucht also nicht in die abgelegenste Ecke des Gartens verbannt zu werden.

Was wird kompostiert? Bestandteile eines Komposthaufens sind organische Abfälle aus Garten, Stall und Küche: Laub, Gras, Gemüseabfälle, Baumrinden, Mist, Eierschalen, Kaffeesatz, Säge- und Hobelspäne, Knüllpapier, Pappe, Federn, Holzasche, Baumschnitt u. a., jedoch keine Knochen und Fischgräten. Rasenschnitt und Laub dürfen nicht zu dick aufgeschichtet werden. Am besten vermischt man beides mit Stroh, Hobelspänen oder Knüllpapier. Kleingehacktes Geäst von Baum-

Komposthorde,
Komposthaufen und
Behälter zur Bereitung von
Pflanzenjauchen

und Heckenschnitt untergemischt, durchlüftet dichtlagerndes Material am besten.

Günstig ist für jede Kompostierung ein Zusatz von wenigstens 10% Stallmist beim Aufsetzen. Alle Zersetzungsvorgänge werden dabei durch stärkere Mikrobentätigkeit sehr beschleunigt. Mist- und Regenwürmer wandern wesentlich lieber in solche Haufen ein, und die Kompostierungszeit verkürzt sich um etwa 6 bis 8 Wochen. Die Zusammensetzung des fertigen Kompostes ist ausgewogener und seine Düngewirkung besonders für anspruchsvolle Kulturen nachhaltiger.

Für einen größeren Garten mit höherem Bedarf und Anfall organischer Abfälle lohnt sich die Anschaffung eines elektrisch betriebenen Häckslers, der besonders Äste und Strünke mühelos zerkleinert. Rasenschnitt läßt man erst anwelken, weil er in frischem Zustand leicht in Fäulnis übergeht und dann stinkt. Auch frisch abgefallene Blätter von Ahorn und Rot-Eichen legen sich zu dichten Schichten aneinander, so daß sie nur schwer verrotten und als Sperrschichten im Haufen wirken können. Man läßt deshalb diese Blätter am besten über Winter am Boden liegen und bringt sie erst im Frühjahr auf den Komposthaufen. Die Stiele von Sonnenblumen und die harten Stengel von Stauden und Strünke von Rosenkohl werden mit dem Handbeil in fingerlange Stücke zerhackt. Zwischen jede Schicht der verschiedenen organischen Abfälle wird eine dünne Schicht lehmiger Erde oder Lehm gebreitet. Für die richtige Menge lehmhaltiger Erde, die man dem Haufen zusetzt, muß man ein Gefühl bekommen. Je fetter, d. h. tonreicher der

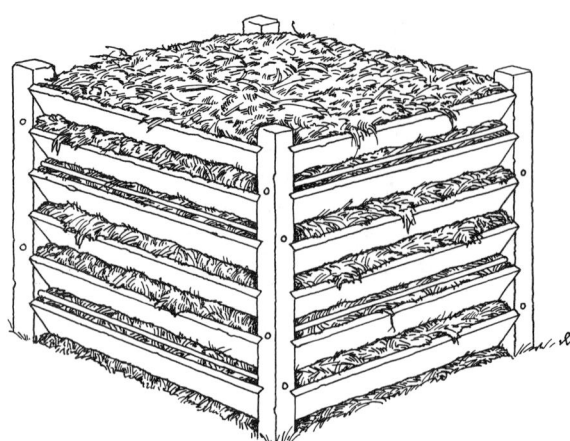

Kompostgestell

Lehm ist, desto weniger darf man davon nehmen. 5 bis 20% Lehm bzw. lehmige Erde haben sich langjährig als Zusatz beim Aufsetzen bewährt. Lehm verbessert das Sorptionsvermögen und ermöglicht den Bodenbewohnern den schnellen Aufbau von Bodenkrümeln. Auch Regenwürmer besuchen den Haufen lieber bei einem gewissen Lehmgehalt.

Darüber hinaus erhält der wachsende Komposthaufen als eine Art »Impfung« fertigen oder halbfertigen Kompost. Dadurch wird der Verrottungsprozeß beschleunigt. Während der Zersetzung des organischen Materials entstehen innerhalb des Haufens Temperaturen bis zu 70 °C. Ob diese Temperaturen ausreichen, um alle »Unkraut«-Samen abzutöten, kann nicht mit Bestimmtheit gesagt werden. Besonders stickstoffreiches Material, wie z. B. Rasenschnitt, bepudert man leicht mit »Patentkali« (Kalimagnesia) 1 bis 2 kg/m³ oder mit 3 bis 5 kg/m³ Holzasche.

Rinden werden zusammen mit anderen organischen Abfallstoffen und etwas lehmiger Erde kompostiert. Etwas halbfertiger Kompost dazwischen gemischt beschleunigt den Verrottungsprozeß. Nach einigen Tagen erreicht die Temperatur im Inneren des Haufens etwa 70 °C, bei der die keim- und wachstumshemmenden Stoffe der Rinden durch Fermentation abgebaut werden. Der günstige pH-Wert von Rindenhumus (5,5 bis 7,0) und der relativ hohe Nährstoffgehalt macht diesen Kompost zu einem wertvollen Material für die Bodenverbesserung.

Kalk fördert die Bildung günstiger pH-Werte im Kompost und damit die Tätigkeit der Mikroorganismen. Ein wirksamer Kompostbeschleuniger sind Brennesseln. Reiner Brennesselkompost eignet sich besonders zur Anzucht von Feinkulturen und zur Düngung von Erdbeeren und Rosen.

Alle anfallenden Abfälle werden zugedeckt gelagert, wenn sie nicht gleich zum Haufen aufgeschichtet werden können. Der Sonne und dem Wind ausgesetzt, würden sie an Wert verlieren. Auch der fertig aufgesetzte Komposthaufen wird mit Gras, Laub o. dgl. abgedeckt. Alles Leben kann nur in einer Hülle existieren (Goethe)!

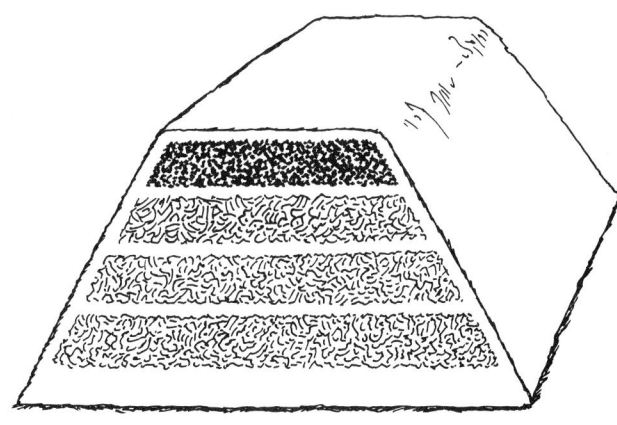

Komposthaufen

Stallmist ist der beste organische Dünger. Von den verschiedenen Tiermisten ist der Rindermist mit seiner ausgeglichenen Gesamtwirkung der wertvollste. Schweinemist ist ein kalter, d. h. sich langsam zersetzender Dünger. Der Mist von Pferden, Schafen, Ziegen, Hühnern und Tauben zählt zu den hitzigen Düngern. Sie zersetzen sich rasch. Mist aus Tierhaltungen, in denen Desinfektionsmittel verwendet werden, scheidet für unsere Zwecke aus. Der Inhalt aus Klärgruben, in die Haushaltchemikalien eingeleitet werden, ist für die Verwendung im Gemüsegarten bedenklich. Die Entwicklung umweltschonender Haushaltchemikalien hat begonnen, ist aber noch lange nicht abgeschlossen. Fäkalien, die im Garten anfallen, können mit reichlich anderem Material und etwas Erde unbedenklich kompostiert werden. Auch Stallmist sollte kompostiert und nicht vom Stall auf das Beet gebracht werden. Gut abgelagerter Stallmist kann aber zum Mulchen verwendet werden.

Bei der Kompostierung von reinem Stallmist ist ebenfalls eine Beimischung von 10 bis 20% lehmiger Erde unerläßlich. Die Umsetzung wird beschleunigt, es gibt keinen Ammoniakgeruch und kaum Fliegen oder Sickersäfte.

Der Komposthaufen sollte mindestens etwa 2 m breit, ebenso lang und höchstens 1,5 m hoch sein, wenn seine Innentemperatur 70 °C erreichen soll. Da die meisten Gartenabfälle im Herbst anfallen, wird man damit einen Haufen aufsetzen und zum Abschluß bringen, d. h. mit Gras, Kartoffelkraut, Laub oder Stroh abdecken. Ob er frei in Trapezform, rund oder innerhalb von vier luftdurchlässigen Wänden aufgeschichtet wird, ist nicht entscheidend. Wichtig ist aber, daß von allen Seiten die Luft heran kann.

Alle sonst im Laufe des Jahres anfallenden organischen Abfälle werden auf einem »wachsenden« Komposthaufen untergebracht. Die neuen Schichten werden an seiner giebelseitigen Schräge aufgesetzt, gut durchmischt und sogleich wieder abgedeckt.

Gute Verrottung kann nur bei einer gewissen Feuchtigkeit und Wärme innerhalb des Haufens vonstatten gehen. Die richtige Feuchtigkeit zu erhalten ist nicht leicht. Man muß ein Gefühl dafür

Auch ein Komposthaufen braucht Pflege

bekommen. Während regenreicher Zeiten und über Winter wird das Abdecken des Haufens mit einer Plane günstig sein. In Trockenzeiten wird sich eine Anfeuchtung erforderlich machen. Wenn der Komposthaufen zusammengesunken ist, wird überprüft, ob er noch ausreichend durchlüftet ist. Das geschieht mit einem Rechenstiel, den man in den Haufen schiebt und wieder herauszieht. Ist der Stiel mit schmierigem und übelriechendem Substrat benetzt, fehlt es an Sauerstoff, und der Haufen muß umgesetzt werden. Eine gute Durchlüftung erreicht man, wenn wenige Wochen nach dem Aufsetzen armstarke Pfähle in den Haufen getrieben und nach einiger Zeit wieder herausgezogen werden. Durch die so entstandenen Schächte kann Luft eindringen. Je reifer der Kompost wird, desto weniger Regenwürmer halten sich in ihm auf. Der Mohr hat seine Schuldigkeit getan – er ist gegangen! Jetzt sind die Kleinstlebewesen der Bodenorganismen am Werk. Der Zeitpunkt ist gekommen, unter normalen Bedingungen und in den Sommermonaten nach etwa 8 bis 12 Wochen, um den Haufen umzusetzen und dabei nochmals alles miteinander zu vermischen. Das Äußere kommt nach innen, das Innere findet jetzt am Rande des Haufens seinen Platz. Das Umsetzen wird mit Rücksicht auf die empfindlichen Lebewesen weder bei Frost noch bei prallem Sonnenschein vorgenommen.

Haufen, die im Spätherbst aufgesetzt wurden und in denen die Winterkälte und -nässe steckt, werden im Frühjahr an warmen Tagen ab Ende April umgesetzt. Dabei dringen Luft und Wärme ein, und die Zersetzungsvorgänge kommen in Gang.

Für Pflanzkulturen genügt einmaliges Umsetzen und gröberer Kompost. Für Saatkulturen mit feinem Samen muß ein zweites Mal nach weiteren 6 bis 8 Wochen umgesetzt und der Kompost u. U. gesiebt werden. Sonst ist der Bodenschluß in der Oberfläche der Beete nicht dicht genug, und die Samen laufen schlecht auf. Das gilt auch bei der Herstellung von Anzuchterden für Saatschalen, Töpfe usw.

Nach 9 bis 12 Monaten, bei Stallmistzusatz mindestens 3 Monate früher, ist der Kompost fertig. Die Reife des Kompostes kann man riechen: Reif riecht er angenehm nach Walderde. Wer sich mehr auf seine Augen verlassen möchte, wendet den Kressetest an: In eine mit Kompost gefüllte Schale wird Kresse gesät. Ist der Kompost reif, wächst die Kresse bei Zimmertemperatur innerhalb von 3 Tagen 5 cm hoch. Erreicht sie diese Höhe nicht und sind ihre Blätter nicht sattgrün, sondern gelblich, dann ist der Kompost noch nicht reif und muß weiter gelagert werden.

Verwendung des fertigen Kompostes

Wertvoll am Kompost ist nicht allein der Nährstoffgehalt, sondern seine Fähigkeit, das Bodenleben zu aktivieren. Kompost wird nicht untergegraben, sondern obenauf gestreut, höchstens leicht eingeharkt und gleich mit einer schützenden Mulchschicht zugedeckt. Kann man nicht mulchen, sollte der Kompost in einer Tiefe von 3 bis 10 cm liegen.

Wird ein Garten neu angelegt oder leidet der Boden an Humusmangel, sind in den ersten 3 bis 5 Jahren 6 kg Kompost pro Quadratmeter und Jahr sicher nicht zu viel. In den späteren Jahren kann die Menge auf 3 kg verringert werden. Mit Mineraldünger

Laub und Kalkmergel für
die Kompostbereitung

kann man leicht überdüngen, bei Verwendung von Kompost ist das
nicht möglich. Stark zehrenden Pflanzen (Tomaten, Gurken, Kohlarten, Kartoffeln) wird man mehr Kompost zukommen lassen als
schwachzehrenden Pflanzen (Möhren, Bohnen, Erbsen). Hat man
noch nicht ausreichend Kompost zur Verfügung, streut man ihn
nur in die Saatrillen oder gibt eine Handvoll davon in die Pflanzlö-
cher. Auch der auf Baumscheiben gestreute Kompost wird sogleich
mit Mulch abgedeckt.
        Fertiger Kompost sollte bald aufgebraucht werden. In gelager-
tem Kompost gehen die Bodenbildungsprozesse bald in Abbaupro-
zesse über, die seinen Wert stark mindern. Ein Bepflanzen des
Komposthaufens mit Kürbis, Gurken oder anderen Gewächsen ist
nicht ratsam. Sie sind beim Umsetzen im Wege und entziehen dem
Haufen Nährstoffe und Feuchtigkeit.

Wasser ist Leben

Während für Pflanzen an ihrem natürlichen Standort allein die pe-
riodisch fallenden Niederschläge für ein Überleben ausreichen, benötigen unsere kultivierten Gartengewächse in ihrer Wachs-
tumsphase eine möglichst gleichmäßige Versorgung mit Wasser
und damit in der Regel einen Wasserzuschuß vom Gärtner. Das bedeutet aber nicht, daß wir unsere Kulturpflanzen »unter Wasser«
setzen müssen. Ihr Wasserbedarf ist je nach Vegetationsphase verschieden. Stauende Nässe vertragen sie in der Regel ebensowenig

Der Plattbauch, eine noch
relativ häufige Segellibelle

wie anhaltende Trockenheit. Dem Idealzustand einer ausgeglichenen Bodenfeuchtigkeit versuchen wir uns durch Anreicherung des
Bodens mit Humus und durch Mulchen anzunähern. Unsere Pflanzen sind dann auf grundwassernahen Standorten durchaus in der
Lage, auch ohne Gießen Trockenzeiten ohne Schaden zu überstehen. Eine Übersättigung des Bodens mit Wasser behindert den
Luftaustausch und stört das Pflanzenwachstum. Wasserüberschuß
vermindert die Aromabildung, führt zu Strukturverschlechterung
und Nährstoffauswaschung im Boden.

Auf grundwasserfernen, niederschlagsarmen Sandstandorten
kommt kein Gärtner ohne Zusatzbewässerung aus. Unsere Vorfahren haben diese Standorte gemieden und die Wälder auf ihnen belassen. Wir sollten auch heute keine Wunder an Ertragsleistungen
von diesen Böden erwarten.

Einen hohen Wasserbedarf haben: Blumenkohl, Chinakohl,
Knollensellerie, Kopfsalat, Möhre, Porree, Tomate, Pflaume.

Einen mittleren Bedarf haben: Chicoree, Bohne, Grünkohl,
Gurke, Kohlrabi, Zwiebel, Rosenkohl, Radies, Apfel, Quitte, Birne,
Süßkirsche.

Wenig Wasser benötigen: Erbse, Rettich, Rote Rübe, Spinat,
Spargel, Pfirsich, Aprikose, Sauerkirsche (auf *Prunus mahaleb*).

Am besten gießt man auf die Mulchdecke, in die das Wasser
langsam einsickert, ohne den Boden zu verkrusten. Eine bewährte
Methode ist folgende: Man zieht zwischen den Pflanzenreihen flache
Furchen, füllt sie mit Wasser und deckt wieder mit Erde und
Mulch ab. Dadurch wird die Verdunstung stark verzögert, und die
Feuchtigkeit im Boden bleibt lange erhalten. Es ist besser, seltener,
aber nachhaltig zu wässern, als häufig zu sprühen.

Wird Oberflächenwasser zum Gießen verwendet, ist unbedingt
in regelmäßigen Zeitabständen eine Wasseruntersuchung durch
Hygieneorgane anzuraten. Das wird zur Pflicht, wenn Gartenpro-
dukte in den Handel gebracht oder direkt in Gemeinschaftsküchen
geliefert werden.

Auch für die Gießwassergüte, besonders bei Verwendung in
Gemüsekulturen, gibt es gesetzliche Vorschriften. Werden sie

nicht eingehalten, kann es zu einer Qualitätsminderung der Gartenfrüchte kommen, die dann nicht mehr den für den Verkauf gültigen Technischen Güte- und Lieferbedingungen (TGL) entsprechen. Die Organe des Umweltschutzes können Auskunft geben.

Regenwasser ist das beste Gießwasser. Von Dächern in Fässern oder Bassins aufgefangen, belebt und erwärmt es sich in wenigen Tagen. Regenwasser ist auch zum Gießen im Gewächshaus und für hygienisch problematische Kulturen, wie Salat und Erdbeeren, zur Reifezeit gut geeignet. In Gärten, in denen noch mit Trinkwasser gegossen wird, sollte dieses kostbare Naß soweit wie möglich durch Regenwasser ersetzt werden. Die mögliche chemische Verunreinigung des Regenwassers sollte allerdings nicht unberücksichtigt bleiben. Das betrifft sowohl seinen Gehalt an Luftschadstoffen als auch Stoffe, die z. B. aus der auffangenden Dachhaut ausgewaschen werden könnten. Frischgeteerte Dächer verunreinigen Regenwasser jahrelang, und an der Rußablagerung in einem Wasserfaß läßt sich oft leicht ablesen, ob es noch zum Gießen geeignet ist.

Wasser ist die Voraussetzung für üppiges Leben

Pflanzenwirkstoffe

Abwehrstoffe
und Phytohormone

Im Jahre 1928 beschrieb der Leningrader Biologe Boris Tokin Stoffe, die von höheren Pflanzen ausgeschieden werden und Bakterien. Protozoen oder Pilze zum Absterben bringen können. Er nannte sie Phytonzide. Chemisch gehören sie unterschiedlichen Stoffgruppen an. Sie werden als gasförmige oder flüssige Substanzen von oberirdischen Pflanzenorganen oder von Wurzeln ausgeschieden, oder sie werden erst durch Verletzung der lebenden Zelle frei. Teilweise sind sie an Glykoside gebunden und werden erst durch enzymatische Spaltung wirksam.

1940 veröffentlichte K. O. Müller eine Studie über die Phytophthora-Resistenz der Kartoffel. Er konnte Kartoffeln auswählen, die in der Lage waren, mit Hilfe eines in den Zellen nach Infektion mit Phytophthora gebildeten unspezifischen Abwehrstoffes die Entwicklung des Pilzes zu hemmen. Diesen, noch nicht isolierten Stoff nannte er Phytoalexin. Dieser Abwehrstoff ist nicht von vornherein in den Zellen vorhanden. Er wird nach erfolgter Infektion am Infektionsort gebildet und in der Pflanze gespeichert. Gleiche Untersuchungen wurden bei der Monilia-Resistenz der Bohne gemacht. Aus Erbsen wurde 1961 ein Phytoalexin, Prisatin genannt, isoliert. Schilf und bestimmte Binsen produzieren Abwehrstoffe gegen tierische Schädlinge, Bakterien, Pilze und Algen. Der daraus von sowjetischen Wissenschaftlern entwickelten biologischen Methode der Algenvernichtung wurde ein Wirtschaftspatent zuerkannt. Die Bildung von Abwehrstoffen im pflanzlichen Organismus ist mit dem tierischen Immunsystem vergleichbar. Da in zunehmendem Maße solche Pflanzenstoffe mit antimikrobieller Wirkung gefunden werden, liegt der Schluß nahe, daß für die Gesundheit der Pflanzen ein arteigenes intaktes Immunsystem von gleicher Bedeutung ist wie für den tierischen Organismus, obwohl die Wissenschaft diesen Begriff noch für den tierischen Organismus reserviert hält. Man sollte darüber nachdenken.

Die Entdeckung, daß Pflanzen Wirkstoffe entwickeln, die sehr spezifisch auf physiologische Abläufe der Insekten wie Sexualverhalten, Eibildung, Eiablage, Embryonalentwicklung, Häutung, Kutikulabildung und Nahrungsaufnahme Einfluß nehmen, leitete die Entwicklung der dritten Generation von Insektiziden ein. Es eröffneten sich Möglichkeiten, gezielt in diese physiologischen Vorgänge einzugreifen. 1966 wurde das Häutungshormon 20-HE in Podocorpus-Arten (Nadelgehölze) entdeckt. Bis 1983 waren 69 Phytoecdysteroide in 110 Pflanzenfamilien bekannt. Ihr Gehalt in Pflanzen kann über 1% des Trockengewichts erreichen und ist bis zu 10^6mal höher als der Ecdysteroidgehalt in Insekten. Ähnlich sind die Brassinosteroide zu bewerten, die im Raps, in Bohnen, Kastanien, Insektengallen, Tee und Chinakohl nachgewiesen wurden. Allerdings hat noch keines dieser Häutungshormone praktisches Interesse erlangt.

Der tropische Neem-Baum (Azadirachta indica) enthält das Azadirachtin, ein hochwirksamer insektizider Stoff mit weitem Wirkungsspektrum. Es führt bei Insekten zu Mißbildungen, Reduktion der Eientwicklung, Metamorphosestörungen und zum

Wermut vor der Blüte   Lavendel

Tode, neurosekretorische Steuerzentren wurden außer Kraft gesetzt. Aus dem Samen gewonnen, wird die Verbindung bereits sehr
vielseitig in tropischen Ländern als biologisches Insektizid eingesetzt (Richter, 1989).

Schon unsere Vorfahren machten sich pflanzliche Ausscheidungen nutzbar und wehrten damit erfolgreich Pflanzenkrankheiten
und Schädlinge ab. Im biologischen Landbau verwendet man Kräu-
terauszüge in Form von Tee, Kaltwasserauszug oder Brühe bestimmter Pflanzen als biologische Pflanzenschutzmittel. Wer diese
Mittel zum ersten Male anwendete, ist unbekannt, ihre von vielen
beobachtete Wirksamkeit führte aber dazu, daß die Rezepturen
von Generation zu Generation weitergegeben wurden. Der Erfolg,
den ein Gärtner mit 12 Stunden altem, kaltem Brennesselauszug im
Kampf gegen Blattläuse hatte, wurde weitergesagt, über einen Miß-
erfolg sprach man nicht. Die dafür verwendeten Pflanzen zählen
ausnahmslos zu den Heilpflanzen, also zu Pflanzen, die in irgend-
einer Art und Weise entweder in der Volksmedizin verwendet
wurden oder sogar Eingang in das offizielle Arzneimittelverzeich-
nis fanden. Auffallend ist dabei, daß viele der Pflanzen wegen ihrer
entzündungshemmenden, wundheilenden und desinfizierenden
Wirkung in humanmedizinischem Gebrauch sind oder waren
(vgl. S. 65 ff.).

Die meisten dieser Verbindungen sind unter den Monoterpe-
nen zu finden, ätherische Öle, die bereits durch ihren charakteristi-

Ringelblumen

Wurmfarn

schen Geruch auffallen (Pyrethrin, Thujan, Geranicol, Pinen, Fen-chan, Camphan, Citral usw.).

Samenkeimung, Wachstum, Blühbeginn, Samenreife usw. steu-ern die Pflanzen durch Wuchsstoffe (Phytohormone). Sie lösen schon bei äußerst geringer Konzentration den entsprechenden phy-siologischen Prozeß aus. Das älteste bekannte Beispiel eines pflanzlichen Phytohormons ist Ethylen. Ethylen wirkt u. a. als Hemmstoff vor allem in reifen Früchten und wird auch in Pilzen gebildet und freigesetzt. Es fördert die Fruchtreife. Werden früh-reife Äpfel mit spätreifenden zusammengebracht, dann reifen die spätreifenden rascher. Der Effekt wird bei der künstlichen Bega-sung von Lagerobst genutzt. Ethylen fördert den Laubfall auch art-fremder Gehölze. Es ist das einzige gasförmige Phytohormon.

Ein anderer Hemmstoff ist die Abscisinsäure. Sie ist für den Eintritt der Pflanze in die Ruhephase verantwortlich. Wachstums-fördernde Funktionen haben die große Gruppe der Auxine und Gibberelline. Fördernde und hemmende Phytohormone treten oft als einander entgegenwirkende Faktoren auf. So bilden sich z. B. in der Knospe eines Spitzentriebes Auxin, in den Nebenknospen Ethylen. Der Spitzentrieb wird dadurch gefördert, die Seitenknos-pen werden im Wachstum gehemmt.

Signalstoffe   Pflanzen sondern nicht nur über den Nektar der Blüten, sondern auch über Blätter und Stengel Duftstoffe ab, an denen sich Insek-

Kapuzinerkresse

Rainfarn

ten orientieren. Wilde Kartoffeln geben einen Stoff ab, der dem Pheromon entspricht, das Blattläuse bei Gefahr absondern. Die Blätter der Zuchtformen haben diese Fähigkeit verloren. Pheromone sind Signalstoffe, die bisher ausschließlich aus dem Tierreich bekannt waren und dort spezifische Verhaltensreaktionen zwischen Individuen einer Art auslösen. Bestimmte Bäume, die von blattfressenden Raupen befallen werden, können ihre Blätter für den Schädling unbekömmlich machen, indem sie innerhalb weniger Stunden bestimmte Abwehrstoffe (Phenole, Tannine) in ihren Blättern konzentrieren und zusätzlich noch benachbarte Bäume, die noch nicht von den Raupen befallen sind, »warnen«, so daß auch diese beginnen, Abwehrstoffe in ihren Blättern einzulagern. Eine solche Information, über die Luft an die benachbarten Bäume weitergegeben, setzt einen Stoff von Pheromoncharakter voraus.

Die Formen wechselseitiger Beeinflussung von Pflanzen sind un überschaubar, aber nicht zu übersehen. Die Symbiose zwischen Leguminosen und Rhizobium-Bakterien ist ein Beispiel, ein anderes ist die auf eine Unterlage gepfropfte Obstsorte. Von den Wurzeln der Kiefer ausgehende Stoffe hemmen das Wachstum der Birke, deren Ausscheidungen hingegen fördern das der Kiefer. Eine gegenseitige Förderung im Zusammenleben ist zwischen Eichen und Linden festzustellen. Die Wurzeln der meisten Gehölze sind eine Symbiose mit speziellen Pilzen eingegangen. Diese Symbiose ist als

Wechselseitige Beeinflussung von Pflanzen

Mykorrhiza bekannt. Die Keimung bestimmter Samen ist von der Anwesenheit bestimmter Pilze abhängig. Die Regelmechanismen dieser Wechselbeziehungen sind noch vielfach ungeklärt. Die Probleme der wechselseitigen Beeinflussung von Pflanzen wurden erstmals 1937 von Molisch unter dem Begriff Allelopathie zusammengefaßt und ausführlicher diskutiert.

Solche Wechselbeziehungen zwischen Pflanzen sind für die Stabilität pflanzlicher Widerstandskraft offensichtlich ein wichtiger, vielleicht sogar der wichtigste Faktor. Bei naturnahem Gärtnern wird er in der Mischkultur genutzt (s. S. 79). Der Gärtner sollte Wildkräuter im Garten differenziert beurteilen. Manche von ihnen fördern Kulturpflanzen, andere wirken hemmend. Dabei spielen Nährstoffbedarf, Wurzelsystem, Wuchsdynamik und sicher auch das Ausscheiden arteigener Stoffe eine Rolle.

Jede Pflanze ist von speziellen, ihr angepaßten Parasiten bedroht. Je nach der Funktionstüchtigkeit ihres Abwehrmechanismus braucht sie bei solchen Angriffen auf ihre Gesundheit mehr oder weniger Hilfe von außen. Im Garten versuchen wir das durch den Anbau in bestimmten Mischkulturen zu erreichen. Bestimmte Nematoden werden von den Wurzelausscheidungen der Studentenblume (Tagetes) beeinträchtigt. Deshalb kann man von diesen Nematoden befallene Flächen mittels Tagetes-Anpflanzungen auf natürliche Weise »entseuchen«. Bei Ringelblumen *(Calendula)* und Sonnenhut *(Rudbeckia)* wird eine ähnliche Wirkung angenommen. Ein Tropfen Knoblauchsaft neben einem Tropfen Regenwasser läßt alle Bakterien im Wassertropfen innerhalb weniger Minuten absterben. Die Senföle der Kreuzblütler sind besonders wirksam. Ein Aufguß von 10 g der Senfpflanze in 1 l Wasser hatte nach 24 Stunden und bei Zimmertemperatur eine gute bakterizide Wirkung. Dünne Zwiebel- oder Knoblauch-Brühe ist ein bewährtes Mittel gegen Erdbeermilben.

Jeder aufmerksam beobachtende Gärtner weiß, daß meist zuerst die schwächlichen Pflanzen von Schädlingen befallen werden, während kräftige Exemplare oft verschont bleiben. Solche Pflanzen befinden sich offensichtlich im Gegensatz zu den schwächlichen, kränkelnden Pflanzen in Einklang mit ihrem Biotop, dem Boden, ihren Pflanzennachbarn und den vom Gärtner angebotenen Pflegemaßnahmen. Die wechselseitige Beeinflussung von Pflanzen ist letztlich nichts anderes als die Sonderform der in mehrfacher Weise aufeinander wirkende Beeinflussung aller Lebewesen eines gemeinsam bewohnten Raumes.

Pflanzengifte   Pflanzen können sich mit Giftgetränken, Appetitverderbern, Stacheln, Dornen, Stink- und Klebstoffen oder auch Täuschungsmanövern ihrer Feinde erwehren. Sie produzieren Substanzen, mit denen sie ihre Feinde umbringen, ihnen die Nahrung vergällen oder sie unfruchtbar machen. Das Nikotin in den Tabakblättern ist z. B. ein solches Gift, womit sich die Tabakpflanze vor Blattläusen und anderen Schmarotzern schützt. Schon 70 mg Nikotin können einen erwachsenen Menschen töten. Wegen der stark toxischen Wirkung des Nikotins auf den Menschen sollten deshalb wäßrige Aufgüsse von Tabakblättern gegen Blattläuse nicht mehr zur Anwendung kommen.

Etwa 800 Pflanzenarten, darunter Mandel, Pflaume, Pfirsich und Apfel, produzieren, hauptsächlich in ihrem Samen, Blausäure. Sie ist zu etwa 2 bis 4% in Bittermandelöl enthalten. Die große Gruppe der Giftpflanzen, angefangen von Stechapfel und Bilsenkraut, Aronstab, Fingerhut und Schierling bis hin zu Eibe, Goldregen, Pfaffenhütchen und dem Knollenblätterpilz, hat sich eine Vielzahl von zum Teil tödlichen Abwehrstoffen geschaffen, durch die sie Freßfeinde abwehren. Alle diese Stoffe sind aber nicht generell lebensfeindlich wie z. B. konzentrierte Schwefelsäure. Sie wirken sehr differenziert gegen bestimmte Formen des Lebens. Die Fraßspur einer Schnecke an einem Pilz ist noch kein Beweis dafür, daß der Pilz für den Menschen nicht giftig ist. Zum Teil sind Pflanzenorgane frei von Gift, wie die fleischige Hülle der Eibensamen, die Vögel zum Fressen anregen soll, um den Samen zu verbreiten. Die feinen Härchen der Brennessel sind zugespitzte Ampullen. Sie brechen beim Berühren an einer programmierten Stelle ab und entlassen beißende Ameisensäure.

Die für den Pflanzenschutz zur Zeit wahrscheinlich wichtigsten Pflanzengifte sind die Pyrethrine, die in verschiedenen Chrysanthemum-Arten vorkommen. Es sind natürliche Kontaktinsektizide, die in konzentrierter Form leider auch für Warmblütler giftig sind. Obwohl sie rasch abgebaut werden und deshalb umweltfreundlich sind, vernichten sie Schädlinge wie Nützlinge gleichermaßen und sind deshalb keine selektiv wirkenden Pflanzenschutzmittel.

Schädigungen, Krankheiten und Pflanzenschutz

Die Natur kennt keine Schädlinge. Innerhalb eines Ökosystems haben alle Lebewesen eine systemerhaltende Funktion. Das kann die Aufgabe sein, eine dem jeweiligen Standort angepaßte Vielfalt entweder wieder herzustellen oder sich über Gebühr vermehrende Pflanzen und Tiere zahlenmäßig zu reduzieren. Leben ist nie wertlos oder unnütz.

Albert Schweitzer hat das so ausgedrückt: »Die Ethik der Ehrfurcht vor dem Leben macht keinen Unterschied zwischen höherem und niederem, wertvollem und weniger wertvollem Leben ... Das Unternehmen, allgemeingültige Wertunterschiede zwischen Lebewesen zu statuieren, läuft darauf hinaus, sie danach zu beurteilen, ob sie uns Menschen nach unserem Empfinden näher oder ferner zu stehen scheinen, was ein ganz subjektiver Maßstab ist. Wer von uns weiß, was das andere Lebewesen an sich und in dem Weltganzen für eine Bedeutung hat? ... Unter wertlosem Leben werden dann, je nach den Umständen, Arten von Insekten oder primitive Völker verstanden.«

Meist hat der Gärtner unbewußt selbst durch den Anbau in Monokultur, auf falschem Standort, durch Vernichtung der natürlichen Feinde, durch Überdüngung und andere das standortgerechte Ökosystem mißachtende oder zerstörende Maßnahmen dazu beigetragen, daß bestimmte Tierarten, besonders Insekten, zu Pflanzenschädlingen werden konnten. Mitesser aus dem Tierreich werden wir immer in unserem Garten haben. Wir sollten ihnen mit Gelas-

Schaderreger und ihre Gegenspieler

Streifenwanzen leben auf
Doldenblütlern

senheit begegnen und sie gewähren lassen, solange sie nicht zu unseren echten Nahrungskonkurrenten werden. Fast jeder Schädling hat seine natürlichen Feinde. Wir nennen sie Gegenspieler, Freßfeind oder Nützling. Die Larven und Käfer der allen bekannten Marienkäfer leben hauptsächlich von Blattläusen. Die Larve des Siebenpunktes zum Beispiel frißt täglich etwa 50 Blattläuse, bis zu ihrer Verpuppung insgesamt ungefähr 650. Der Käfer selbst frißt am Tage bis zu 50 Blattläuse.

Schwebfliegen »stehen« beim Blütenbesuch oft lange Zeit schwirrend in der Luft an einer Stelle. Daran kann man sie leicht erkennen. Sie legen ihre Eier inmitten von Blattlauskolonien. Die kopf- und fußlosen, oft auffallend bunten Larven saugen bis 900 Blattläuse pro Tier und Tag aus. Die Nachkommen einer einzigen Schwebfliege können mehr als 27000 Blattläuse vertilgen. Die auch als Blattlauslöwe bezeichnete gefräßige Larve der Florfliege ergreift mit ihren Saugzangen Blattläuse, Schildläuse, Blutläuse, Spinnmilben und andere weichhäutige Insektenlarven und saugt sie aus. Die mit einem Legestachel ausgerüsteten Weibchen zahlreicher Schlupfwespenarten legen ihre Eier an oder in ihre Opfer. Die Larven fressen außen oder im Inneren des lebenden Wirtes. Viele der Schlupfwespenarten sind auf einen Wirt spezialisiert, so z. B. der Weißlingstöter. In einer Raupe des Kohlweißlings habe ich 60 Larven des Weißlingstöters gezählt.

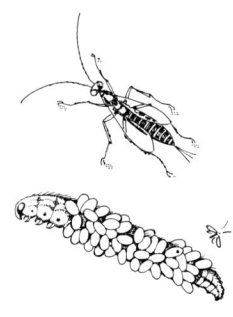

Schlupfwespe und ihre Eikokons an Schmetterlingsraupe

Freßfeind der gefürchteten Spinnmilbe sind Blumenwanzen der Gattung Orius, von denen jede innerhalb nur 1 Stunde 20 Spinnmilben vertilgen kann. Einige Arten Weichwanzen leben ebenfalls vorwiegend von Spinnmilben. Die Raubmilbe *Phytoseiulus persimilis* frißt die Rote Spinne und wird deshalb speziell zu deren Bekämpfung gezüchtet. Auch die Zehrwespe *Encarsia formosa* wird künstlich vermehrt und gegen die aus Mittelamerika eingeschleppte »Weiße Fliege«, eine Mottenschildlaus, in Gewächshäusern mit Erfolg eingesetzt.

Erhebliche Bedeutung für den biologischen Pflanzenschutz gewinnt zunehmend die mikrobiologische Bekämpfung, bei der Viren, Bakterien und Pilze eingesetzt werden. Schon lange ist *Bacillus thuringiensis* gegen die Raupen schädlicher Schmetterlinge im wirtschaftlichen Einsatz.

Das Heer der Gegenspieler ist artenreich und bei weitem noch nicht völlig in seiner Bedeutung erkannt. Die Spinnen und Raubmilben, Wanzen, Laufkäfer, Weichkäfer, Marienkäfer, Schlupfwespen, Brackwespen, Erzwespen, Schwebfliegen und Raupenfliegen, aber auch Frösche, Kröten, Eidechsen und Blindschleichen, Fledermäuse und Spitzmäuse und viele Vogelarten vermögen schädigende Tierarten in unserem Garten kurzzuhalten.

Die Leistungen dieser Nützlinge werden von uns meist nicht bemerkt. Für uns auffällig ist der Schaden, also ihr Fehlen. Um mit der Natur gärtnern zu können, müssen wir genau beobachten und ausreichende naturwissenschaftliche Kenntnisse erwerben, wenn wir mit diesen kleinen Helfern Schäden erfolgreich von unseren Nutzpflanzen abwehren wollen.

Unter biologischem Pflanzenschutz wird die Anwendung und die Förderung lebender Organismen im Pflanzenschutz verstanden, z. B. die Ausnutzung natürlicher Nahrungsketten (Blattlaus–Schlupfwespe–Insektenlarve–Vogel usw.), die wechselseitige Beeinflussung von Pflanzen durch eigene Stoffwechselprodukte oder die Anwendung dieser Stoffe verstanden. Freizeitgärtner sollten versuchen, auf chemische Pflanzenschutzmittel weitgehend zu verzichten und zuerst mit einfachen, manuellen Methoden und mit naturbürtigen Mitteln versuchen, der Schädlinge Herr zu werden. Viele der chemischen Mittel sind für Mensch und Tier ab einer gewissen Konzentration nicht unbedenklich. Ihre Langzeitwirkungen sind vielfach noch ungenügd bekannt, ebenso ihre Reaktionen mit anderen Stoffen. Die sachgerechte Anwendung, gemäß der oft viel Wissen und Können vom Freizeitgärtner erwartenden Anwendungsvorschriften, ist nicht kontrollierbar. Das richtige Mittel muß gegen den richtig erkannten Schädling in der richtigen Konzentration zur richtigen Zeit und bei der richtigen Wetterlage eingesetzt werden. Zwischen der Anwendung des Mittels und dem Verzehr der damit behandelten Pflanze muß eine bestimmte Wartezeit (Ka-

Biologischer Pflanzenschutz

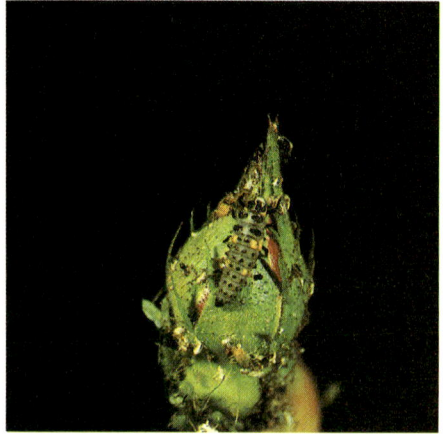 

Marienkäferlarven nähren sich von Blattläusen   Raubfliege mit Beute

renzzeit) eingehalten werden. Eine Kontrolle der Rückstände (Grenzwerte) im Erntegut ist dem Freizeitgärtner nicht möglich, sie ist aber dann erforderlich, wenn keine Sicherheit für eine ordnungsgemäße, den Zulassungsbestimmungen entsprechende Anwendung der Pflanzenschutzmittel besteht, da in der DDR eine Rückstandsmengen-Anordnung (vom 30. 6. 88) die maximal zulässigen Rückstände der Wirkstoffe für pflanzliche Produkte, die zu Nahrungszwecken Verwendung finden sollen, festlegt. Die Dosierung der Mittel und der erforderliche Gesundheitsschutz hängen allein von subjektiver Einsicht und Fähigkeit ab und werden außerdem noch von technisch möglicher Maßgenauigkeit bestimmt. Die Herstellung einer geforderten 0,02%igen Spritzbrühe bleibt in kleiner Menge trotz angebotener Meßsets für den Freizeitgärtner problematisch.

Viele Schädlingsbekämpfungsmittel treffen nicht allein den Schädling, sondern auch seine Gegenspieler, bestäubende Insekten und über Nahrungsketten Amphibien, Reptilien, Vögel und Säugetiere. Eine ganze Reihe von Insekten- und Milbenarten sind gegen bestimmte chemische Mittel widerstandsfähig geworden.

Besonders radikal waren die Insektizide der ersten Generation, die bis etwa 1940 angewendet wurden, die Arsenverbindungen, Quecksilbersalze, Fluoride u. a. Mit ihnen war stets eine akute Vergiftungsgefahr für den Menschen verbunden. Die zweite Generation, die heute noch angewandten Mittel, z. B. die chlorierten Kohlenwasserstoffe, die organischen Phosphorsäureester und Karbamate, sind ebenfalls für Menschen und Wirbeltiere gefährlich geblieben (Richter, 1988).

Trotz Einsatzes von etwa 4 Millionen Tonnen Pflanzenschutzmitteln (einschließlich Herbizide) in jedem Jahr gehen dem Menschen noch immer weltweit 35% der Ernte auf den Feldern, beim Transport oder bei der Lagerung durch Schädlinge verloren, davon 12% allein durch Insekten (Sedlag 1987). Ohne Schädlingsbekämpfung wären die Verluste noch größer, aber einen Sieg über die Schädlinge hat die Chemie nicht errungen.

Mit dem Begriff biologischer Pflanzenschutz ist der Begriff biologisches Gleichgewicht eng verbunden. In unserem Garten arbeiten wir dem Artengleichgewicht des natürlichen Standortes entgegen, indem wir dem Standort unsere Kulturpflanzen aufzwingen und die der natürlichen Standortgemeinschaft entsprechenden Pflanzen verdrängen. Die Pflanzen, die wir fördern, müssen wir während der ganzen Vegetationsperiode vor der Konkurrenz standortgerechter Wildkräuter verteidigen und vor anderen Schädigungen schützen. Dafür verbraucht der Gärtner die meiste Zeit. Wenn ein Garten nicht allzugroß ist und wir ihn intensiv bearbeiten wollen, dann sollten wir alle Möglichkeiten nutzen, mit biologischen und mechanischen Mitteln der Schädlinge Herr zu werden. In einer Viertelstunde kann der Gärtner viele Eigelege der Kohlweißlinge zwischen den Fingern einfach zerdrücken. Dem Freizeitgärtner ist zuzumuten, vom Schorf befallenes Laub wegzubringen und zu verbrennen, von Blattläusen besetzte Triebspitzen und Blätter abzuknipsen, Mischkulturen zu pflanzen und eine ganze Reihe anderer, mit etwas Mühe verbundener biologischer Vorbeuge- und Abwehrmaßnahmen durchzuführen. Aber auch im gewerblichen Obst- und Gartenbau und in der Landwirtschaft ist die biologische Schädlingsbekämpfung im Komplex mit anderen Pflanzenschutzmaßnahmen von wachsender Bedeutung. Dieses komplexe Herangehen hat die Bezeichnung integrierter Pflanzenschutz erhalten.

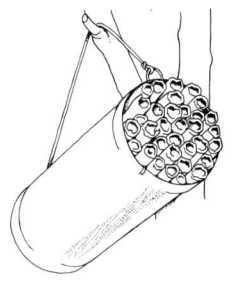

Der beste Schutz vor Schädlingen besteht darin, unseren Garten lebendig zu gestalten und zu erhalten. Er muß aus sich selbst heraus existieren können, er muß ökologisch in einem Zustand sein, der zu einer von Jahr zu Jahr steigenden Produktion von Biomasse führt. Das setzt voraus, daß wir unsere Pflegemaßnahmen, Nutzungsabsichten und gestalterischen Eingriffe in Übereinstimmung mit dem jahreszeitlichen und witterungsabhängigen Rhythmus des Wachsens, Blühens, Fruchtens und Absterbens vornehmen, daß wir die Produktivität unseres Gartens in Form seiner ökologischen Struktur *entwickeln* und nicht zu konstruieren versuchen. Schädlingskalamitäten werden in solchen Gärten selten sein und deuten dann meist auf eine Schwachstelle im ökologischen Gefüge des Standortes, unverträgliche Pflanzennachbarschaften, Nährstoffmangel oder -überschuß, Wassermangel oder -überschuß, negative Veränderungen im Bodengefüge, oder wir haben einfach den Pflanzen einen falschen Standort zugemutet. Je einheitlicher die Kultur und je größer die Flächen mit Monokulturen sind, um so auffälliger sind sie für die Massenvermehrung von Schädlingen. Das sind keine neuen Erkenntnisse. Im »Großen Handbuch für Gartenbau und Gartenkultur« von Wehrhahn (um 1930) ist bereits zu lesen: »Krankheiten gibt es eine große Reihe, doch sind sie immer erst die Folgen von Ursachen. Fehlen diese, so werden auch die Folgen nicht auftreten. Die Ursachen der Krankheiten vermeiden ist daher viel wichtiger und meistens auch leichter als solche heilen. Und gerade darin besteht die Aufgabe des Gärtners.« Es wird in der Folge dieses Zitats auch nicht von »Schädlingsbekämpfung« gesprochen, sondern von »Krankheiten und Beschädigungen durch Tiere«. Wer einfache, manuelle Formen der Schädlingsbekämpfung sucht, kann sie in diesem Handbuch finden.

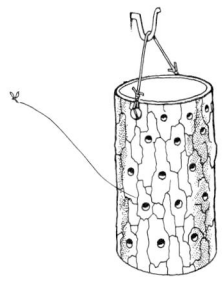

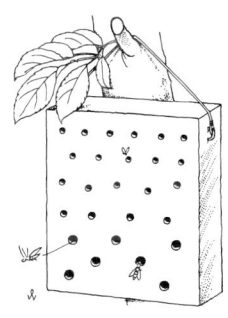

Nistdose, Nistholz und Nistbrett für nützliche Insekten

Die Entdeckungen bzw. Entwicklungen biologischer Schädlingsbekämpfungsmittel stehen noch in den Anfängen. Sie sind sehr vielfältig, einige wurden bereits genannt (s. S. 54). In der Entwicklung sind streng selektiv wirkende Virus-Präparate, die nur eine einzige Insektenart schädigen können. Pilze der Gattungen *Entomophthora, Conidiobolus, Neozygites* und *Erynia* können ganze Blattlauspopulationen zum Zusammenbruch bringen. Die Technologie ihrer künstlichen Vermehrung steht noch aus. Die Anwendung von Antibiotika gegen Pilzkrankheiten und Bakteriosen ist in der Erprobung. Aber ebenso wie in der Humanmedizin muß damit gerechnet werden, daß die Schädlinge mit der Zeit dagegen resistent werden. So wird in den USA gegen Feuerbrand Streptomyzin gespritzt, es sind aber schon streptomyzinresistente Stämme von *Erwinia amylovora* aufgetreten. Es gibt auch Wiederentdeckungen unter den Nützlingen. Bereits 1925 wurde die Blutlauszehrwespe *Aphelinus mali* nach Europa gebracht und bis in die 50er Jahre auch gezüchtet und planmäßig in Obstplantagen ausgesetzt. Unter dem Hagel der chemischen Spritzungen in den folgenden Jahrzehnten ging sie fast wieder verloren.

Biologische Schädlingsbekämpfung ist meist art- oder artgruppenspezifisch. Sie ist in der Regel unbedenklich für den Menschen und führt zu keiner Schadstoffbelastung unserer Umwelt. Sie hat dadurch einen ökonomischen Wert, der leider nicht exakt zu berechnen ist. Biologische Mittel und Methoden sind zur Zeit oft noch sehr teuer, sehr aufwendig im Einsatz, besonders für Großanlagen. Hinzu kommt, daß wir gerade erst begonnen haben, die Zusammenhänge zu verstehen, die es uns im wachsenden Maße möglich machen werden, die Natur für uns arbeiten zu lassen, statt ihr Produkte abzuringen. Die zu häufige Anwendung chemischer Mittel im Kampf gegen Schädlinge und Unkraut hat erkennbare schädigende Auswirkungen auf die ökologischen Systeme und schafft Ungleichgewichte in der Natur. Wenn das Nutzen-Schaden-Verhältnis nicht zu Gunsten des Schadens umschlagen soll, müssen wir alle Möglichkeiten nutzen, Gleichgewichte zu erhalten oder wiederherzustellen. Für die nachfolgend aufgeführten pflanzlichen Spritzmittel kann keine Erfolgsgarantie gegeben werden, aber es lohnt sich auf jeden Fall, ihre Wirksamkeit zu erproben. Sollte der Erfolg ausbleiben, ist doch zumindest kein Schaden entstanden, der bei der unsachgemäßen Anwendung chemischer Bekämpfungsmittel fast unvermeidbar ist. Auf einige Probleme, die zu beachten sind, wird im folgenden noch hingewiesen werden. So ist z. B. auch nach der Anwendung biologischer Spritzmittel eine Karenzzeit von einigen Tagen bis hin zu einer Woche angebracht, bevor das Gemüse geerntet werden sollte, besonders bei der Anwendung von Brühen aus Pflanzen, die Thujan enthalten. Eine Schädlingsbekämpfung an erntereifen Pflanzen ist ohnehin unsinnig: Bei der Ernte können die Schädlinge mechanisch beseitigt werden. Zur Vermehrung haben sie keine Gelegenheit mehr.

Herstellung und Anwendung pflanzlicher Spritzmittel

Pflanzliche Spritzmittel sind den Teeaufgüssen der Volksmedizin verwandt. Das scheint naiv und unwissenschaftlich zu sein. Tatsächlich sind mit der Aufklärung der Struktur der heilwirksamen Inhaltsstoffe der verwendeten Pflanzen auch für deren Wirkung

Wermut *(Artemisia absinthium)* enthält ebenso wie Rainfarn Thujan und die Bitterstoffe Absinthin, Artabsin, Anabsinthin, andere Sequiterpenlaktone und mehrere Flavonoide. Die Droge wird zur Anregung der Magensaftbildung und bei Entzündungen bzw. leichten krampfartigen Störungen der Magen-Darm-Tätigkeit verwendet. Sie fand auch Verwendung zum Abtreiben von Spulwürmern, als Gurgelmittel und für Umschläge bei Prellungen. Aus 50 g frischem oder 3 g getrocknetem Kraut und 1 l Wasser hergestellte Brühe wird im Frühjahr unverdünnt gegen Blattläuse, Säulchenrost (an Johannisbeeren), Brombeermilben, Raupen und Ameisen auf die Pflanzen gespritzt. Ein dreifach verdünnter Aufguß wird im Juni und Juli gegen Blattläuse und Apfelwickler angewendet.

Dazu läßt man 50 g getrocknete Zwiebelschalen in 1 l Wasser 1 Woche stehen. Die Brühe wird gegen Pilzkrankheiten und Milben gespritzt. Die Zwiebeln enthalten ätherische Öle, verschiedene Sulfide, Zucker, Flavonoide, Pektin und antibakterielle Stoffe. Die desinfizierende Wirkung wird innerlich und äußerlich genutzt.

Diese vorgenannten Mittel wirken erfahrungsgemäß bei geringem Schädlingsbefall. Bei regelmäßiger und rechtzeitiger Anwendung können sie die Ausbreitung von Pflanzenkrankheiten und -schädlingen beschränken.

Wermut-Brühe

Zwiebelschalen-Brühe

Wildkräuter und Kulturpflanzen

Alles Kraut, das nicht aus der Samentüte stammt oder vom Gärtner angepflanzt wurde, ist für manchen nur unerwünschte Konkurrenz für seine Kulturpflanzen und wird als Unkraut bezeichnet. Unkraut steht dabei für unwertes, schlechtes, lästiges Kraut, das den wertvollen, guten Kulturpflanzen im Wege ist. Bei der Einteilung in Unkräuter und Kulturpflanzen wird zweierlei übersehen. Manche Kulturpflanze ist aus Unkraut-Sippen hervorgegangen und manche verwilderte einstige Kulturpflanze in die Kaste der Unkräuter herabgesunken. Die mit der Vorsilbe »un« abgestempelten Pflanzen sind oft nur die armen Verwandten unserer Kulturpflanzen. Unkraut zu sein ist keine Eigenschaft von Pflanzenarten, sondern die Eigenschaft des Platzes, auf dem diese Pflanzenart wächst. Wir erklären zum Unkraut, was entgegen unserem Willen auf dem Gartenbeet wächst. Das können Wildkräuter, aber auch Kulturpflanzen sein, die sich unkontrolliert ausbreiten. Wir wollen deshalb bei den Pflanzenarten, die gemeinhin als Unkräuter bezeichnet werden, von Wildkräutern sprechen und »wild« im Sinne von »frei und ledig« verstehen. Viele von ihnen werden auch heute noch bzw. wieder als wirkungsvolle Heilpflanzen genutzt. Denken wir nur an Hirtentäschel, Kamille, Löwenzahn, Quecke u. a. Die Kornrade *(Agrostemma githago)*, durch Saatgutreinigung nahezu ausgerottet, beschäftigt heute die Genetiker. Es wird sogar erwogen, sie systematisch anzubauen. Ihr Samen enthält wertvolle Saponine, die als Arzneimittel genutzt werden. Die Feldkamille soll, in Gesellschaft mit Weizen wachsend, dessen Körnerertrag steigern, allerdings nur, wenn eine Kamillenpflanze auf 100 Weizenhalme kommt. Ungarische Wissenschaftler wollen zudem eine Erhöhung des Kleber-

Wildkräuter oder Unkräuter

Das Gemeine Leinkraut wächst noch in Fugen und Ritzen

Löwenzahn auf nährstoffreichem Standort

anteils nachgewiesen haben. Ähnliche Beobachtungen wurden bei Hederich, Quecke und Kornblume gemacht.

Wildkräuter fördern die Bodengare, das wußten schon frühere Bauerngenerationen und ließen deshalb ihre Felder im Wechsel ein Jahr brach liegen. Während dieser Brachzeit verbesserten und düngten die Wildkräuter mit ihren Inhaltsstoffen den Boden.

Durch die Vorbehandlung und Reinigung des Saatgutes, spezifische agrochemische Verfahren und Fruchtfolgen, Melioration und Düngung, nicht zuletzt durch den Einsatz von Herbiziden, sind heute auf dem Territorium der DDR von rund 200 Ackerunkräutern 85 Arten vom Aussterben bedroht. Ihr Verlust wäre nicht nur aus genetischen Gründen zu bedauern, er wäre ein Verlust an Artenvielfalt. Die Ackerwildpflanzen zählen vielfach noch zu den unbekanntesten Pflanzen. In ihrer seltsam engen ökologischen Anpassung sind wichtige Wechselbeziehungen zu den Kulturpflanzen ihres Standortes mindestens zu vermuten. Das besondere Interesse der Wissenschaft gilt den an landwirtschaftliche Nutzpflanzen angepaßten Ackerwildkräutern. In zahlreichen europäischen Ländern bestehen deshalb Reservate für Ackerwildkräuter. Acker- und Gartenwildkräuter sind die den jeweiligen Standorten am besten angepaßten Pflanzen. Sie sind robust gegen Schädlinge und Krankheiten, halten den Konkurrenzdruck der Kulturpflanzen aus, haben hohe Vermehrungsraten oder intensive Wurzelsysteme und sind deshalb oft schwer zu bekämpfen. Die Natur bedeckt in Ihrem Garten mit Wildkräutern den Boden, den Sie ungenutzt oder unbedeckt liegen ließen. Wenn in Ihrem Garten dieses oder jenes Wildkraut auftaucht und sich ausbreitet, ist das ein Zeichen dafür, daß Ihre Kulturpflanzen zu schwach sind oder Sie den Boden nicht optimal nutzen. Sie verschenken Reserven. In jedem Gartenboden liegt ständig ein milliardenfacher Samenvorrat als ruhende Reserve »für alle Fälle«. Kräuter, die jahrelang nicht auftauchten, können überraschend keimen, aber von einem Jahr zum anderen auch wieder verschwinden, wenn sich die Verhältnisse ändern. Dabei spie-

Platz für Wildkräuter

Gemeine Schafgarbe, Wild-, Heil- und Zierpflanze

len wechselnde Witterungsverläufe einzelner Jahre eine wichtige Rolle. So kann in feuchten Jahren ein Garten von einer Invasion kleinblütigen Springkrautes überschwemmt werden und in trockenen Jahren vom Franzosenkraut.

Wie gelangen die unerwünschten Samen überhaupt in unsere Gärten? Der Wind weht unzählige Samen aus der näheren und weiteren Umgebung heran, auch Samen, die keine Flugeinrichtungen besitzen. Hirtentäschel, Spitzwegerich, Kreuzkraut und Vogelmiere gelangen mit Vogelkot oder dem Schmutz an Vogelfüßen in den Garten. Auch der Gärtner selbst und seine Besucher schleppen an Schuhen und Kleidern Pflanzensamen ein. Kratzen Sie einmal die Erde von Ihren Schuhen, wenn Sie aus dem Garten kommen, und streuen Sie diese in einen Blumentopf mit sterilisierter Erde. Sie werden erstaunt sein, was alles in dem Topf aufgeht. Der Schmutz von ein Paar Stiefeln gibt unter günstigen Bedingungen mehr als 200 Sämlinge her! Früchte und Samen, die an unserer Kleidung haften (früher in den Hosenaufschlägen), können über weite Strecken mitgetragen werden, bevor sie abfallen oder ausgebürstet werden. Ein englischer Botaniker zog einmal mehr als 300 Pflanzen, die zu 20 verschiedenen Arten zählten, aus dem Schmutz, den er aus seinen Hosenaufschlägen bürstete.

Neben Kulturpflanzen werden auch Wildpflanzen importiert und exportiert. Der Bau von Straßen führt immer zu blankem Boden am Rande dieser Straßen, über den sich Wildkräuter längs der Straße leicht ausbreiten können. Noch wichtiger sind Eisenbahntrassen als Wanderwege von Wildpflanzen. Auf diesem Wege sind zahlreiche kontinentale Steppenpflanzen in unseren Raum eingewandert. Das Knopfkraut heißt bei uns Franzosenkraut, weil es angeblich von den Napoleonischen Heeren nach Mitteleuropa eingeschleppt wurde. Flußtäler sind wichtige Korridore, in denen in Mitteleuropa seit Jahrtausenden südliche Pflanzenarten nach Norden und Gebirgspflanzen in die Ebene wandern. Der Spitzwegerich wird von den Indianern »Fuß des Weißen Mannes« genannt, weil

Brennessel, Milchlattich
und Beifuß auf altem
Mauerwerk

er sich überall dort ausbreitete, wo Straßen und Eisenbahnlinien
ins Land eindrangen.

Wir sollten der Wildkrautflora in unserem Garten mit einer gewissen Gelassenheit entgegentreten. Natürlich gibt es einige Pro-
blemkräuter, die wir nicht dulden können. Es sind vor allem die
unterirdisch kriechenden Arten, die uns Schwierigkeiten bereiten.
Hacken nützt nicht viel, weil ihre Rhizome in kleine Stücke zerbre-
chen und dann vermehrt weiterwachsen. Eine solch hartnäckige
Pflanze ist der Giersch, dessen Rhizome selbst in schweren Lehmböden bis zu 1 m jährlich wachsen können und der mit seinen aus-
ladenden Blättern alle andere Vegetation unter einem grünen Teppich begräbt. Da aus jedem Wurzelrest eine neue Pflanze entsteht,
ist die Beseitigung des Giersch nicht einfach. Häufiges Umgraben
und Heraussammeln der Rhizomenstückchen kann auf kleinen Flächen zum Erfolg führen. Da man aber den Garten nicht ständig
umgraben kann und auch nicht soll, bleibt nur das laufende Ausrei-
ßen der frischen Sprosse übrig, wodurch man den Giersch aber be-
stenfalls im Zaume hält. Seine Blätter kann man übrigens wie Spinat kochen. Aufgüsse aus Rhizomen und Blättern wurden früher
gegen Gicht und rheumatische Erkrankungen angewandt.

Um Quecken zu beseitigen, wird eine sehr dichte Einsaat von
Kohlrüben, Lupinen oder Tomaten empfohlen. Eine sichere Methode ist der Umbruch des Bodens mit anschließendem Anbau von
Ölrettich, Luzerne oder anderen Gründüngern. Es sind zwei Vege-
tationsperioden notwendig, ehe die Wurzelausläufer dieses lästigen Grases verschwunden sind.

Die Ackerwinde kann sich mit ihren Rhizomen innerhalb eines Sommers über eine Fläche von 30 m² ausbreiten und tief in den Boden eindringen. Nur das ständige Beseitigen von Sprossen und Rhizomen schafft Abhilfe und hungert dieses hartnäckige Kraut unter Umständen aus. Der Samen der Ackerwinde bleibt 20 Jahre keimfähig im Boden liegen.

Auch die Ackerkratzdistel ist ein gefürchtetes Gewächs im Garten. Frühes Ausstechen regt die Wurzelknospenbildung an, deshalb ist es besser, sie erst kurz vor oder nach der Blüte abzuschneiden. Dann sind ihre Reservestoffe in den unterirdischen Organen weitgehend zur Blütenbildung aufgebraucht, und die Pflanze ist geschwächt. Um die Samenausbildung zu verhindern, schneidet man die Disteln nicht später als 9 Tage nach dem Öffnen der Blüten ab. Geschieht das noch bei Regen, dringt Wasser in die Stengel ein und führt eventuell zu Fäulnis. Distelsamen bleiben im Boden 20 Jahre keimfähig. Beim Hohlzahn sollen es etwa 35 Jahre, bei der Vogelmiere sogar 50 Jahre sein.

Es geht nicht darum, die Wildkräuter auszurotten, sondern sie dort in Schach zu halten, wo sie zu echten Konkurrenten unserer Kulturpflanzen werden. Allein durch Mulchen kann man die meisten ein- und zweijährigen Arten unterdrücken, die ausdauernden behindern. Ansonsten lassen wir sie für uns arbeiten. Wildkräuter schützen den Boden und halten ihn mit ihren Wurzelsystemen locker und biologisch aktiv.

Um die Wildkrautflora unter Kontrolle zu halten, muß der Zeitpunkt für die regulierenden Eingriffe richtig gewählt werden. Er muß vor der Samenausbildung liegen. Während junge Gemüsepflanzen von Wildkräutern eventuell unterdrückt werden, vertragen größere Pflanzen durchaus einiges »Beikraut«. Am leichtesten lassen sich Wildkräuter im Keimlingsalter und kurz nach dem Ausbilden der Keimblätter am Wachstum hindern. Oft ist es sinnvoll, das vorbereitete Saatbeet einige Tage unbestellt zu lassen, um die während dieser Zeit gekeimten Wildkräuter mit dem Rechen oder dem Dreizink leicht ausschalten zu können. Bei auflaufenden Wildkräutern ist die Verwendung von Setzlingspflanzen der Saat vorzuziehen. Die jungen Gemüsepflanzen haben dann den keimenden Wildkräutern gegenüber einen entscheidenden Vorsprung.

Das Jäten sollte bei trockenem Wetter vorgenommen werden. Das Wildkraut vertrocknet dann rasch und wächst nicht wieder an. Mit dem ausgerissenen Kraut kann normalerweise gleich gemulcht werden.

Wildkräuter sind ein beherrschbares Problem. Wir dulden sie mit Gelassenheit dort, wo sie unseren Kulturen nicht schaden, fördern damit die Artenvielfalt in unserem Garten und helfen unter Umständen einer ganzen Reihe von selten gewordenen Insekten zu überleben.

»Der Landmann, der auf seiner Wiese tausende Blumen zur Nahrung für seine Kühe hingemäht hat, soll sich hüten, auf dem Heimweg in geistlosem Zeitvertreib eine Blume am Rande der Landstraße zu köpfen, denn damit vergeht er sich an Leben, ohne unter der Gewalt der Notwendigkeit zu stehen.« (Albert Schweitzer).

Die unentbehrlichen
Brennesseln

Die große Brennessel *(Urtica dioica)* und die Kleine Brennessel *(U. urens)* sind nicht nur wirkungsvolle Heilpflanzen, sie werden auch beim Gärtnern mit der Natur vielseitig verwendet. Ihre Brennhaare enthalten Acetylcholin, Serotonin, Histamin, Ameisen-, Essig- und Buttersäure, das Kraut ungewöhnlich viel Chlorophyll (bis 1% des Trockengewichtes), Xanthophyll, Carotinoide, Kieselsäure, Glucokinine und Vitamin C. Insgesamt werden in der Pflanze Verbindungen mit 35 Elementen gefunden. Acetylcholin und Serotonin wirken als Neurotransmitter und werden therapeutisch bei arteriellen Verschlußkrankheiten eingesetzt. Histamin wirkt blutdrucksenkend, regt die Drüsensekretion an und wirkt als Transmitter für allergische Reaktionen. Brennesselkraut ist häufig in Blutreinigungs-, Blasen- und Nierentees enthalten.

Außer der stoffwechsel- und kreislaufaktivierenden Wirkung o. g. Inhaltsstoffe bleibt die offizielle Begründung der Droge auffallend allgemein und unbestimmt. Die Anwendung in der Schädlingsbekämpfung ist mit den Inhaltsstoffen nicht ausreichend zu begründen. Die Brennessel wird als Dünger, Kompostbeschleuniger, Mulchmaterial (Schnecken abwehrend) und nicht zuletzt als Kalt-Auszug gegen Blattläuse verwendet.

Brennessel-Jauche soll das Wachstum der Pflanzen fördern, die Chlorophyllbildung anregen, die Widerstandskraft gegen Schädlinge und Krankheiten und das Bodenleben fördern.

Strohkompost wird durch Brennessel-Jauche mit Stickstoff angereichert und damit aufgewertet (Stroh hat ein weites C/N-Verhältnis). Wird viel Laub kompostiert, sollte es mit Brennesselkraut vermischt und mit Brennessel-Jauche angefeuchtet werden. Der Rotteprozeß wird dadurch beschleunigt. Die kompostverbessernde Wirkung beruht u. a. auf dem hohen Stickstoff-, Eisen- und Kaliumgehalt der Brennessel. Brennessel-Jauche wird als Dünger unverdünnt auf Baumscheiben gegossen, zur Stammpflege als Bestandteil des Baumanstriches verwendet und zur Heilwirkung in Frostrisse und andere Wunden von Obstbäumen gespritzt. Brennessel-Brühe im Kaltauszug hergestellt, nicht älter als 12 Stunden und an 3 aufeinanderfolgenden Tagen gespritzt, wirkt Blattläuse abwehrend. Kränkelnde Topfpflanzen in verdünnte Brennessel-Jauche gestellt, erholen sich bald.

Junge kleingeschnittene Brennesseln können Salaten, Suppen und Brotaufstrichen beigegeben, sowie gekocht wie Spinat zubereitet werden. Von der Brennessel können von der Wurzel über den Stengel und die Blätter bis zu den Blüten alle Teile verwendet werden. Aus den langen Stengelfasern wurde bis in das 17. Jahrhundert ein juteähnliches Nesseltuch gesponnen. In der Gegenwart hat man aus der Großen Brennessel Eiweiße isoliert, die in der Nahrungsmittelindustrie eingesetzt werden sollen. Der Proteingehalt des getrockneten Saftes ist dreimal so hoch wie der von Kalbfleisch. Angesichts des hohen Ertrages, der Langlebigkeit (bis 25 Jahre) und ihrer Anspruchslosigkeit sieht man in der Großen Brennessel eine Proteinquelle der Zukunft. Damit würde aus der Wildpflanze Brennessel eine Kulturpflanze. Als Futterpflanze für die Raupen von Tagpfauenauge, Admiral, Landkärtchen, Kleinen Fuchs und Distelfalter ist sie für den Bestand dieser Tagschmetterlinge unentbehrlich.

Buschwindröschen leiten
den Frühling ein

Das phänologische Jahr

Die Natur richtet sich bekanntlich in ihrer Zeiteinteilung nicht
nach dem Gregorianischen Kalender, sondern regelt ihre Prozesse
nach den Zeitmaßen geobiologischer Rhythmen. Das biologische
Jahr, gemessen an bestimmten sichtbaren Stadien innerhalb einer
Vegetationsperiode, wird deshalb aus praktischen Gründen in 10
biologische Jahreszeiten, das phänologische Jahr, eingeteilt.

1. *Vorfrühling*: Er beginnt mit der Haselnuß-, Schneeglöckchen- und
Huflattichblüte und endet mit der Sal-Weidenblüte. Sommergetreide wird ausgesät.

2. *Erstfrühling*: Löwenzahn und Süßkirschen blühen, die Stachelbeere entfaltet ihre Blätter. Sommergetreide geht auf, Kartoffeln
werden in die Erde gebracht.

3. *Vollfrühling*: Apfel, Flieder, Weißdorn, Himbeere und Eberesche
blühen. Die Linde entfaltet das Laub, das Wintergetreide schiebt
erste Ähren.

4. *Frühsommer*: Er beginnt mit der Holunderblüte und endet mit
dem Blühen von Liguster, Schneebeere und Sommer-Linde.

5. *Hochsommer*: Die Winter-Linde blüht. Wintergetreide und Som-
mergerste werden geerntet. Die Früchte von Johannisbeeren, Stachelbeeren, Himbeeren und Sauerkirschen sind reif.

6. *Spätsommer*: Die Beeren der Eberesche und der Schneebeere sind
reif.

7. *Frühherbst*: Die Herbstzeitlose blüht, der Holunder trägt reife
Beeren. Frühe Birnensorten und die Hauszwetsche tragen reife
Früchte.

8. *Vollherbst*: Bei Rot-Buche, Roßkastanie und Stiel-Eiche reifen die
Früchte und verfärbt sich das Laub. Die Walnüsse reifen, die Obstbäume verlieren ihr Laub.

9. *Spätherbst*: Roßkastanie, Birke, Rot-Buche und Stiel-Eiche werfen
ihr Laub ab.

10. *Winter*: Allgemeine Vegetationsruhe der einheimischen Flora.

Außer diesen, für die Beobachtung allgemein verwendeten Entwicklungsmerkmalen der Vegetation können noch viele andere zur phänologischen Beobachtung herangezogen werden. Wir erhalten damit Einblicke in die Zusammenhänge zwischen Klima und Wetter und den Vegetationsverlauf, das Gedeihen unserer Kultur- und Wildpflanzen. Die phänologischen Ereignisse, wie Aufgehen der Saat, Schossen, Blühen und Fruchtreife, sind Ausdruck des Witterungseinflusses auf die Pflanzen, wobei die Temperaturentwicklung von Luft und Boden ausschlaggebend ist. Aber auch der Wasservorrat im Boden und die Sonnenscheindauer sind mitbestimmend. Die Wissenschaft der Phänologie geht auf Linné zurück. Zwischen 1750 und 1752 wurde nach seinen Angaben in Schweden ein Netz von 18 Beobachtungsstationen eingerichtet. Die regelmäßigen Beobachtungen in Deutschland gehen auf das Jahr 1780 zurück. Seit dieser Zeit werden regelmäßig an gleichbleibenden Orten Witterungserscheinungen und auffallende Wachstumsvorgänge der Pflanzen gemeinsam registriert und die Wechselbeziehungen zwischen ihnen und dem Witterungsverlauf untersucht. Das Ergebnis dieser Untersuchungen sind Tabellen über den Ablauf eines phänologischen »Normaljahres«, also die Terminisierung des zu erwartenden Eintretens eines bestimmten phänologischen Ereignisses (z. B. Schneeglöckchenblüte) an einem bestimmten geographischen Ort (z. B. Berlin). Diese phänologischen Tabellen sind von großer Bedeutung für den Anbau langlebiger Kulturpflanzen. Das phänologische Jahr hat im Mittelgebirge einen anderen Ablauf als an der Küste. Durch eigene Beobachtung und langjährige Auswertung der zeitlichen Abläufe in der Entwicklung der Pflanzen kann sich jeder für seinen Garten einen eigenen, nur auf diesen Standort zutreffenden phänologischen Kalender erarbeiten.

Unsere Vorfahren konnten diese komplexen Vorgänge noch nicht durchschauen. Reicher Behang von Eicheln und Bucheckern deuteten ihnen einen kalten Winter. Ebenso orakelten sie aus der Fülle des Fruchtansatzes bei Brombeeren kaltes oder mildes Winterwetter. Viele Schlehen bedeuteten einen schneereichen Winter. Das Frühlingslabkraut *(Galium verum)* verrät uns kommendes Wetter durch seinen Geruch. Sonst süß und angenehm riechend, stinkt es vor Schlechtwetter. Die Birke hingegen duftet angenehm und stark, wenn sich das Wetter verschlechtert.

Gänseblümchen, Löwenzahn, Glockenblumen und Krokus schließen ihre Blütenköpfe bzw. ihre Blüten, bevor es regnet. Wenn an den Rändern der Blätter von Vogelmiere, Erdbeere, Fuchsie und Frauenmantel Wassertropfen hängen, soll es Regen geben. Die Phantasie früherer Generationen wurde nicht müde, mit Hilfe der Pflanzen sogar die Zukunft vorausschauen zu wollen.

Inwieweit Pflanzen, aus vorangegangenen Wetterabläufen »schlußfolgernd«, sich auf kommende Witterungsereignisse einstellen können, ist ein viel diskutiertes Problem. Sollten solche Erkenntnisse wirklich einmal gewonnen werden können, dann bedeutet das zugleich einen Zuwachs an Kenntnis über die Rhythmik des Witterungsverlaufs. Die frühzeitige Reaktion von Pflanzen auf innerhalb weniger Stunden zu erwartende Witterungserscheinungen sind meist einfach zu erklären. Beim Herannahen einer Regenfront steigt die Luftfeuchte, und die Luft vermag den Blättern das

Früchte der Eberesche im
Spätsommer

Transpirationswasser nicht mehr in gasförmiger Form abzunehmen, es kondensiert am Blattrand. Das Öffnen und Schließen der Blüten ist stark strahlungsabhängig. Gazanien können tagelang geschlossen bleiben, oder sie öffnen sich nur stundenweise, wenn die notwendige hohe Strahlungsmenge fehlt. Die Veränderung der Intensität und der Qualität des Duftes aromatischer Pflanzen ist neben der Veränderung von Temperatur und Luftfeuchte wahrscheinlich auch mit Änderungen des atmosphärischen Druckes verbunden, der krassen Änderungen der Wetterlage immer vorausgeht. Mit den Witterungsvorgängen sehr vertraute Gärtner können verschiedene Veränderungen unter Umständen sogar riechen. Damit muß es sich nicht jedesmal um spezifische Industriegerüche handeln, die eine Änderung der Windrichtung anzeigen. Die über Mitteleuropa sich ablösenden Luftmassen können sensiblen Nasen entsprechend ihrem unterschiedlichen Herkunftsgebiet differenzierte Hinweise geben. Allerdings wird die Erwartungswahrscheinlichkeit durch Satellitenaufnahmen wesentlich sicherer und auch früher vermittelt.

Bekannt sind viele in Versform festgehaltene Wetterregeln, wie: »Gibt's im Januar viel Regen, bringt's den Früchten keinen Segen!« Die in unseren Breiten wohl berühmteste Wetterregel, der Siebenschläfer, ist eine auch von den Meteorologen nicht geleugnete Regelhaftigkeit. Obwohl der Siebenschläfer, wie alle anderen, vom Meteorologen Singularität genannten Regelhaftigkeiten, nicht zuverlässig eintrifft und sich vor allem nicht auf ein bestimmtes Datum des Gregorianischen Kalenders festlegen läßt, ist er doch ein Kennzeichen, daß die Witterungsabläufe nicht regellos verlaufen, selbst wenn uns das vielfach so scheinen mag. Keiner sollte sich der Illusion hingeben, daß naturwissenschaftlich nicht oder noch nicht zu fassende Prozesse durch naturwissenschaftlich nicht zu erklärende »Fähigkeiten« einzelner Menschen erkennbar werden. Selbst »wetterfühlige« Menschen sollten sehr vorsichtig sein, an ihrem Empfinden Wetterprognosen abzuleiten. Einem verständigen Menschen bleibt keine andere Wahl; er muß mit dem Wetter leben, das kommt, auch wenn es nicht vorausgesagt wurde.

Gemüse im Garten

Mischkultur und Fruchtwechsel

Zur sommerlichen Versorgung mit Salat und anderen Frischgemü-
sen sind etwa 20 m² Boden pro Person erforderlich. Soll auch der
Bedarf an Wintergemüse gedeckt werden, muß man wohl die dop-
pelte Fläche rechnen. Die meisten Gemüsearten können nur in
sonniger Lage eine gute Qualität erreichen. Um für ihr Wachstum
ein günstiges Kleinklima zu schaffen, wird sich in offenen Lagen
ein Windschutz aus Beerensträuchern, einer Hecke oder Reihen
mit Stangenbohnen wirkungsvoll erweisen.

Um Krankheiten und Schädlingsbefall vorzubeugen, pflanzen
wir alles Gemüse unter Berücksichtigung einer günstigen Fruchtfolge in entsprechender Mischung an.

Gemüsearten in reihenweiser Mischung anzubauen, ist für
manchen Freizeitgärtner eine Methode, an die er sich erst gewöhnen muß. Es ist nicht gleichgültig, welche Gemüsearten in direkter
Nachbarschaft zueinander angepflanzt werden und welche in den
folgenden Jahren an gleicher Stelle zu stehen kommen. Die Pflanzen stehen über ihre Wurzeln mit Pilzen und Bakterien im Stoff-
austausch. Pflanzen geben aber auch durch ihre Wurzeln Stoffe an
die Umgebung ab, durch die Nährstoffe aus dem Boden herausge-
löst oder Konkurrenten geschädigt werden können. In manchen
Fällen sind solche Wurzelausscheidungen für die Pflanze selbst
schädlich. Während z. B. Petersilie am neuen Standort im ersten Jahr
kräftig wächst und gedeiht, verkümmert die Aussaat im zweiten
Jahr am gleichen Ort. Auch Spinat, Erbsen, Bohnen und andere
Kulturpflanzen vertragen es schlecht, wenn sie im Folgejahr an
gleicher Stelle wachsen müssen. Tomaten hingegen können mehrere Jahre hintereinander am gleichen Standort angebaut werden.
Wenn ständig die gleiche Fruchtart auf derselben Fläche angebaut
wird (Monokultur), verbraucht sie aus dem ständig gleichen Bodenraum die Nährstoffe zu ständig gleichen Anteilen. Die Folge
können Mangelerscheinungen an bestimmten Elementen und
Wachstumsstockungen wegen der Anreicherung bestimmter Stoffe
im Boden sein. Den auf die jeweilige Pflanzenart spezialisierten
Schädlingen werden ideale Bedingungen für ihre Vermehrung ge-
boten. Andere Verhältnisse herrschen in der Mischkultur. Hier

Reihenpflanzung und Windschutz

sollten Tiefwurzler neben Flachwurzlern und Pflanzen mit unterschiedlichen Nährstoffansprüchen wachsen. Manche Pflanzen, besonders Gewürzkräuter, wirken mit ihren aromatischen Stoffen auf bestimmte Schädlinge abstoßend. Dadurch können sie ihre Nachbarn schützen. Solche Schutzwirkungen wurden beobachtet bei:

– Einjährigem Bohnenkraut gegen Bohnenläuse

– Sellerie gegen Erdflöhe an Kohl und Rettich

– Kamille gegen die Möhrenfliege

– Meerrettich und Kapuzinerkresse gegen Blattläuse, Raupen und Mäuse

– Möhren, Zwiebeln, Porree und Knoblauch schützen sich gegenseitig vor der Möhrenfliege und der Lauchmotte

– Tomaten, Sellerie, Thymian, Beifuß und Salbei zwischen Kohlarten wehren den Kohlweißling ab

– Studentenblume und Ringelblume wirken gegen Wurzelnematoden

Gegen Pilzbefall an Tomaten und Erdbeeren sollen Basilikum, Knoblauch und Zwiebeln wirken.

In Mischkultur werden Gemüsearten mit unterschiedlichen Erntezeiten angebaut. Schnell heranwachsende Radies, Kresse, Spinat oder Gründünger bilden die erste Kultur. Sie wird bereits geerntet, wenn die Hauptkultur, die am längsten stehenbleibt, sich noch entwickelt. Nachdem die Hauptkultur geerntet wurde, werden die frei gewordenen Flächen mit einer Folgekultur bestellt. Bei dieser Abfolge, einschließlich der Winter- und Überwinterungsgemüse, bleibt der Boden das ganze Jahr über bedeckt und geschützt und ermöglicht im Mischanbau ein gleitendes Miteinander verschiedener Pflanzenarten.

Bei Mischkulturen sollte vermieden werden, daß Gemüsearten, die zur gleichen Pflanzenfamilie gehören, in größeren Mengen zusammen angebaut werden. Sie haben nicht nur ähnliche Nährstoffansprüche, sondern können auch von den gleichen Schädlingen befallen werden.

Kopfsalat und
Gewürzkräuter

Zucchini hat keine Ranken
und wächst nicht in die Nachbarkultur

Beispiele für dreijährige Fruchtfolge

1. Tracht (Starkzehrer)	2. Tracht (Mittelzehrer)	3. Tracht (Schwachzehrer)	Beitracht mit kurzer Wachstumszeit u. geringen Ansprüchen
Kohl	Schwarzwurzel	Bohnen	Radies
Gurke	Rote Rübe	Erbsen	Kohlrabi
Kartoffel	Zwiebeln	Bohnen	Kopfsalat
Sellerie	Möhre	einjährige Gewürzkräuter	Radies
Porree	Spinat	Bohnen	Kopfsalat
Kohl	Möhre	Erbsen	Kopfsalat

Beispiel für Fruchtfolgen innerhalb eines Jahres

Vorfrucht	Hauptfrucht	Beifrucht	Nachfrucht (bzw. 2. Beifrucht)
–	früher Kohl	Salat	Spinat
Salat	später Kohl	Kohlrabi	–
frühe Möhren	Rosenkohl	Buschbohne	–
–	frühe Kohlrabisorten	Sellerie	Möhre, Grünkohl
Spinat	frühe Kohlrabisorten (Spätanbau)	–	–
–	frühe Möhren	Radies	Grünkohl
Spinat	Zwiebeln	Tomate	Chinakohl (2. Beifr.)
Kohlrabi	Buschbohne	Rosenkohl	Spinat (2. Beifr.)

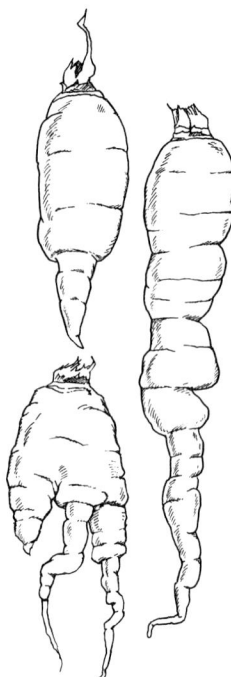

Verkümmerte
Möhrenwurzeln

Gänsefußgewächse: Rote Rübe, Spinat, Mangold. *Kreuzblütengewächse*: Meerrettich, Gartenkresse, Kohl (Kopfkohl, Blumenkohl, Rosenkohl, Kohlrabi), Senf, Raps, Rettich, Kohlrübe. *Doldengewächse*: Gartenkerbel, Möhre, Koriander, Sellerie, Petersilie, Kümmel, Fenchel, Dill, Liebstöckel und Pastinake. *Korbblütengewächse*: Studentenblume, Kamille, Estragon, Wermut, Beifuß, Ringelblume, Schwarzwurzel, Kopf- und Schnittsalat, Chicorée, Endivie, Artischocke, Cardy. *Kürbisgewächse*: Gurke, Kürbis, Melone, Patisson, Zucchini. *Schmetterlingsblütengewächse*: Erbsen, Bohnen. Puffbohne, Wicken, Esparsette, Serradella, Klee-Arten, Luzerne, Lupinen. *Liliengewächse*: Spargel, Knoblauch, Schnittlauch, Porree, Küchenzwiebel. *Baldriangewächse*: Feldsalat, Baldrian. *Nachtschattengewächse*: Kartoffel, Paprika, Tomate, Tabak, Eierfrucht. *Knöterichgewächse*: Rhabarber, Gartenampfer, Buchweizen. *Lippenblütengewächse*: Bohnenkraut, Thymian, Ysop, Salbei, Lavendel, Majoran, Melisse, Basilikum.

Die in richtiger Mischung stehenden Gewächse ergänzen sich nicht nur oberirdisch, sondern auch im Wurzelraum. Die Wurzeln guter Nachbarn durchflechten sich regelrecht und bilden eine Einheit, während sich die Wurzeln »unsympathischer« Nachbarn in ihrem Wuchsraum voneinander abgrenzen. Porree und Möhren z. B. passen sowohl oberirdisch als auch in ihrem Wurzelbereich gut zusammen. Die Notwendigkeit des Fruchtwechsels wird am Beispiel der Kohlhernie besonders deutlich. Der Pilz bleibt bis zu 7 Jahren im Boden lebensfähig. Erst nach dieser Zeit kann man an gleicher Stelle wieder Kohl anbauen. Aromatische Gewürzkräuter sollen den Wohlgeschmack ihrer Nachbarpflanzen verbessern, Kümmel und Koriander den von Frühkartoffeln, Dill den von Möhren. Radies sollen würziger schmecken, wenn Gartenkresse zwischengesät wurde (Kreuter).

Die Fruchtfolge ist ein wichtiges Ordnungsprinzip für eine nachschaffende Humusversorgung des Bodens durch organische Düngung, Ernte- und Wurzelrückstände und Gründüngung. Dabei wird ein zweijähriger Turnus der organischen Düngung angestrebt.

Richtet man sich bei der Fruchtfolge nach dem Nährstoffbedarf der Gemüsearten, dann werden im 1. Jahr Starkzehrer, im 2. Jahr Mittelzehrer, im 3. Jahr Schwachzehrer und im 4. Jahr Gründünger am gleichen Standort angebaut. Im 5. Jahr folgen nach entsprechender Düngung wieder die Starkzehrer.

Zu den Starkzehrern zählen Gurke, Kartoffel, Kohl, Kürbis, Porree, Sellerie, Tomate und Zucchini.

Mittelzehrer sind Chicorée, Knollenfenchel, Möhre, Knoblauch, Pastinake, Radies, Petersilie, Rettich, Rote Rübe, Salat, Schwarzwurzel, Spinat und Zwiebeln.

Zu den Schwachzehrern gehören: Bohnen, Erbsen, Feldsalat, Gewürzkräuter und Gartenkresse.

Die Grenzen zwischen den drei Gruppen sind fließend und von den Standortbedingungen des jeweiligen Gartens abhängig. Ein nährstoffreicher lehmiger Boden läßt sicher noch im 3. Jahr Möhren gut gedeihen, während sich auf sandigen Böden nach dieser Zeit bereits ein merklicher Nährstoffmangel bemerkbar macht.

Kohlrabi, Radies und Salat wachsen rasch heran und haben keine besonderen Ansprüche, so daß sie auch außerhalb des Fruchtfolgeprogramms angebaut werden können.

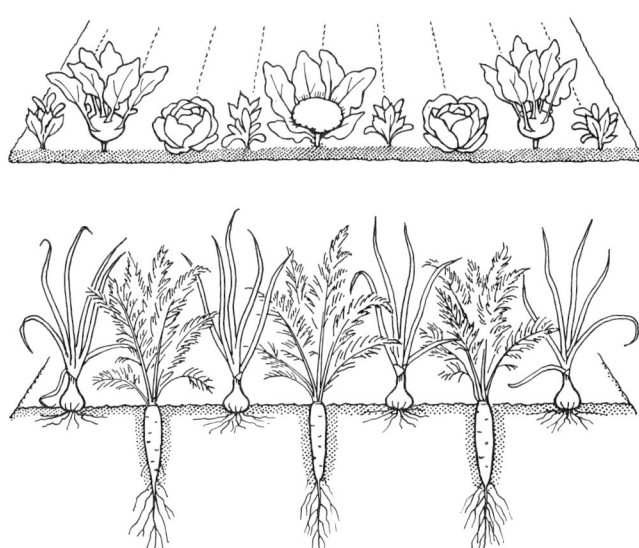

Bei Mischkulturen von Fruchtarten unterschiedlichem Humus-
und Nährstoffbedarfs erübrigt sich diese jährlich wechselnde
Fruchtfolge.

Die einzelnen Gemüsegruppen stellen ökologische Anforderungen, die es zu beachten gilt, um nicht nur gute Erträge zu erzielen, sondern um das Gemüse zugleich gesund und widerstandsfähig heranzuziehen. Kohlgemüse braucht Lagen mit reichlicher
Luft- und Bodenfeuchtigkeit. Es entzieht dem Boden erhebliche
Mengen an Nährstoffen und muß entsprechend mit Dünger versorgt werden (s. S. 94). In sauren Böden ist es anfällig gegen die
Kohlhernie.

Wurzelgemüse verlangt tiefgründigen Boden mit guter Krümelstruktur und ausgewogener Nährstoffzufuhr. In flachen und steinigen Böden verästeln und deformieren sich seine Wurzeln.

Blattgemüse, zu ihm zählen alle Salatarten, Spinat, Portulak,
Sauerampfer, Schnittmangold, Blattpetersilie, Chinakohl, Endivie,
Neuseeländer Spinat, Mangold, Bleichsellerie, Zichorie und Gar-
tenkresse, benötigt ausreichend Stickstoff und Feuchtigkeit sowie
humosen Boden. Blattgemüse eignet sich gut für den Anbau unter
Glas und Folie während der kalten Jahreszeit.

Die Bohnenarten stellen geringe Ansprüche an Boden und
Nährstoffe. Sie verlangen einen lichten Standort. Während Erbsen
und Puffbohnen niedrige Temperaturen noch vertragen, stellen
Bohnen ihr Wachstum ein und werden schon von leichten Frösten
geschädigt.

Fruchtgemüse, wie Tomate, Paprika, Eierfrucht, Gurke und

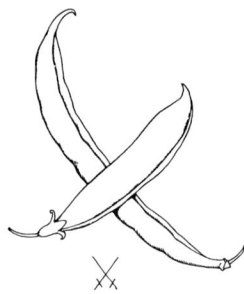

Schlechte Nachbarn:
Bohnen und Erbsen

Schlechte Nachbarn:
Tomaten und Kopfkohl

Kürbis, verlangen viel Wärme. Alle Arten stellen bei anhaltenden Temperaturen unter 10 °C ihr Wachstum ein und werden bei Frost vernichtet. Fruchtgemüse liebt einen ausgeglichen gedüngten Boden und sonnige Lagen. Unter Glas oder Folie bringt es die höchsten Erträge.

Zwiebeln verlangen guten Boden mit ausgeglichenem Nährstoffgehalt. Zu vermeiden sind frische organische Düngung sowie zu viel Stickstoff und Feuchtigkeit, damit bei Zwiebeln, Schalotten und Knoblauch das Laub rechtzeitig abwelkt und sie sich gut lagern lassen.

»Dauergemüse«, das bis zu 10 Jahren am gleichen Standort verbleibt, benötigt außer einer alljährlichen und ausreichenden Düngung sowie ständigem Mulchen keine weitere Pflege. Hierher gehören Rhabarber, Spargel und Artischocke.

Gewürzkräuter, wie Thymian, Majoran, Bohnenkraut, Salbei, Zitronenmelisse, Liebstöckel, Dill, Kerbel, Fenchel, Beifuß und Borretsch, stellen weder an den Boden noch an Nährstoffe besondere Ansprüche, verlangen aber sonnige Lagen, damit sie ihr Aroma voll ausbilden können.

Die praktische Anlage einer Mischkultur kann nach zwei Methoden erfolgen, wobei die Größe des Gartens eine Rolle spielt. Entweder werden auf Beeten herkömmlicher Größe (1,20 m breit) die gewünschten zueinander passenden Gemüsearten reihenweise im Fruchtfolgewechsel angebaut, oder das gesamte Gemüseland wird in Reihen unterteilt, die voneinander 40 cm Abstand haben. Hierbei entfallen die Wege, die zwischen Beeten mit einem engeren Reihenabstand, notwendig sind. Bei der Bearbeitung verhindert eine Mulchdecke das Festtreten des Bodens. Wer will, kann statt dessen ein Brett zwischen die Reihen legen, das Körpergewicht wird so auf eine größere Fläche verteilt, und der Boden bleibt ebenfalls locker. Bei einer großflächigen Mischkultur mit langen Reihen können auch innerhalb der Reihen verschiedene Gemüsearten und Gewürzkräuter gemischt werden. Wichtig ist, daß Sie sich Notizen über die Fruchtfolge machen, um im nächsten Jahr zu wissen, welche Arten auf welcher Reihe und in welchem Abschnitt angebaut werden können. Wenn Sie einige Jahre mit Mischkulturen experimentiert haben, werden Sie bald herausfinden, welche Mischung sich in Ihrem Garten bewährt und welche Kombinationen nicht so recht gedeihen. Günstige Kombinationen können Sie der Tabelle auf Seite 236 entnehmen. Sie sind jedoch nur als Beispiele zu werten. Die Bodenverhältnisse und das Kleinklima, mitunter auch der Einfluß von benachbarten Grundstücken, sind in jedem Garten unterschiedlich. Eine Ideallösung gibt es nicht. Wenn Sie die ungünstigen Kombinationen vermeiden, können Sie kaum große Fehler bei Mischkulturen machen.

Besonders schlechte Nachbarn sind:
Bohnen mit Erbsen / Tomaten mit Erbsen / Buschbohnen mit Zwiebeln / Kohl mit Senf (Gründünger!) / Tomaten mit Rotkohl und Knollenfenchel / Rote Rübe mit Kartoffeln / Kohl mit Zwiebeln und Knoblauch / Kartoffeln mit Sonnenblumen.

Für den Anfänger seien zwei mögliche Kombinationsmöglichkeiten für die Anlage einer Mischkultur genannt:
1. Auf ein normal breites Beet werden in der Mitte eine Reihe früh-

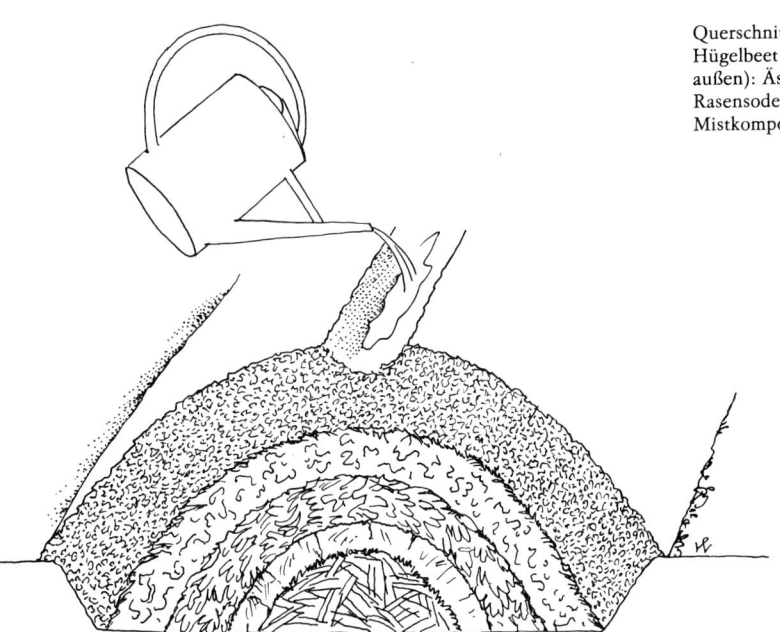

Querschnitt durch ein
Hügelbeet (von innen nach
außen): Äste und Zweige,
Rasensoden, Laub,
Mistkompost, Feinkompost

reifender Blumenkohl (oder eine andere frühe Kohlart) gepflanzt.
Links und rechts davon werden gemischte Reihen (Reihenabstand
25 bis 30 cm) mit Radies und Gartenkresse gesät. Bei der Gartenkresse ist zu beachten, daß innerhalb kurzer Zeit eine große Ernte-
menge anfällt, die in kurzer Zeit geerntet und verbraucht werden
muß! Dann folgen je eine Reihe Kopfsalat, anschließend eine
Reihe Kohlrabi. An die Beetränder werden nochmals Gartenkresse
und Radies in der Reihe gemischt ausgesät. Nachdem Kresse und
Radies geerntet sind, können sich die Salatköpfe ausbreiten. Nachdem auch sie geerntet sind, kann sich der Kohl ausdehnen. Die frei
gewordene Fläche wird mit Spinat oder/und Wintersalat bestellt.
2. Auf das Beet werden in Reihen mittelfrühe Möhren gesät, dazwischen Steckzwiebeln oder Schalotten gepflanzt. Nach der Ernte
werden im Spätsommer als 2. Kultur sich abwechselnd Spinat und
Feldsalat ausgesät. Der winterharte Feldsalat und Spinat bedeckt
bis zum nächsten Frühjahr den Boden. Möhren und Zwiebeln
schützen sich vor der Zwiebel- bzw. Möhrenfliege und teilen sich
auch den Bodenraum günstig auf. Während sich die Zwiebelwur-
zeln nur flach ausbreiten, wachsen die Wurzeln der Möhren tief in
den Boden, so daß sie sich nicht behindern.

Das Gärtnern auf erhöhten Beeten

Zu den Möglichkeiten, den Gemüseertrag zu steigern, gehören neben Frühbeet und Gewächshaus der Anbau auf einem Hügelbeet.
Ein solches erhöhtes Beet stellt eine besondere Form zur Verbesse-

Artischocke

Brokkoli

rung der Wachstumsbedingungen dar und ähnelt einem Komposthaufen, der mit Erde abgedeckt und bepflanzt wird.

Ein Hügelbeet sollte an sonniger Stelle und in Nord-Süd-Richtung angelegt werden, damit die Sonne das Beet recht lange be-
scheinen kann. Der Hügel kommt in einer flachen, ca. 150 cm breiten Mulde zu stehen. In der Mitte der untersten Schicht wird ein
ca. 25 cm mächtiger Kern aus langsam verrottendem Material, wie
Baumschnitt, Ästen, Staudenstengel, gelagert und mit umgewende-
ten Rasensoden oder Gartenerde abgedeckt. Darauf kommt eine
20 cm dicke und feuchte Laubschicht, die mit Gartenabfällen, Rasenschnitt, Brennesseln und anderem organischen Material gut vermischt wird. Beim Aufschichten wird die künftige Form eines flachen Hügels herausmodelliert. Anschließend folgt eine 15 cm hohe
Schicht halbfertiger Mistkompost, der möglichst viele Regenwürmer
enthalten sollte. Als letzte Schicht wird 20 cm hoch reifer Kompost,
vermischt mit bindiger Gartenerde, aufgetragen und festgeklopft.

Damit das Hügelbeet bei Trockenheit bewässert werden kann,
wird auf seinem Scheitel eine Gießrinne in die Erde gezogen. Häufiges Bewässern ist notwendig, weil die natürliche Wasserzufuhr
aus dem Boden durch den groben Unterbau des Hügels unterbrochen ist.

Der Gemüseanbau auf einem Hügelbeet hat folgende Vorteile:
– Der Hügel erwärmt sich durch den Rottevorgang von innen heraus. Dadurch werden Spätfröste in Bodennähe abgeschwächt, und
es entsteht ein wachstumsförderndes Kleinklima.
– Die schrägen Wände bilden einen günstigen Einfallwinkel für
die Sonnenstrahlen. Dadurch wird die Erwärmung gefördert.
– Die Anbaufläche wird vergrößert.
– Es entsteht für Jahre fruchtbare Erde, so daß die Pflanzen langfristig über einen großen Nährstoffvorrat verfügen können.
– Humusarme Böden werden durch Hügelbeete im Laufe der Jahre
zu dauerhaft fruchtbaren Böden umgewandelt, das ist besonders
bei der Neuanlage eines Gartens bedeutungsvoll.

– Die Erträge sind gegenüber Flachbeeten höher.

Hügelbeete haben aber auch Nachteile:

– Das tief unten lagernde organische Material braucht zur Verrottung Sauerstoff. Wenn der Hügel zu wenig Luft durchläßt, kommt es entweder zu unerwünschter Fäulnis oder bei Wassermangel zur Vertorfung.

– Hügelbeete trocknen sehr schnell aus, deshalb muß in den ersten Jahren oft bewässert werden. Sandböden sind ungeeignet.

– Eine die Verdunstung hemmende Mulchdecke kann an den schrägen Wänden nur schwer aufgebracht werden.

– Der warme Hügel wird gern von Wühlmäusen als Unterschlupf benutzt.

– Der Hügel bereitet mehr Arbeit und benötigt große Mengen organisches Material.

Natürlich werden auch auf Hügelbeeten Mischkulturen angebaut und Fruchtfolgen eingehalten. Es hat sich bewährt, im 1. Jahr auf dem Rücken des Hügels Tomaten und in den Reihen darunter Blumenkohl, Kohlrabi, Radies, Sellerie, Porree und Gurken anzupflanzen. Im 2. Jahr wird der Hügel Möhren, Zwiebeln und Salat tragen. Darauf folgen im 3. Jahr Bohnen oder Erbsen und Schwarzwurzel, im 4. Jahr sind Erdbeeren möglich.

Anbauempfehlungen für ausgewählte Gemüsearten

Der Bleichsellerie wird ab Ende April 2 cm tief im Freiland gesät oder als Jungpflanze vorgezogen. Die Setzlinge werden in Abständen von 30 cm in kleine Gräben gepflanzt, später zum Bleichen angehäufelt oder die Blattstiele mit dunkler Folie umwickelt. Die Blattstiele sind leicht zusammenzubinden. Etwa aller drei Wochen muß wieder angehäufelt werden. Selbstbleichende Sorten brauchen nicht angehäufelt zu werden. Sie müssen nur eng und schattig stehen.

Bleichsellerie (Apium graveolens var. dulce)

Blumenkohl ist sehr anspruchsvoll. Er verlangt tief gelockerten und nährstoffreichen Boden und als Starkzehrer mehrmalige Dunggüsse mit Pflanzenjauchen.

In Kästen ist die erste Aussaat ab März möglich. Für spätere Ernten wird April/Mai ins Freiland gesät. Die Jungpflanzen werden in Abständen von 50 × 50 cm gepflanzt. Man schützt die Blumen vor vollem Sonnenlicht, indem man die Blätter oben einknickt. Dadurch wachsen die Köpfe auch kompakt.

Blumenkohl verträgt Fröste bis −5 °C und kann bis in den Spätherbst hinein geerntet werden. Ein guter Nachbar ist Sellerie. Während der Vegetation müssen die jungen Pflanzen gut beobachtet werden, da Blumenkohl schädlingsanfällig ist. Kohlfliegenbefall, einige Tage nach dem Pflanzen, kann die Ernte in Frage stellen.

Blumenkohl (Brassica oleracea var. botrytis)

Die kälteempfindliche Bohne wird erst nach den Eisheiligen in den Boden gebracht. In 3 cm Tiefe werden in Abständen von 30 bis 40 cm jeweils 4 bis 6 Bohnen ausgelegt, mit Kompost bedeckt und fest angedrückt. Folgesaaten bringen entsprechend spätere Ernten.

Buschbohne (Phaseolus vulgaris var. nanus)

Letzter Aussaattermin für Buschbohnen ist der 20. Juli. Bei der Ernte ist darauf zu achten, daß die Hülsen vorsichtig gepflückt und nicht abgerissen werden. Beschädigte Pflanzen setzen weniger neue Hülsen an. Rohe Bohnen sind giftig! Sie enthalten Phasin, das erst durch Kochen abgebaut wird. Bohnenkraut, Tomate, Gurke, Kohl, Salat, Sellerie und Rote Rübe sind gute Nachbarn. Mit Erbsen, Knoblauch, Zwiebel und Porree verträgt sich die Buschbohne schlecht.

Brokkoli
(Brassica oleracea var. italica)

Von diesem vor allen in Südeuropa verbreiteten verzweigten Verwandten des Blumenkohls werden je nach Form des Kopftriebes Sprossen-, Bukett- und Kopfbrokkoli unterschieden. Geschmacklich ist er höher zu bewerten als der Blumenkohl. Er verträgt leichte Fröste, so daß schon Ende März mit dem Auspflanzen begonnen werden kann. Frostschutzhauben verfrühen noch den Ertrag. Ein Pflanzenabstand von 30 × 40 cm reicht im Frühjahr aus. Bei Sommerpflanzungen werden die Pflanzen und Blütenstände größer, so daß ihnen ein Standraum von 40 × 40 cm zuzumessen ist. Für die Frühjahrspflanzung sind die Jungpflanzen im Gewächshaus oder auf dem Fensterbrett anzuziehen. Da der Brokkoli leicht von der Kohlfliege befallen wird, werden die Jungpflanzen vorbeugend mit Kräuterjauchen gegossen. Außerdem wird Gesteinsmehl gestreut. Tomaten oder Porree sind gute Nachbarn. Nach der Ernte der endständigen »Blume« bilden sich Seitentriebe, die später ebenfalls geerntet werden können. Man beläßt nur 3 bis 4 Seitentriebe je Pflanze. Sie können eine Stengellänge von 20 cm erreichen und werden als »Spargelkohl« verwendet. Nach dem Abschneiden darf nicht gegossen werden, damit es an den Schnittstellen nicht zu Fäulnis kommt. Brokkoli welkt sehr schnell und muß innerhalb kurzer Zeit nach der Ernte verwertet werden. Er läßt sich gut einfrosten.

Bei der Fruchtfolge ist darauf zu achten, daß Brokkoli auf solchen Flächen angebaut wird, auf denen mindestens 3 Jahre keine Kohlarten, Radies oder Rettiche gestanden haben.

Chicorée
(Cichorium intybus var. foliosum)

Die Stammform dieser Kulturpflanze ist die Wegwarte. Sie ist zweijährig und bildet im ersten Jahr eine Rosette und eine starke, tiefreichende Wurzel. Im zweiten Jahr wächst ein wenig beblätterter bis zu 1 m hoher Blütenstengel. Chicorée ist ein Treibgemüse für die Wintermonate, das lockeren, mäßig warmen Boden bevorzugt. Die Aussaat erfolgt im Mai ins Freiland in Abständen von 10 × 30 bis 40 cm. Im Spätherbst wird das Kraut 2 bis 3 cm über dem Wurzelkopf abgeschnitten, wobei die Herzblätter nicht beschädigt werden dürfen. Das Kraut kann verfüttert werden. Danach werden die Wurzeln gerodet und auf etwa 15 cm gekürzt. Der gebleichte, chlorophyllfreie Trieb wird durch Treiben im Dunkeln erzielt. Dazu werden die Wurzeln im Keller in eine Kiste dicht nebeneinander gestellt und 20 cm hoch mit Erde locker bedeckt. Nach 4 bis 5 Wochen werden die Triebe mit dem Wurzelkopf (damit sie nicht auseinanderfallen) abgeschnitten oder abgebrochen. Wenn in einer Miete weitere Chicorée-Wurzeln gelagert wurden, kann nun erneut ein Satz zum Treiben eingebracht werden. Bei völliger Dunkelheit kann auf eine Erdabdeckung verzichtet werden.

Chicorée

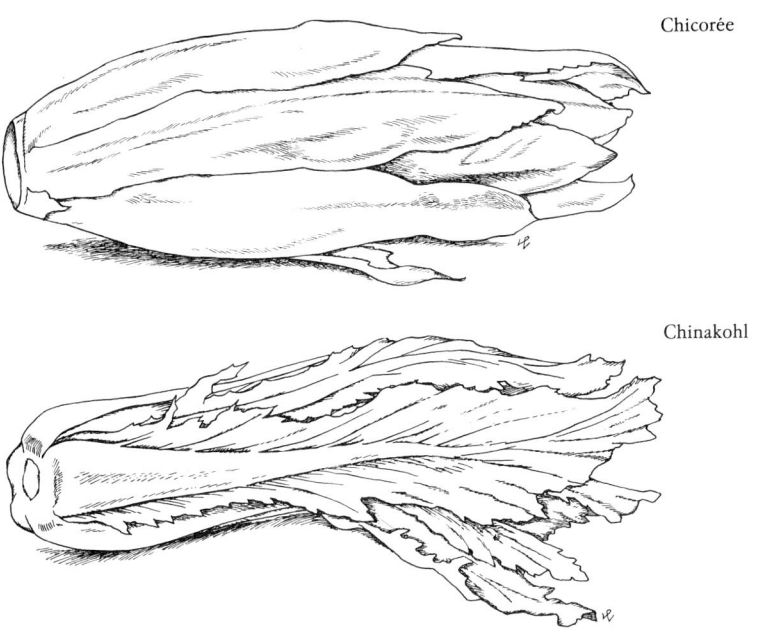

Chinakohl

Diese in Ostasien weitverbreitete einjährige Gemüseart hat einen hohen Gehalt an Vitaminen und steht geschmacklich dem Kopfsalat nahe. Chinakohl verlangt einen nährstoffreichen, bindigen Boden. Zur Herbstkultur wird er ab 15. Juli im Abstand von 30 × 40 cm direkt ins Freiland ausgesät. Er bildet dichtblättrige, straff aufrechte Rosetten mit bis 50 cm langen und bis 25 cm breiten Blättern mit weißen, rinnenförmigen Stielen. Die Blattrosetten werden im Spätherbst geerntet (Frühfröste bis −5 °C werden vertragen) und finden vor allem als Rohkostsalat, aber auch vergoren, gekocht oder gedünstet Verwendung. Eine zwei- bis dreijährige Anbaupause zu allen Kohlarten muß eingehalten werden. Der pH-Wert des Bodens sollte nicht unter 6,5 liegen.

Chinakohl
(Brassica rapa ssp. pekinensis)

Mit dem Namen Chinesischer Senfkohl und mit dem Sortennamen Pac-Choi ist eine Blattgemüseart im Anbau, die wie der Chinakohl kultiviert wird. Verwendet werden Blätter und Blattrippen wie beim Mangold. Man kann entweder die äußeren, nachwachsenden Blätter ernten oder die kleinen Köpfe (ab 300 g).

Chinesischer Senfkohl
(Brassica rapa ssp. chinensis, syn. B. campestris var. chinensis)

Die frostempfindlichen Pflanzen müssen unter Glas oder Folie angebaut werden und können nur im Sommer von einem Schutz befreit werden. Sie benötigen sehr viel Wärme für eine ausreichende Fruchtentwicklung. Ansonsten gelten die gleichen Anbaubedingungen wie bei Tomaten. Sie werden im Abstand von 40 × 40 bis 50 × 50 cm gepflanzt und an Stäbe gebunden. Nicht fruchtende Zweige werden abgeschnitten, denn sie verzögern das Reifen der Früchte. Nicht ausgereifte Früchte, die vor den ersten Frösten ge-

Eierfrucht
(Solanum melongena)

Eissalat

erntet werden, müssen vor dem Verzehr mindestens 5 Tage im
Kühlschrank gelagert werden, damit das möglicherweise noch ent-
haltene giftige Solanin abgebaut wird. Die reifen Früchte sind sehr
druckempfindlich.

Eissalat
(Lactuca sativa
var. capitata)

Der Name dieser Form des Kopfsalates deutet auf die glasig glänzenden Blätter hin, die sich im Kühlschrank lange frisch halten.
Andere Benennungen, wie Krachsalat und Kristallsalat beschrei-
ben seine mürben, zerbrechlichen Blätter. Eissalat bringt hohe Erträge und zeichnet sich durch guten Geschmack und Dauerhaftig-
keit aus. Die gekrausten Blätter schließen sich bis zu 1 kg schweren
Köpfen zusammen, die an kleine Kohlköpfe erinnern und selbst
bei großer Hitze nicht schossen. Eissalat wird direkt ins Freiland
gesät oder ab Februar vorgezogen. Die Pflanzen benötigen einen
Abstand von 30 × 30 cm. Wird Eissalat zu häufig gegossen, kommt
es leicht zu faulen Blättern. Auf Dämme gepflanzt, kann über-
schüssiges Wasser ablaufen.

Endivie
(Cichorium endivia)

Wir unterscheiden bei dieser salatartigen Pflanze die krausblättrige
Winterendivie *(C. e. var. crispum)* mit schlanken, ausgeschnittenen,
hell- oder sattgrünen Blättern von der breitblättrigen Endivie, dem
Escariol *(C. e. var. latifolium)* mit stärkeren und nur wenig ausgeschnittenen Blättern. Es sind zweijährige Pflanzen, die relativ hohe
Ansprüche an Boden und Feuchtigkeit stellen. Geerntet werden
die einjährigen Blattrosetten. Die blühende Pflanze wird etwa
130 cm hoch und ähnelt der Wegwarte. Die Endivie wird von März
bis Juni direkt am Standort ausgesät oder auch vorkultiviert. Juli-
aussaat kann im Herbst oder Winter geerntet werden. Die Pflanzen
sollten einen Standraum von 30 × 30 cm erhalten. Bei stärkeren Frösten müssen sie mit Laub abgedeckt werden. Vor dem Verbrauch
muß die Endivie etwa 2 bis 3 Wochen gebleicht werden. Dabei werden die Blätter an Ort und Stelle zusammengebunden. Während
des Bleichens wird nicht gegossen. Im Frühbeet oder Keller gelagerte Pflanzen werden abgedeckt. Die Herzblätter müssen zuun-
terst liegen.

Schalerbse, Palerbse *(Pisum sativum convar. sativum)*, Markerbse *(P. s. convar. medullare)*, Zuckererbse *(P. s. convar. medullosaccharatum)* Die Erbsen sind Schwachzehrer. Man baut sie vorteilhaft in 3. Tracht an. Kompostgaben und Mulchen im Herbst sind ausreichend. Im Frühjahr ist das Streuen kalireicher Holzasche ratsam.
Die Schalerbse hat große, glatte Körner, die jung verwendet werden. Ausgereift sind sie mehlig. Markerbsen haben im Alter runzelige Körner, jung schmecken sie süß und sind sehr zart. Zukkererbsen werden jung geerntet. Ihre langen und zarten Hülsen werden mit gekocht. Die Schalerbse kann schon ab März ausgesät werden. Man legt die Samen in Reihenabständen von 20 cm und 3 cm in der Reihe, 5 cm tief in den Boden. Zum Schutz gegen Vogelfraß wird der Boden mit Reisig bedeckt oder feiner Maschendraht in mindestens 5 cm Höhe darüber gespannt. Ab Mitte April kann die Aussaat der Mark- und Zuckererbse erfolgen. Erbsen müssen ein Stützgerüst aus Reisig oder Draht erhalten. Sobald die Pflanzen etwa 10 cm hoch gewachsen sind, werden die Reihen angehäufelt. Nach Erbsen können Kohlrabi, Porree, Radies und Salat als Nachfrucht folgen. Gute Nachbarn der Erbsen sind Möhre, Gurke, Kopfsalat, Kohl und Fenchel.

Erbsen

Der Feldsalat ist ein Baldriangewächs. Er wird im August/September an Ort und Stelle in Reihen ausgesät. Dichte Saaten sind auf 4 cm Abstand in der Reihe zu vereinzeln. Die späten Aussaaten ergeben oft die kräftigsten Pflanzen. Feldsalat ist winterhart. An den Boden stellt er keine besonderen Ansprüche. Im allgemeinen reichen die im Boden vorhandenen Nährstoffe für sein Wachstum aus. Ein guter Nachbar ist die Winterzwiebel.

Feldsalat, Rapunzel (Vallerianella locusta)

Gartenkresse ist ein kleiner, kurzlebiger Kreuzblütler und kann noch im tiefsten Winter im Zimmer geerntet werden. Ihre Kultur ist in Blumenkästen, Blumentöpfen oder im Suppenteller auf feuchtem Zellstoff möglich. Die Samen keimen rasch, und nach wenigen Tagen können die Jungpflanzen geschnitten werden. Sie verfeinern, Spinat und Salaten zugesetzt, den Geschmack. Gartenkresse kann ab März ins Freiland gesät werden.

Gartenkresse (Lepidium sativum)

In älterer Gartenliteratur ist der Grünkohl als »Krausblättriger Winterkohl« zu finden. Der Vorteil des Grünkohls besteht darin, daß während des Winters und im Vorfrühling die Blätter einzeln von den kräftigen Stengeln leicht geerntet werden können. Er ist in seinen Ansprüchen bescheiden. Im Mai ausgesät, kann er gut nach Frühkartoffeln angebaut werden. Wenn die Frühkartoffeln nach und nach geerntet werden, empfiehlt es sich, an die Stelle der gerodeten Kartoffelstöcke sogleich Grünkohl zu setzen. Dadurch kommen die jungen Grünkohlpflanzen in einen gut gelockerten Boden. Zuvor wird der Boden noch mit Kompost angereichert. Pflanzabstände von 40 × 50 cm reichen aus. Für den Kleingarten sind niedrige Sorten zu wählen. Sie haben eine kürzere Wachstumszeit und sind im Winter bei einer Schneedecke besser geschützt. An ihnen bilden sich im Frühjahr noch sehr zarte Sprossen für eine weitere Ernte. Grünkohl schmeckt, wie auch Rosenkohl, besser, wenn er Fröste abbekommen hat.

Grünkohl, Krauskohl (Brassica oleracea var. sabellica)

Knollenfenchel

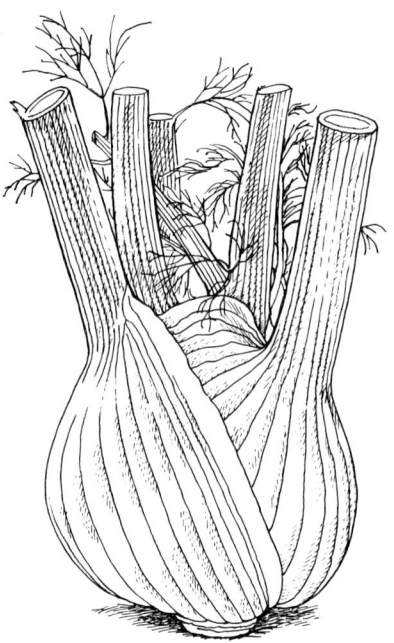

Gute Nachbarn vom Grünkohl sind Tomate, Sellerie, Spinat, Salat, Porree und Erbsen sowie dazwischen gepflanzt auch Kümmel und Kamille.

Gurke
(Cucumis sativus)

Als Starkzehrer verlangt sie nährstoffreiche Böden. Eine Gründüngung und Versorgung mit gutem Kompost im Herbst des Vorjahres bzw. im Frühjahr 15 cm tief eingearbeitet ist eine gute Grundlage reicher Ernte. Bewährt hat sich folgende Kulturmethode (nach Kreuter): Im Frühjahr wird in der Mitte des geplanten Gurkenbeetes ein Graben ausgehoben und mit Pferdemist gefüllt. Darüber wird mit Kompost, vermischt mit etwas Erdaushub, ein Hügel aufgeschichtet. Auf diesen, etwa 30 cm breiten Damm mit »Fußbodenheizung« werden in Abständen von 10 cm die Gurkenkerne gelegt. Man kann auch alle 20 cm 3 bis 4 Kerne auslegen und später die kräftigsten Pflanzen auf 30 bis 40 cm Abstand vereinzeln. Wenn nach Erscheinen des 5. Blattes die Spitzen der jungen Pflanzen ausgebrochen werden, entstehen viele reichtragende Seitentriebe. Die Gurke braucht viel, möglichst von der Sonne angewärmtes Wasser.

Man kann Gurken auch an einem Gerüst in die Höhe ranken lassen. Gegen Pilzkrankheiten beugt mehrmaliges Spritzen mit Schachtelhalm-Brühe vor. Neben Gurken wachsende Erbsen oder Stangenbohnen schützen sie vor rauhen Winden. Als Randpflanzen sind auch Sellerie, Porree, Rote Rübe, Salat und Kohl gute Nachbarn. Gurken sollten jedoch nicht nahe an Tomaten gepflanzt werden.

Kartoffel
(Solanum tuberosum)

Für den Freizeitgärtner ist vor allem der Anbau von Frühkartoffeln sinnvoll. Die Knollen werden, möglichst vorgekeimt oder im Frühbeet in Töpfen vorkultiviert, in Abständen von 25 cm etwa 10 cm tief in den Boden gebracht. Zwei Hände voll gute Komposterde zu jeder Pflanzkartoffel gegeben, wirkt als gute Starthilfe. Die jungen Triebe sind sehr frostempfindlich, deshalb dürfen sie Mitte Mai noch nicht aus dem Boden herausgewachsen sein. Sind die Stauden 20 cm hoch, werden sie angehäufelt. Das muß mehrfach wiederholt werden. Kartoffeln benötigen eine gute Nährstoffversorgung des Bodens.

Dieses gesunde, süßlich schmeckende Gemüse gedeiht besonders gut nach Erbsen oder Kartoffeln an einem warmen Standort. Es sollte erst im Juni ausgesät werden, weil frühere Aussaaten meist ins Kraut schießen und dann keine Knollen bilden. Knollenfenchel kann als Nachfrucht zusammen mit Feldsalat und Chicorée angebaut werden. Gedüngt wird er mit Kompost, Gesteinsmehl und Brennessel-Jauche. Die Knollen werden leicht angehäufelt, der Boden muß feucht gehalten werden. Vor und nach Gemüsefenchel sollten keine Möhren, Pastinaken, Petersilie, sowie kein Sellerie angebaut werden. Knollenfenchel wird kaum von Krankheiten und Schädlingen befallen. Wenn die Knollen einen Durchmesser von 8 bis 12 cm (etwa 250 g) erreicht haben, sind sie erntereif (ab Oktober) und werden im Keller in Sand aufbewahrt. Leichte Nachtfröste werden vertragen. Schnecken lieben den Fenchel, deshalb wird die Kultur öfter mit Schachtelhalm-Tee übergossen. Fenchel und Tomaten vertragen sich nicht.

Knollenfenchel, Gemüsefenchel (Foeniculum vulgare var. azoricum)

Die Knollen des Sellerie besitzen einen hohen Diätwert. Sellerie will nährstoffreiche und feuchte Böden. Er zählt zu den Starkzehrern. Vor dem Anbau muß der Boden bereits im Herbst mit Kompost, der möglichst etwas verrotteten Mist enthält, auch mit Horn-, Blut- oder Knochenmehl sowie Gesteinsmehl versorgt werden. Kalk wird erst im Frühjahr gegeben. In kalkarmen Böden gelingt sein Anbau kaum.

Sellerie ist frostempfindlich, wird unter Glas vorgezogen, und erst nach den Eisheiligen ins Freiland gebracht. Dort wird er im Abstand von 40 × 40 cm möglichst hoch gepflanzt. Tief gepflanzt, bildet Sellerie kaum Knollen aus. Später sollte nur noch der obere Teil der Knolle sichtbar sein. Die Pflanzen müssen gut mit Wasser versorgt werden. Zusätzliche Nährstoffzufuhr erfolgt durch mehrmaliges Gießen mit Brennessel-Jauche und Mulchen mit Komfrey und Farnkraut, wobei die Knollen frei bleiben müssen.

In der Form des Schnittselleries ist der Knollensellerie zu den Gewürzkräutern zu rechnen. Das sehr aromatische Kraut kann auch im Winter geerntet werden, wenn die Kultur im Topf erfolgt.

Knollensellerie, Wurzelsellerie (Apium graveolens var. rapaceum)

Dieses Frühjahrsgemüse kann auch in temperierten Gewächshäusern und kalten Frühbeetkästen vor der Freilandkultur angebaut werden. Seine Kultur ist einfach. Kohlrabi wird im Garten überall als Lückenfüller verwendet, auch als Zwischenfrucht. Kohlrabi können zu Gurken, zwischen Tomaten und junge Beerensträucher sowie an die Ränder der Beete gepflanzt werden. Frühe Sorten sollten in Abstände von 25 cm, späte auf 30 bis 40 cm und nicht zu tief gesetzt werden. Kohlrabi sind Mittelzehrer. Erhalten Kohlrabi nach

Kohlrabi (Brassica oleracea var. gongylodes)

Kohlgemüse

längerer Trockenzeit plötzlich wieder Wasser, führt der Wachstumsschub zum Aufplatzen der Knolle.

Kopfkohl:
Weißkohl, Rotkohl
(Brassica oleracea
var. capitata)

Zur Ausbildung der großen Blattmasse benötigt der Kopfkohl nährstoffreiche Böden und viel Wasser. Das Land sollte bereits im Herbst reichlich mit gutem Kompost, der auch Stallmist enthält, versorgt und mit einer Mulchdecke geschützt werden. Während der Wachstumszeit wird mehrmals mit Brennessel-Jauche gedüngt. Überdüngtes Kraut stinkt beim Kochen aus dem Topf! Kohl braucht einen Standraum von 60 × 50 cm. Spätkohl sollte bis Anfang Juni gepflanzt sein. Die Ernte der Spätsorten muß noch vor Frosteintritt erfolgen. (Einzelne Nachtfröste bis ca. −4 °C werden vertragen.)

Um den Kohlweißling abzuwehren, pflanzt man Tomaten oder/ und Sellerie zwischen die Kohlreihen. Gute Nachbarn für Kopfkohl sind auch Kartoffeln, Spinat, Salat, Porree, Erbsen und an Kräutern Kamille und Kümmel.

Kopfsalat
(Lactuca sativa
var. capitata)

Vom Kopfsalat gibt es Früh-, Sommer-, Herbst- und Wintersorten, Sorten für die Kultur unter Glas und solche für warmes oder kaltes Frühbeet. Eine Form des Kopfsalats ist der Eissalat. (s. d.).

Kopfsalat wird in Abständen von 25 × 25 cm gepflanzt. Die Pflanzenanzucht im Frühjahr im kalten Kasten ist problemlos. Die Salatsamen laufen nach etwa 8 Tagen auf. Sie werden nur ganz flach in den Boden gesät. Kopfsalat kann mit anderen Kulturen angebaut werden, ohne ein eigenes Beet zu beanspruchen. Er verlangt aber einen sonnigen Platz. An den Boden stellt er keine besonderen Ansprüche. Kopfsalat soll seine Nachbarn vor Erdflöhen schützen. Gegen Drahtwürmer dient er als Fangpflanze. Er paßt in Mischkulturen mit Radies, Kohlrabi, Erdbeeren, Spinat, Kohlgemüse, Tomate, Bohnen und Zwiebeln.

Krauser Rhabarber
(Rheum rhabarbarum)

Je nach Sorten sind die Blattstiele grün bis intensiv rot. Die Blütenschäfte werden bis 2 m hoch. Abgetrennte Teile des Wurzelstockes werden im Herbst oder Frühjahr im Abstand von 1 × 1 m gepflanzt

Das Radies oder Radieschen ist wegen seiner kurzen Vegetationszeit ein beliebtes Gemüse. Radies wachsen in 2. oder 3. Tracht, auch als Vorfrucht. Guter Kompost deckt ihre Nährstoffansprüche. Es gibt keine schneller zu erntende Zwischenfrucht als das Radies. Man sollte die Samen zu je 2 Stück in Abständen von 5 cm in den Boden legen und mit fein gesiebtem Kompost ganz dünn überdecken und andrücken. Knöllchen, die innerhalb von 20 bis 40 Tagen herangewachsen, sind von guter Qualität, während sie bei langsamerem Wachstum holzig und brennend schmecken. Vorteilhaft ist die Aussaat in Abständen von 14 Tagen und das Ernten durch laufendes Verziehen.

Gute Nachbarn sind Bohnen, Tomaten, Spinat, Kohl, Möhren und Kresse. Bei Temperaturen zwischen 0 und 2 °C können Radies ohne Kraut in Plastebeuteln einige Wochen aufbewahrt werden.

Radies, Radieschen
(Raphanus sativus var. sativus)

Von diesem Kreuzblütengewächs gibt es runde, längliche, weiße und schwarze Sorten. Sie wachsen als Nachfrucht in 2. oder 3. Tracht am besten und können je nach Sorte vom Frühjahr bis zum Herbst angebaut werden. In frisch gedüngten Böden werden die Knollen leicht madig. Harte und sehr scharfe Rettiche werden in Sandböden geerntet. Der Winterrettich wird erst ab Juli ausgesät. Die Wachstumszeit bei Rettich beträgt ca. 100 Tage. Hoher Stickstoffgehalt des Bodens ergibt holzige Knollen oder Zapfen. Die Ernte sollte noch vor den ersten Frösten erfolgen. Die entkrauteten Rettiche werden im Keller in Sand eingelagert.

Rettich
(Raphanus sativus var. niger)

Rosenkohl wird in der Regel als Nachfrucht auf zeitig geräumten Flächen, z. B. nach Erbsen oder nach Frühkartoffeln ab Mitte Juni bis Mitte Juli angebaut. Als Standraum benötigt Rosenkohl Abstände von 50 × 50 cm. Rosenkohl wächst noch bei geringen Temperaturen im Spätherbst und verträgt in Abhängigkeit von der Sorte auch starke Fröste. Die Triebspitzen der Pflanzen werden im Spätsommer entfernt, damit das Längenwachstum zugunsten der Röschenbildung eingestellt wird. Die Rosen schmecken am besten, wenn sie mehrmals durchfroren waren. Lockere Rosen entstehen durch Überdüngung.

Rosenkohl
(Brassica oleracea var. gemmifera)

Das Gänsefußgewächs ist ein Mittelzehrer und stellt keine hohen Anforderungen. Im Herbst mit Kompost versorgter und gemulchter Boden deckt seine Ansprüche. Rote Rüben können ab April ins Freiland gesät werden. Die großen Samen werden zu je 2 Stück in Abständen von 10 cm in den Boden gelegt, Reihenabstand 30 cm. Von den beiden Sämlingen läßt man den kräftigsten stehen.

Rote Rüben sind frostempfindlich und müssen deshalb vor dem ersten Frost geerntet werden. Das Wachstum wird in Mischkultur mit Kohlrabi, Salat, Gurke und Erbse gefördert.

Bei der Ernte wird das Laub mit einer flachen Scheibe der Rübe abgeschnitten. So kann sie im Lager nicht austreiben, und Verluste an Nährwerten werden dadurch vermieden.

Rote Rübe, Rote Bete
(Beta vulgaris)

Sie schmeckt würziger als die Küchenzwiebel und enthält viel Vitamin C und B und das Provitamin A sowie Stoffe mit desinfizierender Wirkung. Sie braucht leichten, doch gut mit Nährstoffen ver-

Schalotte
(Allium ascalonicum)

sorgten Boden. Schalotten können 2 Jahre lang gelagert werden ohne auszuschlagen. Die ausdauernde Pflanze wird bis 30 cm hoch. Die Brutzwiebeln am Ende des gedrungenen hohen Blütenstandes sind länglich bis eiförmig und bilden Büschel. Schalotten setzen keine Samen an, sondern vermehren sich vegetativ durch diese Brutzwiebeln. Die anspruchslose Pflanze verträgt auch stärkere Fröste. Schalotten werden im zeitigen Frühjahr oder von September bis November in Abständen von 20 × 15 cm gesteckt.

Schwarzwurzel
(Scorzonera hispanica)

Dieser Mittelzehrer wird auch Winterspargel genannt. Schwarzwurzeln bevorzugen tiefgründigen, aber lockeren Boden, in dem sich die wohlschmeckenden schwarzen Wurzeln bereits im Jahr der Aussaat bis zur Erntereife entwickeln. Kartoffeln oder wurzelreiche Gründünger sind geeignete Vorkulturen. Der Boden wird schon im Herbst gut mit Kompost versorgt, im Sommer mit Pflanzenjauchen gedüngt. Die Aussaat erfolgt bereits Anfang März, dünn in 3 cm tiefe Rillen. Später werden die jungen Pflanzen auf 10 cm Abstand verdünnt. Schwarzwurzeln können auch im Spätsommer ausgesät werden. Beläßt man die Wurzeln im Boden und überdeckt sie mit einer dicken Laubschicht, können den ganzen Winter über frische Schwarzwurzeln geerntet werden.

Die Schwarzwurzel ist eine Staude und kann mehrere Jahre stehenbleiben. In leichten Böden brauchen sie länger als ein Jahr, um starke Wurzeln auszubilden.

Die Pfahlwurzeln stecken tiefer als der Spaten im Boden reicht und brechen beim Ausgraben leicht ab. Gute Nachbarn sind Salat, Kohlrabi und Porree.

Schwarzwurzeln haben einen sehr hohen Mineralstoffgehalt. Dieses Wurzelgemüse ist als Nierendiät wertvoll. Außer den Vitaminen C, B_1 und B_2 ist reichlich Vitamin E enthalten. Letzteres gewinnt zunehmend an Bedeutung bei Herz-Kreislauf-Erkrankungen, ist beständig gegen Hitze und fettlöslich.

Spargel
(Asparagus officinalis)

Bleichspargel gedeiht am besten in humosen Sandböden, die sich im Frühjahr rasch erwärmen. Nach tiefer Bodenbearbeitung im Herbst werden die Spargelpflanzen Ende März in Gräben gesetzt, die in Nord-Süd-Richtung verlaufen sollten. Der Abstand von Graben zu Graben beträgt 1,50 m. Die Jungpflanzen erhalten als langfristig wirkendes Startkapital eine 20 cm starke Kompostschicht, die viel verrotteten Stallmist enthalten sollte. Einjährige Spargelpflanzen wachsen am besten an und sind zweijährigen vorzuziehen. Die Pflanzen werden im Abstand von 40 cm so auf kleine Hügel gesetzt (die Wurzeln gut verteilt), daß die Köpfe der Spargelpflanze etwa 10 cm unter der ursprünglichen Bodenoberfläche zu stehen kommen. Dann werden sie mit Kompost 5 cm hoch abgedeckt und gründlich gegossen.

Vom dritten Jahr an wird geerntet. Will man Bleichspargel haben, werden zuvor 40 cm hohe Dämme errichtet, wozu man die Erde aus dem Raum zwischen den Pflanzenreihen entnimmt. Die Dämme werden geglättet und leicht angedrückt, damit die hervorbrechenden Spargelköpfe gut zu erkennen sind. Nach der Ernte wird wieder eingeebnet. Die ursprüngliche und natürliche Form dieses Feinschmeckergemüses ist der Grünspargel; er schmeckt

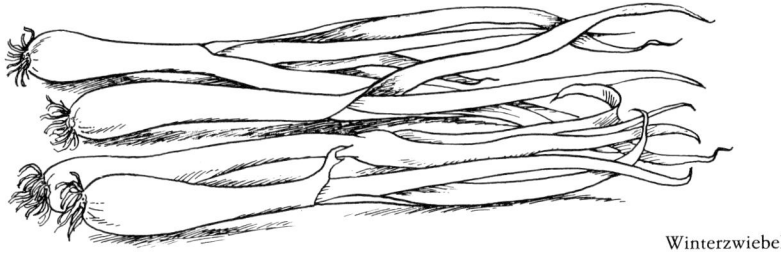

Winterzwiebeln

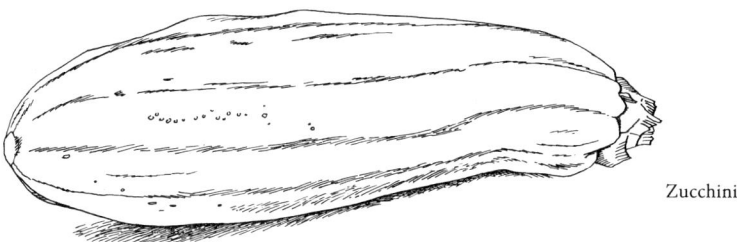

Zucchini

Eierfrucht

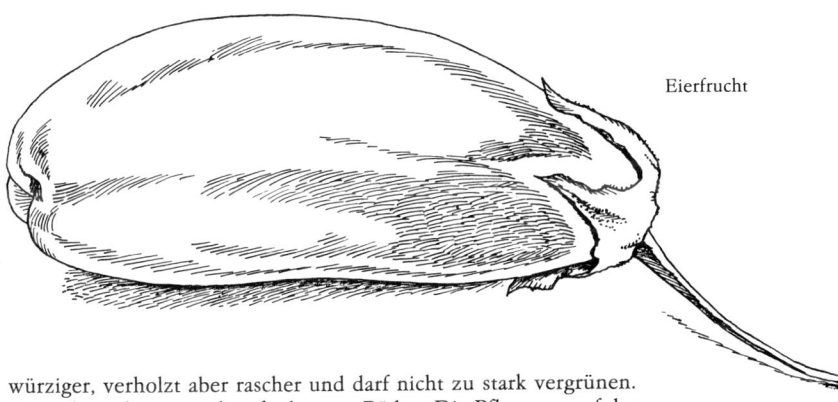

würziger, verholzt aber rascher und darf nicht zu stark vergrünen.
Er wächst sehr gut auch auf schweren Böden. Die Pflanzung erfolgt
wie beim Bleichspargel. Es genügt dabei ein Reihenabstand von
80 cm. Auch Grünspargel kann, wie der Bleichspargel, erst ab drit-
tem Jahr geerntet werden.

Wenn im Frühjahr Folie über die Pflanzreihen gedeckt wird, ist
schon 14 Tage früher mit der ersten Spargelernte zu rechnen. Ern-
teschluß ist Ende Juni. Grünspargel wird nicht geschält. Frisch ge-
stochener Spargel in unbehandeltem Zustand eingefrostet hält sich
sehr gut.

Topinambur

In den ersten beiden Standjahren können zwischen die Spargelreihen Salat und Gurken gepflanzt werden. Nach der Ernte wird mit verrottetem Mist oder misthaltigem Kompost gedüngt und mit Mulch abgedeckt. Im Spätherbst wird das Spargellaub abgeschnitten. Die Pflanzung kann bis zu 15 Jahren genutzt werden.

Spinat
(Spinacia oleracea var. inermis)

Spinat gehört zur Familie der Gänsefußgewächse und ist ein sehr gesundes Gemüse. Er verlangt humusreiche, lockere Böden mit genügend Feuchtigkeit. Für die Frühjahrsernte wird Spinat im September/Oktober ausgesät. Im Sommer gesäter Spinat schoßt in die Blüte (Langtagspflanze). Die Aussaat erfolgt 3 cm tief in Reihenabständen von 20 bis 25 cm und sollte nicht zu dicht vorgenommen werden. Nach 50 Tagen ist Spinat erntereif. Er kann eingefrostet werden. Auch als Gründünger wird er eingesetzt. Zwischen Spinatreihen Gesätes wächst geschützt heran und gedeiht besonders gut. Die dichten Blattreihen des Spinats bieten Schatten und halten die Feuchtigkeit im Boden. Er wächst mit allen Gemüsearten in guter Nachbarschaft.

Stangenbohne
(Phaseolus vulgaris var. vulgaris)

Stangenbohnen benötigen mehr Wärme, Nährstoffe und auch Wuchsraum als Buschbohnen, liefern aber auch höhere Erträge pro Quadratmeter. Ihre Kultur an Stangen erzeugt Schatten und behindert dadurch Unter- und Mischkulturen. Stangenbohnen sollten erst nach dem 9. Mai in den Boden gelegt werden, der zuvor gut mit Kompost ohne Mistzusatz versorgt sein muß. Bohnen keimen erst ab 10 °C Bodentemperatur. Zu früh gelegt, quellen die Samen zwar, keimen aber nicht. Sie verfaulen im Boden. Die Entfernung der Stangen in der Reihe sollte etwa 60 cm betragen. Um jede Stange werden im Umkreis von 15 cm 5 bis 6 Bohnen 3 cm tief gelegt. Bohnen ranken entgegen dem Uhrzeigersinn.

Nach Mitte Juni ist eine Aussaat nicht mehr sinnvoll. Stangenbohnen können als Windschutz für empfindliche Kulturen, wie z. B. Gurken, genutzt werden. Als Nachbarn sind Tomate, Gurke, Kapuzinerkresse, Kohl und Kopfsalat geeignet. Schlechte Nachbarn sind Porree, Knoblauch, Erbse, Fenchel und Zwiebel.

Topinambur

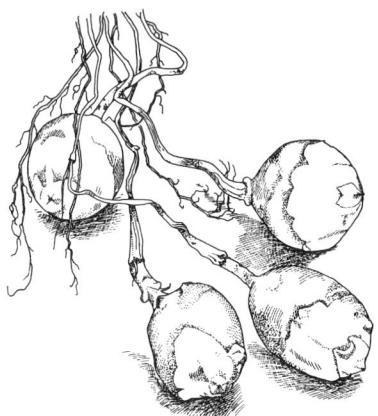

Bedeutung zum Beranken von Lauben usw. hat die rotblühende
Prunk-(Feuer-)bohne *(Phaseolus coccineus)*. Sie ist wesentlich wüchsiger und widerstandsfähiger als die von Sorteneigenschaften abhän-
gige Stangenbohne. Die Hülsen dürfen nur im zarten Zustand
(wenn sie sich leicht »brechen« lassen) geerntet und nur gekocht
genossen werden. Von allen Bohnenarten enthalten sie das meiste
Phasin, einen giftigen Eiweißstoff.

Die aus Süd- und Mittelamerika stammenden »Liebesäpfel« oder
»Paradiesäpfel« zählen zu den beliebtesten Gemüsearten. Am besten gedeihen Tomaten, wenn sie Jahr für Jahr am gleichen Stand-
platz wachsen können, mit Kompost aus Tomatenpflanzenresten
gedüngt und mit Tomatenblätter-Brühe gegossen werden. Von
Fruchtfolge wollen sie nichts wissen. Das ist eine Eigenart der meisten Nachtschattengewächse. Das gilt natürlich nur mit der Einschränkung, daß der Boden nicht z. B. durch Nematoden verseucht
ist. Nach der Ernte wird der Boden reichlich mit Kompost versorgt.
Im Frühjahr kann bei Bedarf noch Gesteinsmehl und Holzasche gegeben werden. Aus dem reichhaltigen Tomatensortiment sollen
stellvertretend nur drei genannt werden.

Tomate
(Lycopersicon lycopersicum)

Die großfrüchtige Fleischtomate 'Isolde' wird als Stabtomate angebaut und findet als Salat und zur Herstellung von Tomatenmark
und Saft Verwendung. Fleischtomaten wollen es besonders warm
haben. Ausreichender Standraum und regelmäßiges Ausgeizen
sind Voraussetzung für gutes Fruchtwachstum. Beliebt ist die
Mini- oder Partytomate 'Gartenperle', die als Buschtomate einen
Standraum von 50 × 50 cm braucht. Ein Ertrag von mehr als 100
kirschgroßen Früchten pro Pflanze ist keine Seltenheit. Sie wird
auch Kirsch- oder Cocktailtomate genannt. Nicht ausgereifte
Früchte können wie Delikateßgurken konserviert werden. 'Balkon-
zauber' ist eine spezielle Sorte für den Anbau in Balkonkästen.
Hier können sie schon Anfang Mai gepflanzt werden. Der Ertrag
hängt wesentlich davon ab, wieviel Wurzelraum den Pflanzen zur
Verfügung steht. Große Balkonkästen mit humusreichem Substrat
und regelmäßiges Gießen sind Voraussetzungen für ein gutes

Fruchtwachstum. Die Triebe können in die gewünschte Wuchsform gestutzt werden.

Mit Ausnahme der Balkontomaten werden die jungen Tomatenpflanzen erst in der zweiten Maihälfte ins Freiland gesetzt, wenn kein Spätfrost mehr zu erwarten ist. An einer geschützten, möglichst weißen und sonnigen Hauswand wachsen sie besonders gut. Mit Folienabdeckung wird das Wachstum der Tomatenpflanzen gefördert. Dazu können durchlöcherte Folienhüllen verwendet werden, die man über die Einzelpflanze zieht. Die etwa 1 cm großen Löcher sind notwendig, damit es nicht zu einem Wärmestau kommt. Beginnen die Pflanzen zu blühen, wird der Schutz abgenommen. Man kann aber auch eine ganze Pflanzenreihe mit etwa 1 m hoher Folie umzäunen, die man an Pfählen befestigt. Die Folienhüllen sind auch im Herbst für die Nachreife zu verwenden.

Beim Pflanzen setzt man die Jungpflanzen etwas tiefer, als sie bei der Anzucht gestanden haben. Dadurch bilden auch die unteren Stengelknoten Seitenwurzeln aus. Gute Nachbarn sind Möhren, Neuseeländer Spinat, Knoblauch, Salat, Kohl und Sellerie. Ende August müssen die obersten Blütentriebe abgebrochen werden, da die sich daran entwickelnden Früchte nicht mehr ausreifen und den älteren Früchten nur Nährstoffe vorenthalten. Wird an sonnenscheinreichen Tagen reichlich gegossen, platzen die Tomaten ringförmig auf, und Fäulniserreger finden leicht Zutritt. Mulchen sorgt für gleichmäßige Bodenfeuchte und macht häufiges Gießen entbehrlich. Wenn sich am Stielansatz grüne Ringe auf den Tomaten bilden, ist das auf Stickstoffüberdüngung zurückzuführen. Pilzkrankheiten kann durch Überspritzen mit Schachtelhalm-Tee vorgebeut werden. An der Pflanze nicht mehr ausreifende Tomaten werden entweder grün verwertet, oder man läßt die Fruchttrauben bei Temperaturen von 18 bis 25 °C im Hause nachreifen. Bei tieferen Temperaturen bilden sie nur wenig Aroma aus.

Topinambur
(Helianthus tuberosus)

Dieses ausdauernde Korbblütengewächs kann bis 250 cm hoch werden. Es ist sehr anspruchslos, gedeiht auch auf mageren Böden, übersteht ausgezeichnet Trockenzeiten, und seine knolligen Rhizome (Erdbirnen) überwintern ohne Schaden. Es gibt Sorten mit weißen und roten Knollen. Sie werden im Frühjahr in Abständen von 30 bis 40 cm in Reihen ausgelegt, die 50 cm voneinander entfernt sind. Die Knollen werden wie Kartoffeln verwendet und können von Oktober bis April geerntet werden. Auf Grund ihres süßen Geschmackes sind sie eine ausgesprochene Liebhaberspeise. Im Garten kann Topinambur auch gut als Windschutz dienen, wenn er dicht und in mehreren Reihen gepflanzt wird.

Winterzwiebel
(Allium fistulosum)

Die Winterzwiebel hat einen weißen, verdickten Schaft und wird als Lauchzwiebel geerntet. Sie ist völlig anspruchslos. Die Aussaat erfolgt in der ersten Hälfte des Juni. Als Vorfrucht ist Zwiebelgemüse ungeeignet. Vor der Aussaat muß sich der gelockerte Boden erst gesetzt haben. Der Reihenabstand sollte 25 cm betragen, als Endbestand können 30 Zwiebeln pro laufendem Meter stehen. Wenn die Winterzwiebeln Ende März bis spätestens Mitte April des folgenden Jahres einen kräftigen, weißen, bis 8 cm langen Schaft und eine Laubhöhe von über 15 cm entwickelt haben, müs-

Zucchini

sen sie geerntet werden, weil sie kurze Zeit später Blütenstände ausbilden. Winterzwiebeln haben einen milden, angenehmen Geschmack, sie werden weniger als andere Zwiebelarten von der Zwiebelminierfliege und der Lauchmotte befallen.

Der Wirsingkohl ist anspruchsloser, späte Sorten sind frostbeständiger als seine Verwandten. Der sogenannte »Adventswirsing« verträgt bis zu −15 °C. Man sät ihn am 20. August und pflanzt im September/Oktober aus. In günstigen Lagen kann er schon Ende Mai des nächsten Jahres geerntet werden. Wirsing benötigt Pflanzabstände von 50 × 50 cm.

Wirsingkohl
(Brassica oleracea var. sabauda)

Alle Gemüsekürbisse, zu denen der Zucchini zählt, sind Starkzehrer und brauchen für ihre breiten und saftigen Blätter einen Standraum von 1 m². Sie müssen gut mit Wasser und öfter mit Pflanzenjauche versorgt werden. Man kann Zucchini an den Fuß des Komposthaufens pflanzen und mit seinen Blättern den Hügel beschatten lassen. Auf dem Haufen wachsend, entzieht er zu viele Nährstoffe. Die nahe verwandten flachen, weißen »Squash-Kürbisse« oder Patisson *(C. p. var. patissonina)* treiben im Unterschied zum Zucchini Ranken. Alle Kürbisse sollten gut mit halbverrottetem Kompost gemulcht und vorbeugend gegen Mehltau mit Schachtelhalm-Brühe gespritzt werden. Gute Nachbarn sind Zwiebeln und Stangenbohnen.

Zucchini
(Curcurbita pepo var. giromontiina)

Die Küchenzwiebel gehört wahrscheinlich zu den ältesten Gemüsen überhaupt. Man kann sie auch zu den Gewürzpflanzen zählen. Sie wächst in zweiter Tracht auf möglichst warmen und humusreichen Böden, die im Herbst des Vorjahres mit Kompost gedüngt und gemulcht wurden. Die Aussaat (Säzwiebeln) wird im zeitigen Frühjahr im Reihenabstand von 20 cm vorgenommen, nicht tiefer als 5 bis 7 mm. Die Samen werden nur leicht mit feiner Erde bedeckt und fest angeklopft. Der Samen keimt erst nach 3 bis 4 Wochen. Die Sämlinge werden auf 10 cm Abstand verzogen und als ausgereifte Dauerzwiebel im Herbst geerntet.

Zwiebel, Küchenzwiebel
(Allium cepa)

Als Steckzwiebeln im nächsten Jahr verwendet, werden sie entweder als Zwiebellauch ab Ende Juni oder als Dauerzwiebel im Herbst geerntet. Zu diesem Zweck eignen sich nur Sorten mit dreijährigem Entwicklungsrhythmus. Das Niedertreten oder Umknikken des Zwiebellaubes im Spätsommer sollte unterbleiben. Es führt zu Notreife, die verminderte Lagerfähigkeit der Zwiebeln zur Folge hat. Hohe Stickstoffgaben und zu starke Bodenfeuchtigkeit lassen Zwiebeln erst spät ausreifen, das beeinträchtigt ihre Lagerung ebenfalls. Recht gut wachsen späte Zwiebelaussaaten noch nach Frühkartoffeln. Fröste werden gut vertragen. In Mischkultur mit Möhren schützen sich beide wechselseitig vor der Zwiebel- bzw. Möhrenfliege. Gute Nachbarn der Zwiebel sind auch Kopfsalat, Erdbeeren, Gurken, Bohnenkraut, Dill und auf Sandböden die Kamille.

Der biologische Wert der Küchenzwiebel ist groß. Sie enthält das Provitamin A, die Vitamine B_1 und B_2 und erhebliche Mengen Vitamin C. Davon ist in den Blättern dreimal mehr vorhanden als in der Zwiebel.

Selten angebaute alte Kulturpflanzen

	Verwendung	Besondere Ansprüche an den Boden		
		leicht	schwer	basisch
Buchweizen (Fagopyrum esculentum)	Samen zu Mehl	x		
Färber-Hundskamille (Anthemis tinctoria)	Färberei	x		x
Färber-Meier (Asperula tinctoria)	Färberei			
Färber-Waid (Isatis tinctoria)	Färberei			
Färber-Resede (Reseda luteola)	Färberei	x		
Gartenampfer (Rumex acetosa var. hortensis, R. patientia)	Salat	x		
Gartenmelde (Atriplex hortensis)	Gemüse		x	x
Gartenstrauchkohl (Brassica oleracea var. ramosa)	Gemüse		x	
Gemüse-Artischocke (Cynara cardunculus)	Gemüse			
Guter Heinrich (Chenopodium bonus-henricus)	Gemüse		x	
Mispel (Mespilus germanica)	Obst			x
Ölrauke (Eruca vesicaria)	Öl-, Senf-, Gemüsepflanze			x
Seifenkraut (Saponaria officinalis)	Waschmittel, Heilpflanze			x

Nacktschnecke

Pflanzenschutz im Gemüsebau

Ameisen

Auch Ameisen sind Mitglieder der Lebensgemeinschaft Garten. Sie lockern den Boden und düngen ihn mit ihren Exkrementen. In leichten Böden können Pflanzen, um die sie ihre Erdnester bauen, vertrocknen. Ameisen sind Nahrungstiere für einige Vogelarten. Sie helfen bei der Verbreitung von Samen und fressen verschiedene Insekten und deren Larven, die im Garten zu Schädlingen werden können. Ameisen pflegen andererseits Blattläuse und sammeln deren Honigtau. Wir können mindestens drei Ameisenarten in unseren Gärten unterscheiden: die Schwarzbraune Gartenameise *(Lasius niger)*, die Gelbe Wiesenameise *(L. flavus)* und die schwarze, braunbeinige Rasenameise *(Tetramorium caespitum)*. Ihre Nester reichen mitunter bis zu 50 cm tief in den Boden und sind weit verzweigt. Wir finden sie aber auch häufig unter Steinen, die von der Sonne beschienen werden. Um die Ameisen zu vertreiben, mache ich mir ihren Drang nach trockener Wärme zunutze, indem ich den Tieren tönerne Blumentöpfe umgestülpt auf ihren »Straßen« zum Nestbau anbiete. Sie nehmen das Angebot bald an und schleppen Nistmaterial in die regensicheren und von der Sonne aufgewärmten Töpfe. Die gefüllten Blumentöpfe entleere ich dann außerhalb des Gartens in eine Wiese oder Hecke.

Lästig werdende Ameisen können mit Brennessel-Jauche oder anderen stark riechenden Kräuterjauchen, die man auf ihre »Straßen« oder in die Nester gießt, vertrieben werden. Der Geruch von

Ameisen leisten kollektive
Arbeit

Lavendel, Thymian, Tomaten, Farnkraut und halb ausgepreßten Zitronen wird von Ameisen gemieden. Ein Brei aus Ofenruß und Leinöl, ringförmig um einen Baumstamm gestrichen, wird von Ameisen nicht überlaufen. Aus Räumen kann man sie mit Zement, Petroleum, Algenkalk oder Kreidestaub vertreiben.

Waldameisen in waldnahen Gärten dürfen nicht vernichtet werden. Sie stehen unter Naturschutz. Man wird die Haufennester von Kundigen in den Wald umsetzen lassen.

Bakterienkrankheiten

Zu den bakteriellen Erkrankungen der Gemüsepflanzen zählt die Tomatenwelke. Von dieser Krankheit werden Blätter und Triebe von Tomaten befallen. Weitere wichtige Erkrankungen sind die Blattfleckenkrankheit der Bohne und die Schwarzadrigkeit des Kohls. Die Bakterien verstopfen die Leitungsbahnen, die sich dunkelbraun bis schwarz färben.

Vorbeugende Maßnahmen: Nur gesundes Saatgut und Pflanzenmaterial verwenden; standortgemäß anbauen; Holzasche, Geflügelmist und getrockneter Rinderdung sind kaliumreich und erhöhen die Widerstandskraft gegen alle Bakterienkrankheiten; Überdüngung, besonders mit Stickstoff, vermeiden; ausgeglichene Humus- und Wasserversorgung schützt vor Bakterienwelke, ebenso Mischkultur und weitgestellte Fruchtfolge. Um die Anreicherung des Bodens mit schädlichen Bakterien zu vermeiden, sind die Beete sauber abzuräumen. Kranke Pflanzen sind unverzüglich zu vernichten und dürfen keinesfalls kompostiert werden. Geräte, mit denen kranke Teile entfernt werden, sind vor einer Wiederbenutzung zu desinfizieren. Das geschieht am einfachsten durch Abflammen mit Brennspiritus.

Blasenfüße, Thripse oder Fransenflügler

Diese Insekten sind etwa 1,5 mm groß, gelb bis schwarzbraun gefärbt, schlank und haben lang gefranste schmal-bandförmige Flügel. Die gelben Larven saugen u. a. bei Erbsen an den heranwachsenden Hülsen, wodurch es zu Wachstumsstörungen kommt. Blasenfüße verursachen Verkrüppelungen an Blüten und Hülsen und können verschiedene Viruskrankheiten übertragen. Die Larven

Blattläuse mit Fingern
zerdrücken

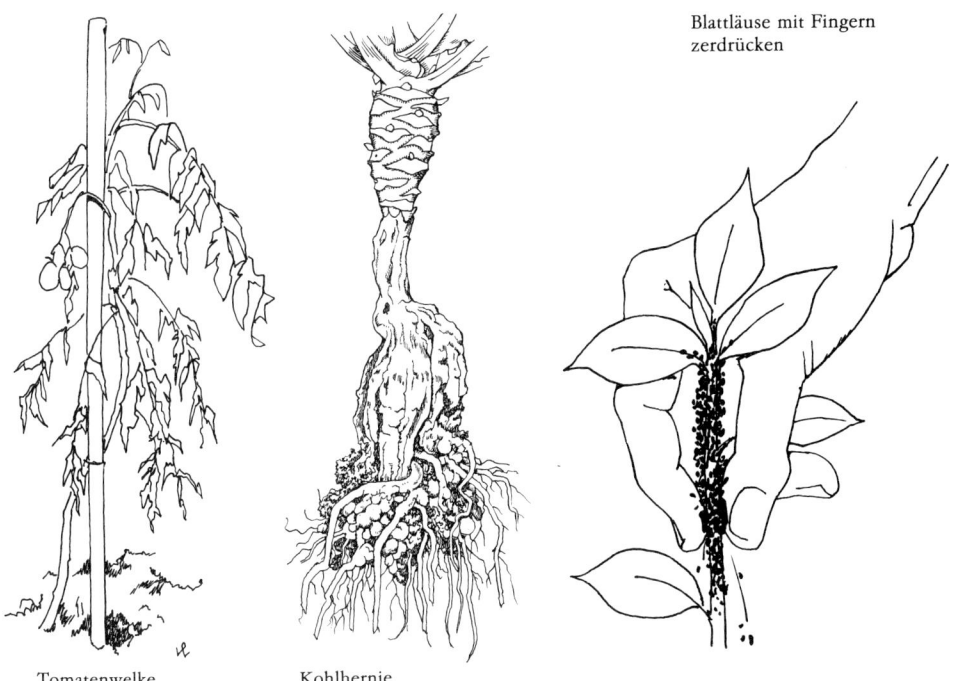

Tomatenwelke   Kohlhernie

überwintern im Boden und erscheinen im Mai oft massenweise als
Vollinsekt.

Regelmäßiger Fruchtwechsel und Mischkultur mit Radies, Möhren, Salat, Gurken und Kohl sowie zeitige Aussaat möglichst widerstandsfähiger Sorten wirken vorbeugend.

Blattläuse übertragen Viruskrankheiten, und das durch die Saugtä-   **Blattläuse**
tigkeit geschädigte Pflanzengewebe ist anfällig für sekundäre Infek-
tionen. Von Blattläusen besiedelte Pflanzenteile werden auch
leicht vom Rußtau befallen, der sich auf den zuckerhaltigen Ausscheidungen der Blattläuse ansiedelt.

Vorbeugende Maßnahmen sind Schutz und Förderung der natürlichen Blattlausfeinde Ohrwürmer, Marienkäfer, Florfliegen,
Schlupfwespen, Schwebfliegen, räuberisch lebender Wanzen und
nicht zuletzt der Singvögel. In einem Kleingarten kann der Gärtner
die blattlausbefallenen Triebe und Blätter ausknipsen oder die Kolonien zwischen den Fingern zerdrücken. Bewährte Spritzmittel
sind eine Lösung aus 20 g Schmier- oder Kernseife, 300 cm³ Brennspiritus und 1 l Wasser oder 12 Stunden altem Brennessel-Kaltaus-
zug, der im Abstand von 3 Tagen (jeweils neu angesetzt) an 3 aufeinanderfolgenden Tagen angewendet wird. Auch das Spritzen mit
Pellkartoffelwasser soll helfen. Oft hilft schon das Abspritzen der
Blattläuse mit einem kräftigen Wasserstrahl. Tee aus Rainfarn oder
Zwiebelgewächsen hält Blattläuse fern. Brennessel-Jauche stärkt

die pflanzeneigene Abwehrkraft. In Gewächshäusern hat sich der Einsatz der auch in jedem Garten vorkommenden blattlausfressenden Gallmücke *Aphidoletes aphidimyza* bewährt. Phyrethrum-Mittel sollten nur bei sehr starkem Befall angewendet werden. Der Wirkstoff wird zwar im Boden rasch abgebaut, doch tötet er neben den Blattläusen auch deren Freßfeinde.

Bei trockenem Wetter wirkt das Stäuben mit Gesteinsmehl, Holzasche oder Algenkalkstaub. Der Staub dieser Mittel verstopft die Atemporen der Blattläuse.

Bohnenrost
(Uromyces phaseoli)

Der Pilz befällt im Frühjahr Blätter und Triebe, später auch die Hülsen der Bohne. Mulchen, häufiger Wechsel des Anbaustandorts, ausreichender Pflanzenabstand sowie mehrmaliges Spritzen mit Schachtelhalm-Tee und Stäuben mit Gesteinsmehlen wirken vorbeugend. Bohnenstangen müssen vor ihrer Wiederverwendung desinfiziert werden, indem man sie langsam durchs Feuer zieht.

Drahtwürmer

Drahtwürmer sind die etwa 25 mm großen, runden, harten und hellbraun glänzenden Larven verschiedener Schnellkäfer *(Elateridae)*. Sie lieben schwere Böden, in denen sie in den Wurzeln von Salat, Kohl, Möhren und Tomaten fressen und die Pflanzen zum Absterben bringen. Vorbeugende Maßnahmen sind: den Boden lockern (Mulchen) und bei sauren Böden kalken. Mit halbierten Kartoffeln oder Möhren, die man fest mit der Schnittfläche nach unten in den Boden drückt, lassen sich die Drahtwürmer anlocken und aufsammeln. Auf besonders gefährdeten Böden hat sich Salat als Fangpflanze bewährt. Salatpflanzen, die welken, beherbergen häufig einen Drahtwurm.

Erdflöhe, Blattkäfer
(Chrysomelidae)

Erdflöhe sind bis 3 mm lange, zu weiten Sprüngen fähige, dunkle Käfer, die im Frühjahr Löcher in die Blätter, z. B. von Kohl, fressen. Andere Arten fressen an der Kartoffel, an Lein und Hopfen. Sie entwickeln sich besonders gut auf schweren verdichteten Böden sowie bei Trockenheit und Wärme. Durch ausreichende Nährstoff- und Wasserversorgung sowie Bodenlockerung (Mulchen) kann dem Befall vorgebeugt werden. Wirkungsvoll ist Mischkultur mit Spinat, Kopfsalat, Porree, Sellerie, Erbsen, Tomaten und Wermut. Es wirken ferner Wermut- oder Rainfarn-Brühe sowie Gesteinsmehle, ausgelegte Sellerieblätter oder ausgegeizte Tomatentriebe.

Grauschimmel
(Botrytis cinerea)

Der Grauschimmelpilz tritt oft als »Schwächeparasit« auf. Deshalb sind harmonisch heranwachsende und kräftige Pflanzen die beste Abwehr gegen Grauschimmel. Bei Tomaten sollten wir für einen ausreichenden Pflanzenbestand sorgen, damit die Luft zwischen den Pflanzen gut zirkulieren kann.

An Zwiebeln verbreitet sich *Botrytis allii* als Lagerkrankheit (Halsfäule) schon im Freiland, wenn sich das Zwiebellaub legt. Zwiebeln sollten deshalb frühzeitig gesät werden, damit sie noch bei trockenem Herbstwetter geerntet werden können. Hohe Stickstoffgaben sind zu vermeiden, damit das Laub nicht zu spät ausreift. Zwiebellaub nicht niedertreten! Mulchen sowie Düngen mit Gesteinsmehl wirkt dem Grauschimmel entgegen.

Bohnenrost

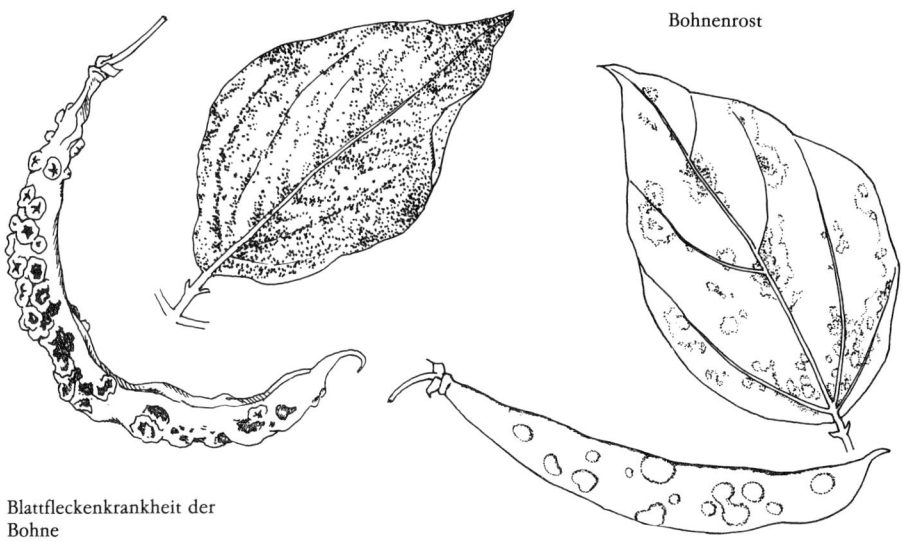

Blattfleckenkrankheit der
Bohne

Diese Pilzkrankheit wird durch zu dicht stehende Pflanzen, hohe Luftfeuchtigkeit und durch auf dem Boden liegende Gurken begünstigt. Man sollte Gurken nicht auf nassem Boden anbauen, eine dreijährige Fruchtfolge einhalten, in weitem Abstand zueinander pflanzen und die Blätter ausdünnen, damit genügend Luft zwischen den Pflanzen zirkulieren kann. Verseuchte Erde im Gewächshaus muß ausgewechselt werden. Mischkultur mit Bohnen oder Erbsen, Salat, Zwiebeln, Porree, Sellerie und Kohl beugt der Gurkenkrätze ebenfalls vor. Die Tomate ist ein schlechter Nachbar der Gurke.

Gurkenkrätze (Cladosporium cucumerinum)

Die Kleine Kohlfliege wird bis etwa 6 mm lang. Sie legt ihre Eier in unmittelbarer Nähe des Wurzelhalses von Kohlarten im Boden ab. Die Larven fressen erst die feinen Faserwurzeln der Kohlpflanze ab, dann höhlen sie die Hauptwurzel aus. Die 1. Generation der Kohlfliege tritt Ende April bis Anfang Mai auf. Die Kohlpflanzen werden tief gesetzt, angehäufelt und die Stengel mit angefeuchtetem Gesteinsmehl bestrichen. Bei trockenem Wetter wird das Gesteinsmehl so hart, daß die Larven nicht zu den Stengeln durchkommen. Ebenso schützen Fließpapiermanschetten um die Pflanzenstengel.

Weitere Vorbeugemaßnahmen sind Mischkultur mit Tomate, Salat und Porree, das Spritzen mit Schmierseifen-Brühe und Mulchen mit stark riechenden Kräutern. Keinen frischen Mist verwenden, denn Ammoniak zieht auch die Kohlfliege an!

Befallene Kohlpflanzen müssen mit der sie umgebenden Erde aus dem Garten gebracht werden und gehören nicht auf den Komposthaufen.

Kohlfliege (Hylemya brassicae)

Fruchtfäule bei Tomaten
(Phytophthora)

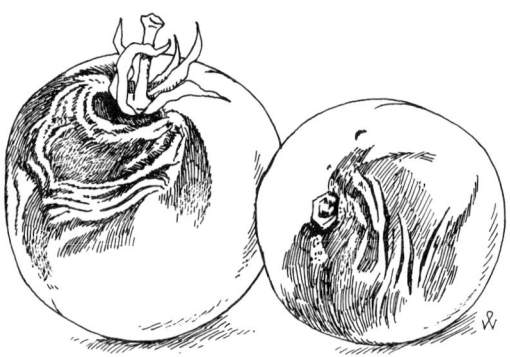

Kohlgallenrüßler
*(Ceutorrhynchus
pleurostigma)*

Das Schadbild dieses Rüsselkäfers ist leicht mit dem der Kohlhernie zu verwechseln. Seine Larven sind einzeln in erbsengroßen Gallen oder zu mehreren in größeren Wucherungen am Wurzelhals zu finden. Sie verpuppen sich im Boden. Die Gallen gehen häufig in Fäulnis über. Vorbeugend hält man eine weite Fruchtfolge ein, vernichtet alte Kohlstrünke und befallene Pflanzen, verwendet nur gesunde Jungpflanzen, mulcht den Boden mit stark riechenden Kräutern und übersprüht die Kohlpflanzen mit Brennessel-Brühe oder Rainfarn-Tee.

Kohlhernie
(Plasmodiphora brassicae)

Die Kohlhernie wird von einem Schlauchpilz hervorgerufen, der sich in nassen, festen, kalkarmen oder mit frischem Mist gedüngten Böden besonders rasch ausbreiten kann. Er verursacht knollige Wurzelwucherungen. Die Dauersporen des Pilzes überstehen starke Fröste, Nässe und Trockenheit und können bis zu 6 Jahre im Boden überdauern. Deshalb sollte man auf verseuchtem Boden Kohl, Radies, Rettich und andere Kreuzblütler erst nach einer Pause von 7 Jahren wieder anpflanzen. Zuvor sollten Zwiebeln oder Porree angebaut werden. 2 Wochen vor der Bestellung mit Kohl wird der Boden reichlich gekalkt (*p*H-Wert von 7,0). Versprüht man außerdem auf das unbestellte künftige Kohlbeet Kohl-Brühe, werden eventuell noch vorhandene Dauersporen der Kohlhernie vorzeitig aktiviert und sterben mangels Nahrung ab. Auf den Boden gegossener Schachtelhalm-Tee schützt die Pflanzen vor Kohlhernie. Kranke Pflanzen müssen verbrannt werden.

Kohlweißlinge
(Pieris brassicae und
Artogeia rapea)

Die Falter meiden den Geruch von Tomaten, Thymian, Beifuß, Wermut, Salbei, Sellerie und Pfefferminze. Deshalb baut man einige dieser Pflanzen zusammen mit Kohl an oder stellt Brühe aus ihnen her und gießt sie während der Flugzeit der Kohlweißlinge über den Kohl. Der Duft dieser Pflanzen irritiert die Falter und hält sie von der Eiablage auf den besprühten Pflanzen ab. Natürliche Gegenspieler sind Schlupfwespen und Erzwespen.

Der Weißlingstöter *(Apanteles glomeratus)* z. B. legt mit seinem Legestachel Eier in die Kohlweißlingsraupe. Die schlüpfenden Larven fressen die Raupe von innen heraus auf. Ein hausgemachtes Mittel gegen die gefräßigen Raupen ist eine Spritzbrühe aus Schmierseife und Spiritus. Auf sehr einfache Weise können über Kohlkulturen gespannte Netze den Kohlweißling an der Eiablage hindern.

Von dieser Pilzkrankheit werden zuerst die jungen Triebe, später auch die Knollen der Kartoffel befallen, bei Tomaten meist nur die Früchte. Der Erreger überwintert auf Früchten oder Pflanzenresten im Freiland. Vorbeugende Maßnahmen erstrecken sich auf die Verwendung nur gesunden Saatgutes, weiten Abstand zwischen Kartoffeln und Tomaten, Mischkultur von Kartoffeln mit Knoblauch, Bohnen, Sellerie, Kohl und Zwiebeln und bei Tomaten mit Möhren, Salat, Spinat, Sellerie und Kohl.

Kraut- und Braunfäule der Tomate und der Kartoffel *(Phytophthora infestans)*

Maulwurfsgrillen sind 3 bis 5 cm lang und leben vorwiegend im Boden, wo sie mit ihren kräftigen Grabebeinen Gänge anlegen. In diesen setzen die Weibchen ihre Eier ab und beißen dann darüber wachsenden Pflanzen die Wurzeln ab. Maulwurfsgrillen bevorzugen feuchte Böden. Wo sie Schäden verursachen, hilft am besten das Wegfangen in den Monaten April und Mai. Das Problem ist nur: Maulwurfsgrillen lassen sich kaum über der Erde sehen. Gute Fangerfolge wurden erzielt mit etwa 25 cm tiefen und breiten Gruben, die mit trockenem Dung gefüllt, von den Werren gern als Nest oder Winterquartier benutzt werden, und aus denen sie dann eingesammelt werden. Maulwurfsgrillen vertilgen als Allesfresser auch Insektenlarven, so daß sie dem Gärtner nützen können. Ihre natürlichen Feinde sind Amsel, Star, Spitzmaus und Maulwurf.

Maulwurfsgrille, Werre *(Gryllotalpa gryllotalpa)*

Zahlreiche Pilzkrankheiten werden von Echten Mehltau-Pilzen (Schlauchpilze) und den Falschen Mehltau-Pilzen (Algenpilze) hervorgerufen. Der Echte Mehltau tritt besonders bei trockenem Wetter auf und ist am mehligen Belag auf und unter den Blättern von Rosen, Gurken, Erbsen und anderen Gemüsearten zu erkennen. Der Falsche Mehltau entwickelt sich besonders in nassen Sommern und zeigt sich mit seinem Pilzrasen nur an den Blattunterseiten und weiß-gelben Flecken auf den Blättern, besonders bei Zwiebeln, Spinat und Kohlarten.
Gegen beide wirkt das Spritzen mit Schachtelhalm-Brühe in Abständen von 3 Wochen vor der Ernte. Kohl, besonders Blumenkohl, baut man in Mischkultur mit Salat, Porree, Erbsen und Sellerie an. Bei Spinat empfiehlt sich Mischkultur mit Radies, Rettich und Kohl. Dem Falschen Mehltau der Zwiebeln begegnet man mit Mischkulturen aus Möhren, Spinat, Sellerie, Salat und düngt nur mit Kompost.
Eine wesentliche vorbeugende Maßnahme besteht darin, daß mehltauanfällige Kulturen nicht abends gegossen werden. Feuchte Blätter bieten während der Nacht, in der sie nicht abtrocknen können, den Mehltaupilzen günstige Lebensbedingungen.

Mehltau

Diese 4 bis 5 mm lange, glänzend schwarze Fliege legt ihre Eier an Möhre, Petersilie oder Sellerie nahe deren Wurzeln im Boden ab. Die Maden bohren stricknadeldicke Fraßgänge. Gegen die Möhren-

Möhrenfliege *(Psila rosae)*

fliege wirken: Möhren zusammen mit Zwiebeln, Porree, Schnittlauch oder Knoblauch in weiter Fruchtfolge anbauen, stark riechende Kräuter (Rainfarn, Tomatenblätter, Dill) zwischen die
Möhrenreihen legen oder wöchentlich zweimal mit dem Tee dieser
Kräuter gießen. Nicht mit frischem Mist düngen. Bewährt hat sich
auch das Spritzen von Knoblauch-Zwiebel-Brühe auf die aufgehende Saat.

**Mottenschildlaus,
Weiße Fliege
(*Trialeurodes
vaporariorum*)**

Die 1,5 mm großen Insekten wurden aus Mittelamerika eingeschleppt und treten fast ausschließlich in Gewächshäusern auf.
Temperaturen unter dem Gefrierpunkt sind für sie tödlich. Einen
Befall verraten gelblich gesprenkelte Blätter. Schon bei der leises-
ten Berührung der Pflanze fliegen die Tiere ab. Dieses Verhalten
macht sich der Gärtner zunutze, indem er zum Fang mit Fliegenleim bestrichene gelbe Papptafeln im Gewächshaus zwischen die
Pflanzen hängt (Herstellung des Leimes s. S. 229).

Ein wirksamer Gegenspieler der Weißen Fliege ist die etwa
1 mm große Erzwespe *Encarsia formosa,* die für den Einsatz in Gewächshäusern gezüchtet wird.

**Nematoden,
Fadenwürmer, Älchen**

Die meisten Arten der Fadenwürmer im Boden zählen zu den
nützlichen Bodentieren. Einige Arten bohren sich in Wurzeln und
Stengeln von Tomaten, Kartoffeln und Erdbeeren ein und scheiden
dabei ein Sekret ab, durch das die Pflanze zu Riesenzellentwick-
lung angeregt wird. Eier und Larven können viele Jahre im Boden
überleben.

Neben einer guten Bodenpflege, häufigem Fruchtwechsel und
entsprechender Mischkultur helfen zusammen mit den gefährdeten Pflanzen angebaute Studentenblumen und Ringelblumen. Ihre
Wurzelausscheidungen schädigen bestimmte Nematoden in ihrer
Entwicklung. Neben Arten mit einer engen Bindung an eine bestimmte Wirtspflanze (z. B. *Heterodera rostochiensis* an Kartoffel und
Tomate, *Aphelenchoides fragariae* an Erdbeere) gibt es Arten mit keiner entsprechenden Bindung (z. B. *Heterodera marioni).*

Schnecken

Schädlich werden im Garten vor allem Nacktschnecken. Bei der
Schneckenbekämpfung sind wir auf Helfer angewiesen und müssen
deshalb Igel, Kröten, Spitzmäuse, Blindschleichen, Drosseln und
Stare nicht nur schonen, sondern auch ihre Vermehrung fördern.
Früher hielten sich die Gärtner zur Schneckenvertilgung Erdkröten
in ihren Gewächshäusern.

Nacktschnecken haben einen hohen Flüssigkeitsbedarf, deshalb
hängt die Besiedlungsdichte von der vorhandenen Bodenfeuchtigkeit ab. Die Zahl der Schnecken in einem Garten ist ein Maß für
die Zahl an feuchten Schlupfwinkeln. Bevor man direkte Bekämpfungsmaßnahmen ergreift, sollte man den Pflanzen optimale
Wachstumsbedingungen und den Schnecken schlechte Lebensbedingungen schaffen. Wirksame Mittel sind Fichten- oder Kiefernnadeln, Farnkraut, Gerstengrannen, Sand, Sägemehl, besonders
aber Holzasche, die man um gefährdete Beete oder Einzelpflanzen
streut. Auf diesen stacheligen oder trockenen Materialien können
sich die Schnecken schlecht fortbewegen und meiden deshalb die
so geschützten Pflanzen. Die Nähe von Senfpflanzen wird eben-

Bänderschnecken sind eine
Zierde des Gartens, wenn
auch keine Nützlinge

falls gemieden. Zur dauerhaften Abwehr von Schneckenfraß eignet
sich ein spezieller Schneckenzaun aus verzinktem Blech, das am
oberen Rand ein besonders gebogenes Profil aufweist, das Schnek-
ken nicht überwinden können. Weiterhin gibt es mit Schwach-
strom geladene Schneckenzäune, die über Winter an Ort und Stelle
belassen werden können. Billiger, wenn auch nicht so langlebig, ist
ein Schneckenzaun aus etwa 20 cm breiten Brettern, die mit besan-
deter Dachpappe benagelt werden. Am oberen Ende wird die Teer-
pappe ähnlich einer 1 spitzwinklig umgefaltet, und zwar so, daß der
abgewinkelte Streifen vom zu schützenden Beet wegwärts zeigt. Er
wird von den Schnecken nicht überwunden. Bierfallen sind ebenfalls recht gut geeignet. Es sind flache, bis an den Rand eingegra-
bene Schalen, die mit Bier gefüllt werden. Bier lockt Schnecken an.
Versuche haben ergeben, daß die Schnecken zwischen frischem
und abgestandenem Bier und zwischen Biersorten keinen Unterschied machen. Wichtig ist nur, daß sie ungehindert an das Bier gelangen können und die Trinktiefe ihrer Körpergröße entspricht.
Einmal hineingefallen dürfen sie nicht wieder herausklettern können. Sie ertrinken dann im Bier. Wenn die Bierfallen nicht über-
dacht sind, muß das Bier nach Regenfällen erneuert werden.

Diese Krankheit wird in kühlen und feuchten Sommern begünstigt.
Der Erreger wird von faulenden Ernterückständen und befallenem
Saatgut übertragen.
    Vorbeugend sollte man Sellerie nicht auf undurchlässige Böden
pflanzen und einen regelmäßigen Fruchtwechsel einhalten. Misch-

Sellerieschorf
(Phoma apiicola)

Schneckenzaun und
Bierfalle

kultur mit Tomaten, Porree, Buschbohnen, Blumenkohl und Gurken sowie eine gute Humusversorgung des Bodens sind ebenfalls
vorbeugende Maßnahmen. Einseitige Stickstoffdüngung und frische Stallmistgaben sind zu vermeiden. Ist der Boden von Schorfer-
regern verseucht, sollte man mindestens 4 Jahre warten, bis man
wieder Sellerie an gleicher Stelle anpflanzt. Befallene Pflanzen und
Ernterückstände müssen sorgfältig entfernt und vernichtet werden.

Sie ist etwa 0,5 cm lang, an den braungefleckten Flügeln kenntlich
und fliegt von April bis Juni. Die Eier werden in die Spitzen der
Spargeltriebe gelegt, in deren Mark die Larven abwärtsführende
Gänge fressen. Die etwa 1 cm langen, hellen Maden verpuppen sich
im Juni im unteren Teil des Spargeltriebes. Dort ruhen sie bis April
des nächsten Jahres. Vorbeugend wirken Mischkultur mit Tomaten,
Gurken, Salat und das Auslegen stark riechender Kräuter zwischen
die Spargeldämme. Um die Spargelfliege während der Flugzeit
wegzufangen, werden spargeltriebähnliche Holzstäbchen in das
Spargelbeet gesteckt, deren Spitzen in Fliegenleim (Rezept s. S.
229) getaucht wurden.
  Befallenes Spargelkraut wird über dem Wurzelstock abgeschnitten und verbrannt.

Spargelfliege
(Platyparea poeciloptera)

Die Sporen vom Spargelrost überwintern am alten Kraut und werden im Frühjahr von Wind und Regen auf die jungen Spargeltriebe
verfrachtet. Hier keimen sie aus und können zu erheblichen Ernte-
verlusten führen. Der Rosterkrankung beuge ich vor, indem ich
gleich nach dem Abschneiden des Spargelkrautes im Herbst die
Spargelbeete mehrmals mit Schachtelhalm- und Brennessel-Jauche
übergieße.
  Krankes Spargelkraut gehört nicht auf den Komposthaufen.
Außerdem ist eine ausgeglichene Ernährung der Pflanzen mit gutem Kompost wichtig.

Spargelrost
(Puccinia asparagi)

Von den Spinnmilben, zu denen z. B. auch die Rote Spinne
(vgl. S. 164) gehört, werden einige Arten im Gemüsebau schädlich,
darunter die Gemeine Spinnmilbe *(Tetranychus urticae).* Seit wenigen Jahren werden Raubmilben gezielt gegen die Spinnmilben eingesetzt, u. a. auch im Gemüsebau. Die Raubmilben werden auf
Buschbohnen vermehrt, von ihnen besetzte Bohnen-
blätter dann einfach in die von der Spinnmilbe befallenen Gurken-,
Rosen- u. a. Kulturen ausgelegt. Der Nützling sucht sich seine
Beute selbst und vermehrt sich, je nach Spinnmilbenbefall innerhalb kurzer Zeit.

Spinnmilben

Viren sind nur unter dem Elektronenmikroskop sichtbar zu machen. Die zahlreichen Krankheitserreger unter ihnen können
Mensch, Tier und Pflanze befallen. Der Befall an Pflanzen macht
sich häufig durch eine Hell-Dunkel-Färbung der Blätter bemerkbar
(Mosaik-Zeichnung), wie bei der Erbsenmosaikvirose und der
Scharfen Adernmosaik der Erbse. Ähnlich wird bei der Bohnenmosaikvi-
rose. In anderen Fällen kommt es zu Kräuselungen und Verkrüm-
mungen der Blätter, oft zu Kümmerwuchs mit schweren Ertragsausfällen. Die Zwiebelgelbstreifigkeit ist eine Virose, die aus-

Virosen

schließlich durch Blattläuse (Schwarze Bohnenblattlaus und Pfirsichblattlaus) übertragen wird. Die Tomaten- und Gurkenvirose wird durch Saatgut, über den Boden, durch saugende Insekten und gegenseitige Berührung verbreitet. Die Salatmosaikvirose befällt hauptsächlich Sommersalat und wird durch Samen und Blattläuse übertragen. Die Viruskrankheiten der Pflanzen sind unheilbar. Wir müssen unsere Gegenmaßnahmen deshalb auf die Infektionsverhütung und die Auslese und Zucht virusresistenter und virusfreier Bestände, z. B. über In-vitro-Gewebekulturen, richten. Man wird vorbeugend Erbsen nicht neben anderen Leguminosen oder Hülsenfruchtgemenge anbauen, denn viele Viren befallen verschiedene Pflanzenarten der gleichen Familie. Dabei ist auch auf Virenerkrankungen der Wildkräuter in der Umgebung der Kulturpflanzen zu achten.

Alle kranken und abgestorbenen Pflanzen müssen vernichtet werden. Nach der Arbeit an erkrankten Pflanzen, aber auch zwischenzeitlich, sind die Hände zu reinigen und zu desinfizieren, ebenso die Werkzeuge.

Entscheidend ist die Abwehr virusübertragender saugender Insekten wie Blattläuse, Zikaden und Blattwanzen bei folgenden Viren: Blumenkohlmosaik, Schwarzringfleckigkeit des Kohls, beide Erbsenmosaikviren, Bohnenmosaik, Gurkenmosaik, Spinatmosaik, Selleriemosaik, Gelbstreifigkeit der Zwiebel.

Wühlmäuse

Wenn von Wühlmäusen gesprochen wird, meint man in der Regel die Große Wühlmaus oder Schermaus *(Arvicola terrestris)*. Ihre Körperlänge beträgt 14 bis 20 cm, die Schwanzlänge 8 bis 10 cm. Die kleinen Wühlmäuse, wie Feldmaus *(Microtus arvalis)* und Erdmaus *(Microtus agrestis)* schädigen vor allem Feld- und Forstkulturen. Wühlmäuse benagen die Hauptwurzeln von jungen Obstbäumen, die Wurzeln von Rosen und Erdbeeren und fressen die Knollen und Zwiebeln zahlreicher Nutz- und Zierpflanzen. Die Nager vermehren sich sehr stark. Jedes Weibchen wirft jährlich mindestens dreimal bis zu 8, nach 2 Monaten schon fortpflanzungsfähige Junge. Wühlmäuse bevorzugen dichte, feuchte Böden, in denen sie reichlich Nahrung finden. Sie graben ihre hochovalen Gänge (der Maulwurf flachovale) in unterschiedlichen Bodentiefen. Der Gangquerschnitt gibt aber nicht immer eindeutige Auskunft über die Tierart. Wühlmäuse benutzen gern Maulwurfsgänge.

Ihre Bekämpfung ist nicht leicht. Wühlmausvertreibende Stoffe sollen in Knoblauch, Wolfsmilch *(Euphorbia lathyris)*, Kaiserkrone *(Fritillaria imperialis)*, Hundszunge *(Cynoglossum officinale)*, in den Blättern der Walnuß und im Lebensbaum *(Thuja)* enthalten sein. Die abschreckende Wirkung hält allerdings nur an, solange ausreichend andere Nahrungspflanzen vorhanden und leicht zu erreichen sind. Kommt es im Winter zu Nahrungsknappheit, dann fressen die Wühlmäuse auch diese Pflanzen.

Wühlmäuse fange ich auf eine recht einfache Weise. An jedes senkrechte Loch, aus dem die Tiere ihren Bau verlassen, lege ich ein Löwenzahnblatt. Ist das Blatt am nächsten Tag verschwunden, dann ist der Bau mit Sicherheit bewohnt. Nun ziehe ich Handschuhe über, reibe sie mit Erde ein, stelle an jedes Loch ein oder zwei Schnapp- bzw. Schlagfallen und überdecke Loch und Falle(n)

Wühlmaus

mit einem Eimer oder Topf. Ein Köder ist nicht nötig. Wenn eine Wühlmaus den Bau verläßt, fängt sie sich in der Falle. Mit dieser Methode habe ich in einem Jahr mehr als 20 dieser Nager gefangen.

Der natürliche Feind der Wühlmaus ist das Mauswiesel, das dank seines schlanken Körpers in die Gänge der Mäuse eindringen kann. Auch das Große Wiesel oder Hermelin, Mäusebussard, Turmfalke, Steinkauz, Schleiereule und Waldohreule erbeuten Wühlmäuse, die ihren Bau verlassen.

Zwiebelfliege
(Hylmya antiqua)

Sie legt ihre Eier ab Mitte April bis Ende Mai an die jungen Zwiebelpflanzen oder in deren Nähe im Boden ab. Die Maden fressen sich in die Zwiebeln hinein und wechseln auch auf andere Zwiebelpflanzen über. Die Larven der letzten Generation überwintern als Puppe im Boden. Um diesem Schädling vorzubeugen, pflanzt man Zwiebeln zusammen mit Möhren an. Die Zwiebelfliege soll den Geruch der Möhren und die Möhrenfliege den Geruch der Zwiebel meiden. Auch Kopfsalat, Gurken und Bohnenkraut sind günstige Nachbarn. Frischer Mist ist zu vermeiden, Ammoniak soll die Zwiebelfliege anlocken. Über Steckzwiebeln kann man Algenkalk oder Gesteinsmehl stäuben und die jungen Pflanzen mit Rainfarn-, Wermut- und anderen stark riechenden Kräuter-Auszügen zweimal in der Woche übergießen. Befallene Pflanzen müssen sofort entfernt und vernichtet werden.

Speisepilze im Garten

Unsere Speisepilze ernähren sich meist von abgestorbenem organischen Substrat des humosen Bodens. Pilze zersetzen organische Substanz, helfen aber andererseits organische Substanz aufzubauen. Fast alle Waldbäume und viele Kulturpflanzen leben in enger Lebensgemeinschaft mit verschiedenen Wurzelpilzen. Sie können die Wuchsleistungen der Bäume wesentlich verbessern. Fehlt es in ihrem Stoffkreislauf an den entsprechenden Pilzpartnern, können Wachstumsstörungen auftreten. In mehreren Staaten, z. B. in der Schweiz, in der VR Polen und der BRD (Bayern) wurden schon zeitliche und örtliche Sammelverbote und Mengenbegrenzungen für wildwachsende Pilze verfügt. Die Pilzzucht im Garten und der Verzicht auf das Sammeln im Walde kann zum Artenschutz beitragen.

Wenn Sie in Ihrem Garten entsprechenden Raum zur Verfügung haben, können Sie ein richtiges Pilzgärtchen anlegen. Als Schutzschirm eignen sich Holunder, Hasel oder Eberesche. Der Boden muß vor austrocknender Sonneneinstrahlung geschützt werden. Für den Anbau auf Stroh ist gesundes (pilzfreies) und trockenes Stroh, das in der Regel von goldgelber Farbe sein sollte, erforderlich. Beim Anbau von Pilzen auf Holz werden noch nicht infizierte Stamm- oder Aststücke verwendet.

Vorkompostierter Pferdemist ist der beste Nährboden für den Schopf-Tintling oder Spargelpilz *(Coprinus comatus)*. Dem Nährsubstrat wird gehäckseltes Stroh beigemengt. Das Substrat wird angefeuchtet und zu einem etwa 1 m hohen und 1 bis 2 m breiten Haufen aufgesetzt. Der Haufen muß in wöchentlichen Abständen etwa viermal umgesetzt und durchmischt werden. Im fertigen Substrat sollten die Strohanteile noch deutlich zu erkennen sein. Die Pilzbrut wird nach etwa 3 Wochen mit humushaltiger Gartenerde abgedeckt. Der Erde sollte kohlensaurer Kalk im Verhältnis 20:1 beigemengt werden.

Die Anwachsperiode dauert von Mitte Juni bis Mitte August, die Erntezeit von Ende August bis in den Oktober hinein. Beim Ernten werden die Schopf-Tintlinge nicht abgeschnitten, sondern abgedreht. Geerntet wird, wenn das Hutfleisch dem Stiel noch walzenförmig anliegt. Der Hut muß noch weiß und darf nicht verfärbt sein. Bei älteren Exemplaren zersetzt sich das Hutgewebe in eine tintenartige Flüssigkeit. Die Pilze müssen innerhalb von 24 Stunden nach der Ernte verbraucht werden.

Der Riesenträuschling oder Kulturträuschling *(Stropharia rugoso-annulata)* bildet auf strohhaltigem und mit Erde überdecktem Nährsubstrat Fruchtkörper mit kräftigem Stiel und dunkelbraun gefärbtem Hut aus. Die Fruchtkörper können bis zu 1 kg schwer werden. Der Anbau ist mit wenig Aufwand verbunden, unkompliziert und für einen naturnahen Garten besonders gut geeignet. Er erfolgt am besten in einem Frühbeetkasten oder unter einem Rahmengestell. Als Substrat findet nur Getreidestroh Verwendung. Das Stroh wird 2 Wochen lang gut durchfeuchtet, bevor es beimpft wird. Die Träuschlingsbrut darf nicht lange gelagert, sondern muß gleich nach dem Kauf verwendet werden. Um das Beet vorm Austrocknen zu schützen, bedeckt man es mit Strohdecken oder nassen Säcken. Vor Starkregen muß das Beet geschützt werden, sonst verfault das Mycel. Nach etwa 4 Wochen hat das Pilzgeflecht das Stroh so weit durchwachsen, daß es mit einer 5 cm hohen Schicht von gut verrottetem Laub- oder Nadelkompost abgedeckt werden kann. Die Abdeckerde soll so beschaffen sein, daß sie nach dem Gießen nicht verschlämmt und nicht verkrustet. Man kann ihr Sägemehl beimengen. Nach weiteren 2 Wochen wird das Pilzgeflecht aus dem Stroh in die Erde hineinwachsen. Jetzt muß zwischen Abdeckung und Beetoberfläche ein etwa 20 cm hoher Luftraum bleiben, in den die Pilze hineinwachsen können. Sie wachsen langsam heran. Man erntet sie in noch geschlossenem Zustand oder mit bereits geöffnetem Hut. Träuschlinge wachsen in Schüben, zwischen denen ungefähr 14 Tage liegen. Wenn das Substrat immer feucht gehalten wird, kann bis in den Herbst hinein geerntet werden. Träuschlinge sind wenig anfällig gegenüber Krankheiten und Schädlingen. Madige Pilze sind selten. Gegen Schneckenfraß lohnt sich die Umzäunung mit einem Schneckenzaun. Nur Schimmelpilze am Stroh können den Pilzen schädlich werden. Die Erträge beim Träuschling schwanken und können zwischen 2 und 10 kg/m² liegen.

Für den Langzeitanbau eignet sich der ertragssichere, auf Holz wachsende Austernseitling *(Pleurotus ostreatus)*. Dieser schmackhafte Pilz hat die Form einer aufgeklappten Muschelschale, ist auf seiner Oberseite schieferblau bis gelblichgrau gefärbt und bildet meist büschelig wachsende Fruchtkörper aus. Er wächst auf dem Holz von Rot-Buche, Eiche, Pappel, Roßkastanie, Spitz-Ahorn, Weide und Esche. Die Hölzer werden in Abschnitten von 10 bis 25 cm Durchmesser und 25 bis 35 cm Länge verwendet. Ihre Schnittflächen werden 0,5 cm hoch mit zerkrümelter »Brut« beschichtet. Anschließend baut man die Hölzer so übereinander, daß das Pilzmyzel nach oben und unten in die Hölzer hineinwachsen kann. Die Holztürme werden dicht aneinander gestellt und der ganze Stapel mit Folie oder feuchten Säcken umbunden. Damit sich im Innern des Stapels Temperaturen von 20 bis 25 °C entwickeln können, wird er an einem warmen Platz im Garten aufgestellt. Es muß aber darauf geachtet werden, daß die Temperaturen nicht über 35 °C ansteigen, sonst stirbt das Myzel ab.

Nachdem das Myzel das Holz durchwachsen hat, werden die

Schopftintling

Abschnitte an einem feuchten, schattigen und windgeschützten Standort im Abstand von 30 cm zu einem Drittel ihrer Länge eingegraben. Wurden sie in einem warmen Raum vorkultiviert und im Mai/Juni eingegraben, können schon im Herbst an den Hölzern Pilze geerntet werden. Ansonsten sind Aufwand und Pflege während der ungefähr fünfjährigen Anbauzeit des Austernseitlings sehr gering. Er kann übrigens auch auf Baumstubben angebaut werden. Vor dem Beimpfen müssen ausgetrocknete Stubben gut durchfeuchtet und ihre Oberfläche gründlich gereinigt werden. Das Beimpfen erfolgt in den Monaten Mai/Juni.

Gewürz- und Heilkräuter im Garten

Aus dem Übersichtsplan eines mittelalterlichen Klostergartens sind allein 16 Beete mit Arzneipflanzen und 18 Beete mit Gewürzkräutern und Gemüse zu erkennen.

Die mittelalterlichen Gewürzkräuter sind in ihrer Urform erhalten geblieben, als »Halbwilde« in ihren Ansprüchen bescheiden und widerstandsfähig gegen Krankheiten und Schädlinge. Die meisten Gewürzkräuter sind zugleich Heilkräuter, aber auch Pflanzenschönheiten, die zusammen mit Stauden und Einjahresblumen in Blumenrabatten und Steingärten ihren Platz finden können.

In Mischkulturen und zur Schädlingsabwehr kann man auf sie nicht verzichten. Ihre ökologische Funktion innerhalb von Pflanzengesellschaften wird uns immer deutlicher. Gewürzkräuter sollten deshalb nicht in einen entlegenen Winkel des Gartens verbannt werden. Um ihre Wirkstoffe voll auszubilden, brauchen Gewürzkräuter in der Regel reichlich Licht und viel Wärme. Humusreiche, mit Kompost gedüngte neutrale, warme und durchlässige Böden sagen ihnen am meisten zu. Kalkliebend sind Thymian, Salbei und Dill. Gewürzkräuter werden nicht auf frisch gedüngtem Land angebaut und nur sparsam gegossen. Ein zu üppiger Wuchs behindert die Bildung der Inhaltsstoffe, die diese aromatischen Pflanzen für uns wertvoll machen.

Bei der Aussaat ist zu bedenken, daß viele Gewürzkräuter Lichtkeimer sind und die Samen deshalb nicht mit Erde überdeckt werden dürfen. Die feinen Samen von Basilikum und Portulak zum Beispiel werden auf lockeren Boden gesät und nur mit einem Zerstäuber überbraust. Bis zum Aufgehen wird die Saat dünn mit Reisig oder mit Folie abgedeckt.

Bei Neupflanzungen ist zu beachten, ob es sich um ein- oder zweijährige Arten handelt oder um ausdauernde Stauden. Manche Arten gehören zu den Halbsträuchern. Viele ausdauernde Arten sind gegen strenge Fröste anfällig. Sie sind in wärmeren Lagen beheimatet und frieren hin und wieder zurück. Die Halbsträucher unter den Gewürz- und Heilkräutern haben nicht das ewige Leben und müssen nach einigen Jahren durch Jungpflanzen ersetzt werden. Es gibt sehr schwach wachsende Arten und solche, die sehr

Gewürzkräuterecke:
Zitronenmelisse,
Liebstöckel, Estragon und
Petersilie

Boretsch und Dill

hoch werden und sich ausbreiten. Bei der Standortwahl und der Verwendung in Mischkulturen muß das berücksichtigt werden.

Alant
(Inula helenium)

Der über einen Meter hoch werdende Korbblütler ist eine eindrucksvolle Wildstaude im naturnahen Garten. Die großen Blütenkörbe sind Sammelplatz für Insekten aller Art. Die Pflanze verträgt Schatten und braucht feuchten Boden. Der kräftige, verdickte Wurzelstock von zwei- bis dreijährigen Pflanzen wird im Herbst gerodet und bei 40 °C getrocknet. Die Inhaltsstoffe riechen aromatisch und haben einen würzigen Geschmack. Sie wirken antiseptisch und auswurffördernd, appetitanregend, blähungstreibend und verdauungsfördernd. Anwendung in Form eines Teeaufgusses.

Anis
(Pimpinella anisum)

Anis ist ein Doldengewächs und wird 40 bis 50 cm hoch. Die Aussaat wird im April in Reihen mit 25 cm Abstand vorgenommen. Ab August kann das Kraut abgeschnitten, gebündelt und getrocknet werden. Die reifen Samenkörner werden dann abgestreift und verschlossen aufbewahrt. Sie finden in Backwaren, Eingewecktem und bei Erkältungen Verwendung.

Basilikum
(Ocimum basilicum)

Diese bei uns einjährige Gewürzpflanze braucht eine Vorkultur. Es gibt kleinblättrige und großblättrige Sorten. Das Aroma der großblättrigen Sorten ist süßlich nelkenartig, das der kleinblättrigen Sorten ist süßlich muskatartig. Das zu den Lippenblütlern gehörende Basilikum ist frostempfindlich und wird im März unter Glas oder Folie ausgesät. Erst Ende Mai sollte es ins Freie gepflanzt werden. Die bis 40 cm hochwachsenden Pflanzen brauchen viel Sonne und einen Pflanzenabstand von 20 cm. Das Kraut wird kurz vor der Blüte abgeschnitten, getrocknet, zerrieben und verschlossen aufbewahrt. Der Samen reift nur in warmen Sommern. Das »Königliche Kraut« ist mit Vorsicht als Würze zu verwenden und wird nicht mit gekocht. Basilikum ist ein guter Nachbar von Tomate und Gurke. Es wirkt nervenberuhigend und appetitanregend. Als Fleisch- und

Blütenstand des Beifuß

Gurkengewürz, Zusatz zu Kräuterbutter und Pasteten aber auch zur Senf- und Kräuteressigherstellung ist es sehr beliebt.

Er wächst als Staude häufig an Weg- und Straßenrändern und kann im Garten am Kompostplatz Schatten spenden und dekorativ wirken. Beifuß bildet Wurzelausläufer. Zusammen mit Kohl wachsend soll er Kohlweißlinge abhalten. Die Samen von bewährten Gartenklonen werden im April ausgesät. Die beiden kräftigsten Pflanzen werden verwendet und reichen für den Bedarf einer Familie. Die jungen Blätter und Blütenrispen sind zum Würzen der Weihnachtsgans sehr beliebt. Zweigspitzen mit Blüten und Wurzeln werden zur Anregung der Verdauung und bei Gallen- und Leberleiden verwendet. Das blühende Kraut verwende ich als Imker gegen Wachsmotten im Wabenschrank.

Beifuß
(Artemisia vulgaris)

Gemeiner Beinwell *(Symphytum officinale)* und Komfrey (S. asperum) gehören zu den Boretschgewächsen und sind sich sehr ähnlich. Beide sind Stauden und licht- und wärmeliebend. Als Naturheilmittel fehlte der Gemeine Beinwell früher in keinem Bauerngarten. Die breiten, lanzettförmigen Blätter sind etwa 25 cm lang. Die langglockigen, bläulichweißen bis blauvioletten Einzelblüten bilden endständige, leicht nickende Blütenstände. Die weißfleischigen Wurzeln dringen tief in den Boden ein.

Frei wachsend ist er in feuchten Wiesen und an Wasserläufen zu finden. Die Heimat des Komfrey ist der Kaukasus. Er kommt aber auch verwildert in Mitteleuropa vor. Seine Blüten sind purpurrot in der erblühenden Knospe und blau im aufgeblühten und ver-

Beinwell, Komfrey,
Comfrey
(Symphytum)

Dill vor der Blüte

blühenden Zustand. An den Blütenfarben lassen sich beide Arten gut unterscheiden. Ähnlich ist Symphytum peregrinum, ebenfalls aus dem Kaukasus.

Beim Gärtnern mit der Natur wird Beinwell verjaucht zur Kali- und Stickstoffdüngung eingesetzt.

Die Vermehrung der Arten ist leicht und geschieht im zeitigen Frühjahr durch Aussaat, durch Teilung des Wurzelstockes, durch Stecklinge oder Wurzelschnittlinge. 5 cm lange Wurzelstücke, schräg aufwärts in die Erde gesetzt, ergeben neue Pflanzen.

Bohnenkraut
(Satureja hortensis)

Bohnenkraut stellt keine Ansprüche an den Boden, ist jedoch wärmeliebend. Es ist ein Lichtkeimer. Die sehr feinen Samen (1 g enthält 3000 Körner) keimen nach etwa 3 Wochen. Die Triebe werden vor der Blüte geerntet und zum Würzen von Bohnen- und Erbsengerichten verwendet. Das Mehrjährige Bohnenkraut *(S. montana)* ist kräftiger und derber im Geschmack. Es soll die Blattläuse von Buschbohnen abhalten.

Boretsch, Gurkenkraut
(Borago officinalis)

Diese anspruchslose einjährige Pflanze wird bis zu 80 cm hoch. Ihre Blüten werden stark von Bienen beflogen. Die schwarzen Samen keimen bei der ersten Aussaat nur schwer. Später samt die Pflanze von selbst aus und bleibt dem Garten lange Jahre treu. Mit ihren jungen frischen Blättern werden Salate und Quarkspeisen gewürzt, mit den eßbaren himmelblauen Blüten Gerichte garniert. Das Kraut soll verschiedene Schädlinge von Kohl und Kohlrabi fernhalten. Boretsch fördert die Magensaftabsonderung.

Kapuzinerkresse

Man sät Dill dünn zwischen Möhren, Zwiebeln, Salat, Gurken, Rote Rübe und Kohl, bedeckt den Samen aber nur dünn. Dill soll das Aufgehen anderer Samen begünstigen. Sein Geruch soll den Blattlausbefall besonders bei Puffbohnen abhalten. Dillsamen und -blätter sind ein beliebtes Gewürz für Gurken- und Kartoffelsalat, Suppen und für das Einlegen von Gurken. Auch zur Herstellung von Kräuteressig ist Dill geeignet. Als Tee wirkt er gegen Blähungen und bei Magen- und Darmverstimmungen.

Dill
(Anethum graveolens)

Das ausdauernde Gewürzkraut kann recht groß werden und sich durch Wurzelausläufer ausbreiten. Es liebt feuchten Boden und eine sonnige bis halbschattige Lage. Die Märzaussaat wird später im Abstand von 40 × 40 cm ausgepflanzt. Die bis zu 120 cm hoch wachsende Pflanze muß angebunden werden, damit sie der Wind nicht umwirft. Die Sorte 'Deutscher Aromatischer' ist besonders aromatisch und wird durch Stockteilung vermehrt. Er bildet keine Früchte aus im Unterschied zum 'Russischen Aromatischen', der ausgesät werden kann, aber eine schwächere Würzkraft hat. Estragon wird als Salatgewürz, zum Einlegen von Gurken und zum Würzen verschiedener Fleischgerichte verwendet. Er wirkt appetitanregend und verdauungsfördernd.

Estragon
(Artemisia dracunculus)

Die einjährige als Zierpflanze kultivierte Kapuzinerkresse stammt aus den peruanischen Anden. Als religiöse Kulturpflanze der Inkas symbolisierten ihre langgestielten, rundlichen Blätter und die gelb- bis orangefarbenen Blütenhüllen den Sonnengott dieses alten Kulturvolkes. Man nennt sie deshalb auch »Indianerkresse«. Die Pflanze enthält wie Gartenkresse und Brunnenkresse, mit denen sie nicht verwandt ist, Senföl, das ihr den scharfen Geschmack verleiht. Neuerdings gewinnt sie wegen ihrer wahrscheinlich schädlingsabwehrenden Wirkung Bedeutung für Mischkulturen. Auf Baumscheiben wachsend soll sie Blattläuse, Apfelwickler, Raupen und Ameisen von Obstbäumen abhalten (Heimann). Junge Blätter

Kapuzinerkresse
(Tropaeolum majus)

Zitronenmelisse

werden Salaten oder Quark beigemengt oder auf Butterbrot gelegt gegessen. In Essig eingelegte Blütenknospen können wie Kapern verwendet werden. Roh verzehrte Blätter und Früchte sollen gegen Entzündungen der Atemwege und der Harnwege helfen. Ihren Preßsaft pinselt man gegen Blutläuse.

Kerbel
(Anthriscus cerefolium)

Er ist mit der Petersilie verwandt. Aussaat und Kultur sind wie bei dieser, doch muß Kerbel alle 5 bis 6 Wochen neu ausgesät werden, weil das Kraut schnell in Blüte schoßt. An sonnigen Standorten benötigt er 6 bis 8 Wochen und entwickelt das beste Aroma. Sein Kraut wird für viele Würzzwecke und zu vegetarischen Gerichten verwendet.

Knoblauch
(Allium sativum)

Knoblauch verlangt altgedüngten und schweren Boden in sonniger Lage. Mit lehmhaltigem, aber mistfreiem Kompost gedüngt, liefert er die besten Erträge. Die einzelnen Zehen werden im Abstand von 15 cm 4 cm tief am besten von Oktober bis Anfang November in den Boden gesteckt. Knoblauch zählt zu den Liliengewächsen und enthält verschiedene Vitamine und etwa 0,2% geruchlose ätherische Öle. Den unangenehmen Geruch hat erst das antibiotisch wirkende Allicin, das sich beim Zerreiben der Zellen aus dem geruchlosen Alliin entwickelt. Der Geruch aus dem Munde wird gemindert, wenn man gleich nach dem Genuß frische Petersilie oder frischen Majoran zerkaut. Im biologischen Pflanzenschutz wird der Knoblauch gegen Erdbeermilben und andere Milbenarten eingesetzt. Die angeblich schädlingsvertreibende Wirkung, besonders bei Bodenschädlingen, kann nicht immer bestätigt werden. Die biologische Wirksamkeit des Allicins ist noch nicht völlig aufgeklärt. Als Heil- und Gewürzpflanze ist er von großer und sehr vielseitiger Bedeutung.

Koriander
(Coriandrum sativum)

Koriander liebt lockeren Boden und im Jugendstadium viel Feuchtigkeit. Er wird erst ausgesät, wenn keine Frostgefahr mehr besteht. Folgesaaten nach jeweils 14 Tagen sind ratsam. Die einjährige Pflanze erreicht eine Höhe von 60 cm und hat gerillte Stiele. Ihre

Blühender Meerrettich

Samen fallen leicht aus, deshalb erntet man sie, wenn der Morgentau noch auf der Pflanze liegt. Koriander ist ein Doldengewächs, das würzig und salbeiähnlich schmeckt und ätherische Öle enthält. Die Blätter und die ausgereiften Samen werden als Wurst- und Pfefferkuchengewürz verwendet. Koriander wirkt appetitanregend und verdauungsfördernd.

Als zweijährige Gewürzpflanze treibt sie im 1. Jahr nur eine Blattrosette. Der Blütenstand des 2. Jahres kann bis 120 cm hoch werden. Kümmel liebt feuchten und tiefgründigen Boden. Die Samen enthalten vor allem ätherische Öle. Sie wirken verdauungsfördernd und krampflösend. Die Dolden werden abgeschnitten, wenn sie sich braun färben. Kümmel sollte nicht neben Fenchel gepflanzt werden. Sie können sich nicht »riechen«.

Kümmel
(Carum carvi)

Lavendel ist ein Lippenblütler und wird nur selten zum Würzen z. B. von Hasenbraten und Kräuterbutter benutzt. Er ist ein Halbstrauch. Das Kraut wird in der Blüte geschnitten, getrocknet und in einem Riechkissen im Kleiderschrank untergebracht. Lavendel wird bis 35 cm hoch und kann recht gut als Einfassung im Steingarten verwendet werden. Die Römer legten sich das Kraut ins Badewasser, um es duftend zu machen und sich bei Rheuma und Gicht Linderung zu verschaffen.

Lavendel
(Lavandula officinalis)

Diese uralte und robuste Gewürzpflanze, auch »Maggikraut« genannt, ist sehr anspruchslos. Auf schweren und feuchten Böden kann sie bis zu 3 m hoch werden und sehr starke Stöcke unbegrenzter Lebensdauer bilden. Die Vermehrung erfolgt durch Stockteilung oder Saat. Der Samen keimt erst nach 4 Wochen und ist nur 1 Jahr keimfähig. Die Blätter haben einen sellerieartigen Geruch und werden frisch verwendet. Die Wurzeln werden im Herbst ausgegraben, getrocknet und als harntreibende Droge verwendet. Liebstöckel soll einer Reihe von Schädlingen unangenehm sein. Das Kraut ist ein vielseitiges Küchengewürz, junge Blätter können Salaten beigemengt werden.

Liebstöckel
(Levisticum officinale)

Blütenstand des Majoran

Majoran
(Majorana hortensis)

In ihrer Heimat am Mittelmeer ist die anspruchsvolle Pflanze mehrjährig. Bei uns kommt Majoran nicht über den Winter, deshalb muß man sich jedes Jahr neue Pflanzen kaufen oder im Frühbeet anziehen. Die feinen Samen werden nur angedrückt, schattig und feucht gehalten. 2 bis 3 junge Pflanzen werden zusammen in ein Pflanzloch bei Abständen von 10 × 15 cm gepflanzt. Sobald sich in den Blattachseln Knospen ausgebildet haben, wird das Gewürzkraut geschnitten, getrocknet und unter Verschluß aufbewahrt. In Wurst- und Fleischspeisen (Wurstkraut!) regt es den Appetit an und macht fette Speisen leichter verdaulich. Es wirkt krampflösend. Früher wurde aus dem gepulverten trockenen Kraut mit Vaseline eine Schnupfensalbe hergestellt.

Meerrettich
(Armoracia rusticana)

Diese ausdauernde Gewürzpflanze bevorzugt feuchte, sandige Böden, gedeiht aber auch auf allen anderen Böden. Die sehr kräftigen, tiefreichenden Wurzeln haben eine ungewöhnlich große Regenerationsfähigkeit. Bei Neuanpflanzung werden die dicken Wurzeln von allen Nebenwurzeln befreit und schräg eingepflanzt. Wer recht starke und glatte Wurzeln ernten will, legt die Wurzeln während des Sommers zweimal frei und entfernt wiederum alle Seitenwurzeln. Meerrettich wird wegen seines hohen Vitamingehaltes und seines herzhaften Geschmackes gern verwendet. Er kann den ganzen Winter über geerntet werden, wenn der Boden offen ist. Seine Inhaltstoffe wirken reinigend auf Darm und Harnwege und schleimlösend.

Melisse
(Melissa officinalis)

Die Melisse beansprucht nährstoffreiche, warme Böden, in denen sie sich langsam, aber stetig ausbreitet. Aller 3 Jahre ist eine Staudenteilung und Verpflanzung ratsam. Das Kraut wird kurz vor der Blüte geschnitten und wegen seines Zitronenaromas zu Salaten, Quarkspeisen und Kräutersaucen verwendet. Die Inhaltstoffe des Krautes wirken nervenberuhigend und schweißtreibend. Als Imker verwende ich das frische Kraut zum Einreiben neuer Bienenwohnungen oder Schwarmfangkästen, um die Bienen an den Stock zu fesseln.

Portulak

Dieses Nachtschattengewächs benötigt mehr Wärme als die Tomate und wird aus Samen gezogen. Der Gewürzpaprika hat kleinere, schärfere Früchte als der Gemüsepaprika. Er wird 20 bis
50 cm hoch. Seine länglichen kegelförmigen und lederartigen
Früchte färben sich rot, rotbraun oder gelb. Sie werden ganz oder
getrocknet in gemahlenem Zustand verwendet. Die Inhaltsstoffe des
Paprika sind Capsanthin, sehr viel Vitamin C und das Vitamin D.

Paprika
(Capsicum annuum)

Die Wurzelpetersilie ist aromatischer als die krausblättrigen Sorten. Die Blätter der krausblättrigen Sorten haben aber besonders
viel Vitamin C und Provitamin A. Da sich die einjährig gezogene
Petersilie durch ihre Wurzelausscheidungen den Boden selbst »ver-
giftet«, verkümmert sie bereits im 3. Jahr und muß an anderer Stelle
ausgesät werden. Sie ist mit sich selbst unverträglich. Während Tomate, Zwiebeln, Radies und Rettich gute Nachbarn sind, verträgt
sie sich mit Salat schlecht. Petersilie darf nicht frisch gedüngt werden. Wenn zweijährige Petersilie ab April öfter abgeschnitten wird,
kann man den Blühbeginn verzögern. In großen Mengen genossen
wirkt Petersilie, besonders wenn sie Samen trägt, giftig (Volak und
Stodola). Das beliebte Suppengewürz muß man nicht auf Beeten
aussäen. Es kann auch gruppenweise zwischen Stauden stehen
oder in der Reihe zwischen anderem Gemüse. Um über Winter Petersilie zu haben, wird Ende Juli in Töpfe gesät, die ebenerdig in
den Gartenboden eingegraben werden. Im Herbst holt man sie sich
dann ins Haus. Praktisch sind auch die in Vergessenheit geratenen
»Petersilientöpfe«, in deren seitliche Löcher Wurzelpetersilie gepflanzt wird. Petersilie ist das einzige Gewürz, das bei Backofen-
hitze getrocknet werden muß. Sie kann aber auch eingefrostet werden.

Petersilie
(Petroselinum crispum)

Das einjährige Gewürzkraut verlangt lockeren guten Gartenboden
und muß nach der Aussaat feucht und schattig gehalten werden.
Portulak liebt einen sonnigen Standort. Das Kraut wird wenige Wochen nach der Aussaat, wenn es noch jung ist, geschnitten. Es ist
ratsam, im Juni erneut auszusäen. Der Reihenabstand sollte etwa

Portulak
(Portulaca oleracea)

Schnittlauch ist auch eine
Schmuckpflanze

20 cm betragen. Portulak kann man wie Spinat essen oder als Salat
zubereiten. Er soll die Verdauung anregen und als Tee getrunken
das Blut reinigen.

Rosmarin
(Rosmarinus officinalis)

Rosmarin kann in Töpfen als Zimmerpflanze gezogen und im Sommer ins Freiland gepflanzt werden. Ab August wird die Pflanze ma-
ger und trocken gehalten, damit ihr Holz ausreift. Rosmarin muß
hell und frostfrei überwintert werden. Mit dem frischen oder getrockneten Kraut werden Geflügel und Hammelfleisch, Suppen
und Saucen gewürzt. Rosmarin wirkt kreislaufstärkend und wird
äußerlich bei Rheuma und Nervenentzündungen angewendet.

Salbei
(Salvia officinalis)

Der Salbei ist ein Halbstrauch, der in Staudenpflanzungen gut untergebracht werden kann. Er liebt durchlässige, etwas warme Standorte. Die Aussaat erfolgt Ende Mai. Die Sämlinge werden im Abstand von 30 cm zu anderen Pflanzen gesetzt. Im Winter werden
die Pflanzen mit Reisig abgedeckt. In Mischkultur mit Gemüsefenchel, Kohl, Möhren, Erbsen und Bohnen wehrt der stark riechende
Salbei Blattläuse, Schnecken und Raupen ab. Kurz vor der Blüte ist
das Aroma am stärksten. Die Salbeiblätter enthalten ätherische Öle,
Gerbstoffe und Bitterstoffe, Saponine und Flavonoide. Diese Inhaltsstoffe wirken antiseptisch, entzündungshemmend und zusam-
menziehend. Salbei findet bei der Behandlung von Halsschmerzen,
Nachtschweiß, Zahnfleischbluten und entzündlichen Erkrankungen des Magen-Darm-Kanals Anwendung. In der Küche wird er
zum Würzen von Fleisch, Schinken und Suppen verwendet.

Schnittlauch
(Allium schoenoprasum)

Das beliebte Gewürzkraut mag frischen, etwas feuchten und lehmigen Boden und wird gern als Beeteinfassung angepflanzt. Öfter abgeschnitten (nur bis zu ⅔), wird die Erntezeit verlängert. Im
Herbst wird der Schnittlauch mit Laubkompost gedüngt und abgedeckt. Wird er im Frühjahr gedüngt, verliert er an Geschmack. Das
zarteste Kraut erzielt man durch alljährliche Neuaussaat und nicht
durch Stockteilung. Schnittlauch enthält viel Vitamin A, B und C
und ist zum Würzen der verschiedensten Speisen geeignet.

Ysop

Thymian liebt Wärme sowie leichte, kalkhaltige Böden. Die Stengel verholzen besser und erfrieren nicht so leicht, wenn die Pflanzen ab August nicht mehr gegossen werden. Die Saat ist sehr fein und darf nur leicht angedrückt werden. Thymian wächst etwa bis 40 cm hoch. Die Blüten werden emsig von Bienen beflogen. Er kann im Steingarten gut untergebracht werden. Durch seinen Geruch soll er Kohlweißlinge und Blattläuse abwehren. Sein Hauptinhaltsstoff ist Thymol. Blätter und Blüten wirken schleim- und krampflösend bei Bronchitis und bei Durchfällen. Die Bitterstoffe regen den Appetit an. Thymianöl besitzt desinfizierende Eigenschaften.

Thymian
(Thymus vulgaris)

Dieser ausdauernde Korbblütler wächst auf nährstoffreichen Böden bis zu 150 cm hoch und breitet sich weit aus. Neben Johannisbeeren wachsend soll die Staude vor dem Säulchenrost schützen. Die bitteren Blätter und Blüten enthalten neben ätherischen Ölen (den größten Anteil daran hat das giftige Thujan) den Bitterstoff Absinthin. Thujan wirkt in einer Spritzbrühe gegen Raupen, Ameisen, Blattläuse und Apfelwickler (Heimann).

Wermutkraut benutzte man schon vor langer Zeit zur Vertreibung von Motten und Wanzen.

Wermut-Tee hilft bei Magen-, Leber- und Gallenbeschwerden. Der Absinthbranntwein, bei dessen Herstellung Wermut beteiligt war, wurde 1923 in Deutschland verboten, weil der Thujangehalt zu Fällen schwerer Schädigung des Zentralnervensystems geführt hatte.

Wermut
(Artemisia absinthium)

Er ist ein anspruchsloser Halbstrauch, der über Winter mit Reisig abgedeckt werden sollte. Ysop wird vor der Blüte geerntet. Seine kleinen tiefblauen Blüten werden aber gern von Honigbienen besucht. Sie müssen also eine Entscheidung zwischen Gewürz- und Bienenweidepflanze treffen. Das aromatische Kraut soll Raupen, Blattläuse und Schnecken vertreiben. In der Küche wird Ysop wie Bohnenkraut und Thymian verwendet. Er wirkt magenstärkend, entzündungshemmend und fördert die Verdauung und wird auch bei chronischen Entzündungen der Atemwege angewendet.

Ysop
(Hyssopus officinalis)

Obst im Garten

Standortansprüche der Obstgehölze

Obstbäume sind uralte Symbole der Beständigkeit, der Fruchtbarkeit und des Lebens. Denken wir nur an die gute alte Sitte, bei der Geburt eines Kindes einen Obstbaum zu pflanzen. Beide wachsen miteinander auf. Jeder entwickelt sich zu einer unverwechselbaren Persönlichkeit. Ein Apfelbaum im eigenen Garten ist das ganze Jahr hindurch eine Zierde und läßt uns angesichts seines Knospens, Blühens, Fruchtens und der Verfärbung des Laubes das Jahr des Gärtners intensiver erleben. Erfolg beim Gärtnern zu haben, heißt nicht nur, recht viele Körbe Äpfel ernten zu können, sondern auch, viele Jahre lang mit denselben Bäumen zu leben. Wer die Fähigkeiten hat, sich Pflanzen zuzuwenden, wird ein persönliches Verhältnis zum Lebewesen Baum bekommen.

Grundsätzlich haben Obstbäume und Beerensträucher die gleichen Nährstoffansprüche wie andere Kulturpflanzen. Halten wir uns auch im Obstbau an den natürlichen Kreislauf der Stoffe, können kaum schwerwiegende Fehler begangen werden. Obstbäume sind jedoch keine Wildgewächse, die sich wie Eichen oder Buchen an ihren Standorten selbst erhalten, sondern Kulturpflanzen. Sie stellen höhere Ansprüche und müssen entsprechend unseren Anforderungen an ihre Leistungen gepflegt werden. Diese Pflege unterscheidet sich wesentlich von der anderer Pflanzen, die nur ein Jahr oder wenige Jahre am gleichen Platz stehen. Fehler, die bei der Standortwahl oder der Sortenwahl begangen werden, können sich bei der langen Lebenszeit der Obstgehölze erst nach Jahren bemerkbar machen.

Obstgehölze brauchen warme Standorte auf ausreichend feuchten, bindigen und humusreichen Böden. Süd- und Ostlagen eignen sich für den Obstanbau am besten, Nordlagen nur bedingt. Da man sich in der Regel die Lage nicht aussuchen kann, muß man bei ungünstigen Voraussetzungen versuchen, die Anbaubedingungen durch Verbesserung des Kleinklimas und des Bodens zu begünstigen. Das Kleinklima kann durch Windschutzhecken, z. B. aus Brombeeren, günstig gestaltet werden. Hecken müssen winddurchlässig sein. Dichte Hecken stauen die Luft, behindern die Zirkulation und den Abfluß von Kaltluft. Der Abstand der Hecken zu den

Obstgehölzen muß so bemessen sein, daß nur der Fuß der Obstgehölze zeitweise beschattet wird. Geländemulden und abflußlose Tallagen sollten vermieden werden, weil sich dort Kaltluft, die Blütenfröste begünstigt, lange hält. Windgeschützte Lagen sind immer vorteilhaft.

Krümelstruktur, Bodenart und Feuchte sind wichtiger als der Nährstoffgehalt des Bodens. Magere Sandböden eignen sich schlecht als Standort für Obstgehölze. Durch Zufuhr von Ton und Humus können sie für große Obstgehölze nur bedingt verbessert werden. Lehmiger Sand enthält mehr Feinerdebestandteile und eignet sich für den Obstanbau besser. Tonböden sind obstbaulich nur nutzbar, wenn ihnen ein gewisser Anteil an Sand und Humus zugeführt wird. Mergelböden mit genügend Humus sind für Obstarten, die einen alkalischen Boden lieben oder benötigen, geeignet. Humose Lehmböden und Lößböden sind die besten Böden für den Obstbau.

Obstbaulich genutzte Böden müssen ständig mit Humus versorgt werden, weil die Gehölze im Gegensatz zu anderen gärtnerischen Kulturen kaum absterbende Wurzelmasse liefern.

Der Wärmehaushalt des Bodens wird durch Bodenpflege und Bodenbedeckung wesentlich beeinflußt und spielt bei allen Obstgehölzen eine wichtige Rolle. Eine Pflanzendecke unter Obstbäumen entzieht dem Boden Feuchtigkeit und verringert die Erwärmung. Eine Mulchdecke schützt den Boden vor übermäßiger Verdunstung und speichert außerdem Wärme.

Nasse Böden verdunsten bei Sonneneinstrahlung viel Wasser und sind infolge der bei der Verdunstung verbrauchten Energie kalt. Der Boden erwärmt sich sehr langsam. Nasser Boden oder gar stauende Nässe erhöht die Krankheitsbereitschaft vieler Obstbäume (Baumkrebs, Kragenfäule). Der Wasserbedarf der einzelnen Obstarten ist sehr unterschiedlich. Den höchsten Wasserbedarf haben großfrüchtige Pflaumen (750 mm in der Vegetationsperiode). Die Hauszwetsche kommt mit weniger aus. Es folgen Apfel und Birne. Weniger Wasser benötigen Süß- und Sauerkirschen auf Vogelkirschen-Unterlage. Mit 500 mm Niederschlag kommen Sauerkirschen auf Steinweichsel-Unterlage, Pfirsiche und Aprikosen auf Sämlings-Unterlagen aus. Der Wasserbedarf der Obstbäume ist wesentlich höher als der im Mittel während der Vegetationsperiode bei uns im Flachland fallende Niederschlag. Grundwasserferne Standorte sind deshalb nur mit Zusatzbewässerung für Obstgehölze geeignet. Süßkirschen sind sehr empfindlich gegen nassen Boden und neigen dann zu Gummifluß. Walnüsse reagieren mit »Papiernüssen«. Diese haben dünne, durchlöcherte Schalen. Vorzeitiger Fruchtfall kann ebenfalls Folge ungünstiger Wasserverhältnisse im Boden sein. Obstgehölze vertragen keine sehr hohen pH-Werte. Ein leicht saurer Boden ist für Kernobst und Pflaumen besser als ein alkalischer. Süßkirsche, Pfirsich und Aprikose bevorzugen eine alkalische Bodenreaktion.

Bei Neuanpflanzungen von Obstgehölzen ist es ratsam, sich vorher nach den Verträglichkeits- und Bestäubungsverhältnissen der in Aussicht genommenen Sorten zu erkundigen. Die meisten Obstarten und -sorten sind auf Fremd- bzw. Kreuzbestäubung angewiesen. Eine weitere Entscheidung betrifft die Stammform. Sie

Birnen können als Spalierobst gezogen werden   Schwarzer Holunder braucht nährstoffreiche
                                                Standorte

ist in ihrer Definition sehr einseitig auf die Stammhöhe bezogen:
Hochstamm 180 bis 200 cm, Halbstamm 125 bis 150 cm, Viertelstamm
80 bis 100 cm, Busch 60 cm und Spindel 40 cm. Viertelstamm,
Busch und Spindel können als »Niederstamm« zusammengefaßt
werden. Ihre Gesamthöhe sollte 3,5 m nicht überschreiten, die Verzweigung erst ab 60 cm Stammhöhe beginnen. Busch und Spindel
stehen meist auf schwachwüchsigen, Halb- und Hochstämme auf
starkwüchsigen Unterlagen. Die Umwandlung der einen in die andere Baumform hat also ihre Grenzen. Niederstämme lassen sich
leicht beschneiden, beernten und vor allem bringen Apfel-Nieder-
stämme schon nach kurzer Zeit Erträge. Auf kleinen Flächen können mit ihnen relativ viele Obstarten und -sorten untergebracht
werden. Wegen ihrer schwachwüchsigen Unterlagen vergreisen
aber Apfelbüsche rasch und müssen nach 15 bis 20 Jahren ersetzt
werden. Das ist für einen kleinen Garten kein Nachteil. Die Niederstämme nehmen wenig Platz ein, und sie sind auch im Ertrag
nach Menge und Qualität die wirtschaftlichste Obstbauform.
    Für Kleingärten in der DDR sind sie die verbindliche Baum-
form, keiner sollte davon ausgehen, daß sein Garten zwar klein,
aber hoch ist. Starkwachsende Obstbäume gehören nur in einen
entsprechend großen Garten. Hochstämme bieten Schatten, z. B.
dem Sitzplatz. Man kann sich unter ihnen bewegen und den Boden
nutzen, z. B. durch Komposthaufen. Durch Blüten-(Boden-)fröste

Süßkirschen als
Hochstämme, aber auch
Niederstammformen sind
möglich

Reichtragender Apfel-Niederstamm

sind sie weniger gefährdet. Ein hoher Baum hat auch ästhetisch seinen Reiz und bildet einen gestalterischen Schwerpunkt innerhalb
eines Gartens. Feinschmecker behaupten, daß Äpfel von Hochstämmen ein wesentlich feineres, differenzierteres Aroma mit einzelnen Geschmackskomponenten besitzen als Äpfel, die in Erd-
nähe gewachsen sind.

Auch beim Obstanbau versuchen wir die gegenseitige Beeinflussung der Pflanzen zu nutzen, um dem Schädlingsbefall vorzubeugen. Günstig ist die Mischung von Stachelbeeren und Johannisbeeren. Schwarze Johannisbeeren sind auch gute Nachbarn von
Sauerkirschen. Wer viele Obstarten in seinem Garten anpflanzt, erfüllt schon dadurch weitgehend die Bedingungen für Mischkultur.
Wenn dann noch Hecken als Windschutz, Bienenweide und als Lebensraum für Vögel die Obstbäume umgeben, sind weitere günstige Voraussetzungen für das gesunde Gedeihen der Obstgehölze
geschaffen. Hygiene beginnt mit der gesunden Lebensweise, im
Garten mit einer optimalen Mischkultur. Bei der Auswahl von
Wildgehölzen sollte man aber Arten bevorzugen, die nicht, wie die
meisten Obstgehölze, zu den Rosengewächsen gehören, damit das
Nahrungsangebot für mögliche Obstschädlinge nicht noch vergrößert wird. Das trifft auch für Wirtspflanzen, wie den Wacholder
(Gitterrost), Eiche und Birke (Kommaschildlaus), Feldulme (Blut-
laus) und Weißdorn (Feuerbrand) zu.

Wenn im Vorfrühling Sonnenschein mit tiefen Temperaturen

Stammpflege
1 mit Schaber abkratzen
2 Wunden ausschneiden
3 mit Drahtbürste reinigen
4 mit Lehmbrei streichen
5 Lehmpackung bei
  verletztem Stamm
6 mit Lehmbrei einspritzen

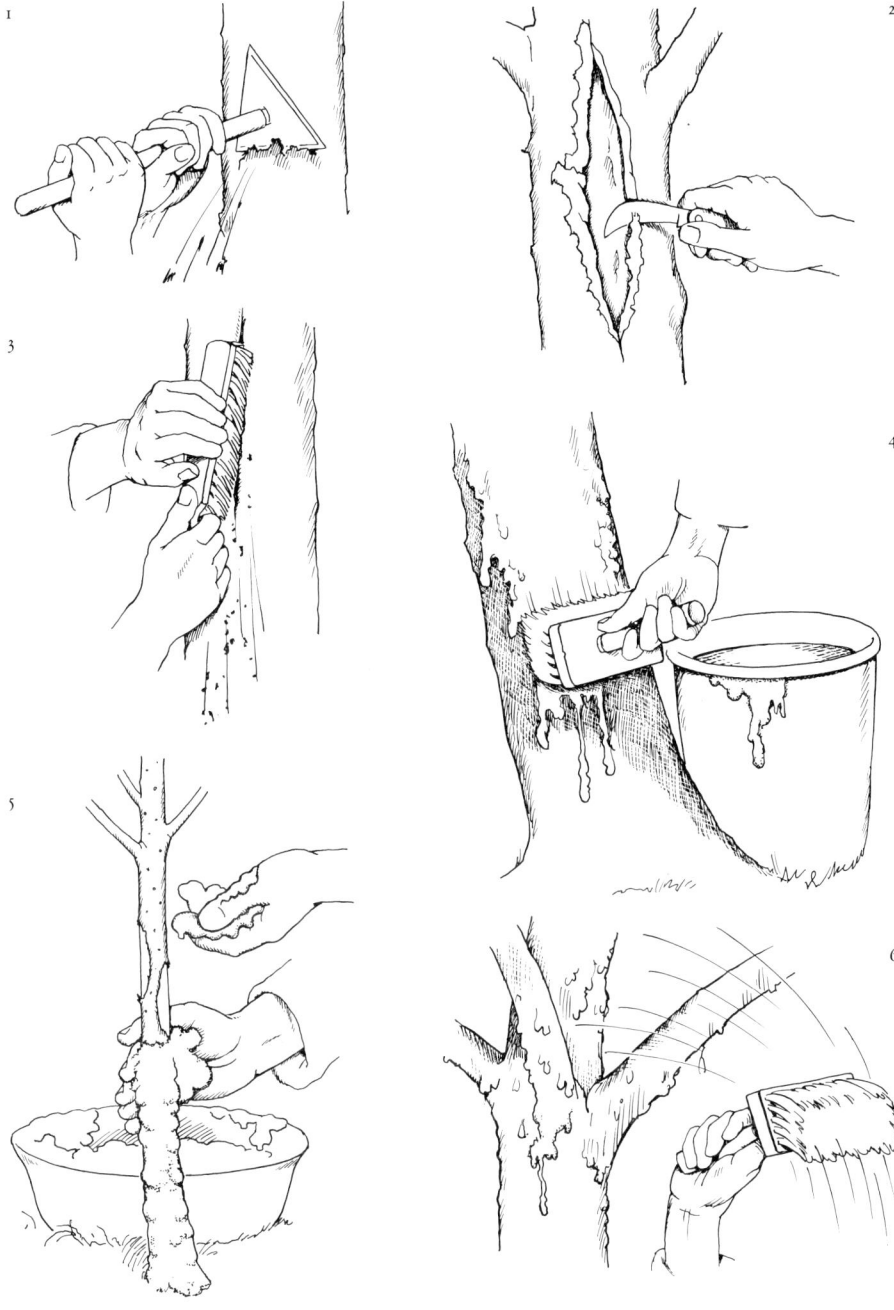

Mulch auf Baumscheibe

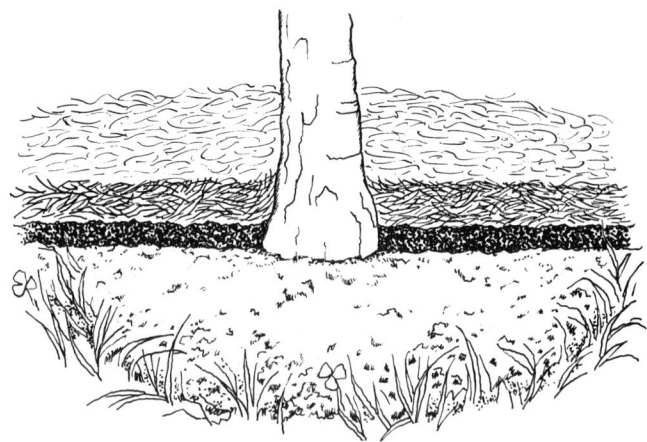

wechselt, kommt es häufig zu den gefürchteten Frostrissen, vor allem im Bereich des Stammes. In der wärmenden Sonne füllen sich die Kambiumzellen mit Saft. Fällt nachts die Temperatur unter den Gefrierpunkt, gefriert er, die Zellen zerreißen, und das Kambium bricht auf. In die aufgeplatzten Rindenpartien können Bakterien, Viren und Pilze eindringen. Um die Obstbäume vor solchen Frosteinwirkungen zu schützen, empfiehlt es sich, die Stämme und stärkeren Äste mit einem speziellen Anstrich zu versehen. Er wird wie folgt hergestellt: 2 Teile strohloser Kuhmist (am besten eignen sich Kuhfladen von der Weide) werden mit 3 Teilen Lehm, den man einen Tag lang in Wasser aufquellen läßt, gut vermischt. Je nach Fettigkeit des Lehms werden Schachtelhalm-, Rainfarn- oder Wermut-Tee hinzugerührt, bis ein dünner, streichfähiger Brei entsteht. Die in Rainfarn und Wermut enthaltenen Bitterstoffe halten Wildkaninchen und Hasen vom Nagen an der Baumrinde ab. Auch der Inhalt von Tiergalle ist geeignet. Mit diesem Brei werden im Spätherbst, spätestens aber Ende Januar Stamm und stärkere Äste der Obstbäume angestrichen. Zuvor müssen mit dem Rindenkratzer oder einer Drahtbürste alte Borkenschuppen entfernt werden. Borkenrisse werden von dem Brei verschlossen, so daß Apfelwickler, Apfelblütenstecher, Blutläuse und andere Obstschädlinge keinen Unterschlupf mehr finden. Der Baumanstrich schützt den Obstbaum nicht nur vor Frostrissen, sondern heilt auch Wunden aus und glättet die Rinde. Mit einem Handbesen kann dünne Brühe auf die Äste im Kronenbereich gespritzt werden.

Pflanzung und Pflege

Junge Obstbäume sollten in einen lebendigen Boden gepflanzt werden. Dieser Zustand wird rascher erreicht, wenn man schon im Vorjahr Leguminosen einsät. Bei schweren Böden sind Ackerbohne, Wickgemenge, in leichten Böden Zottelwicke und Süßlupine geeignet. Aber auch Mischungen aus Nichtleguminosen, wie Phacelia, Senf, Sonnenblume, Hafer oder Roggen, haben eine gute

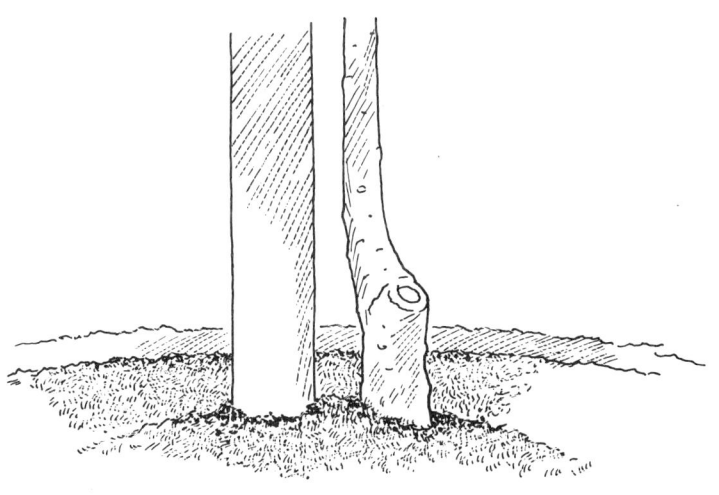

bodenaufschließende Wirkung. Nur einmal, bei der Vorbereitung der Pflanzgrube, wird der Boden mechanisch gelockert. Später wird die erwünschte Bodengare durch das Bodenleben besorgt. Um es bis nahe an die Oberfläche zu ziehen und die Erde gleichzeitig vor Austrocknung zu schützen, hält man den Boden durch Mulchen stets bedeckt.

Jeder Baum erhält eine vegetationsfreie Baumscheibe im Durchmesser von ca. 1,50 m bis 2,00 m. Auf die Baumscheibe wird im September, wenn der Boden noch warm ist, zwei Finger dick verrotteter Kompost aufgebracht. Abgedeckt wird mit einer Schicht organischen Materials, wie Rasenschnitt, Laub u. a.

Wo mit Wühlmäusen zu rechnen ist, sollte die Schicht über Winter nur dünn sein. Der Kompost wird nicht eingearbeitet, jede andere mechanische Lockerung des Bodens unterbleibt, damit die Saugwurzeln nicht beschädigt werden.

Diese organische Düngung wirkt langfristig und wird von Obstgehölzen langsam aufgenommen. Blindes Düngen ist unsinnig. Ein harmonisches Gleichgewicht aller wichtigen Elemente im Boden stellt sich erst nach mehreren Jahren systematischer Humuspflege ein. Findet der Baum seine Nährstoffe im oberflächennahen Humus, dann bildet er seine Saugwurzeln hauptsächlich nahe der Erdoberfläche aus.

Die Pflanzgrube für das junge Bäumchen wird so flach als möglich ausgehoben. Die Tiefe der Pflanzgrube richtet sich nach dem Wurzelsystem und nach der Bodenart. In bindigen Böden muß die Belüftung des Bodens durch groben Kompost gefördert werden. In leichten Böden ist eine Starthilfe durch bindige Erde von Nutzen. Die Beigabe von Kompost in die einzufüllende Erde trägt nur zur Bodenfruchtbarkeit bei, wenn er nicht zu tief in die Pflanzgrube eingebracht wird. Der junge Baum findet bei ausreichender Humusversorgung des Bodens auch in Stammnähe Nahrung. Er braucht aber in der Anwachsphase bereits ein kräftiges Wurzelsystem, weil er daraus wichtige Nährstoffreserven bezieht. Erst danach beginnt er den Bodenraum zu durchwurzeln. Deshalb kürzen wir die Wurzeln nur wenig ein und dünnen sie nicht aus. Die frischen Anschnitte bewirken einen Reiz für neues Wachstum.

Beim Pflanzen wird der Setzling senkrecht in die Pflanzgrube gestellt, und seine Wurzeln werden mit zerkrümelter Erde überschüttet. Leichtes Rütteln läßt die Erde auch zwischen die Wurzeln gelangen. Vorher wird der Baumpfahl fest eingeschlagen. Die Erde wird nach oben zunehmend mit Kompost angereichert. Die durch eine leichte Stammverdickung zu erkennende Veredlungsstelle über dem Wurzelhals muß über die Erde zu stehen kommen. Schließlich wird der gepflanzte Obstbaum an den Pfahl angebunden und kräftig angegossen.

Das Schneiden der Obstbäume soll im Rahmen dieses Buches nicht näher behandelt werden. Grundsätzlich werden Trieb- und Holzzuwachs durch alle Maßnahmen gefördert, die anfangs eine senkrechte Wuchsrichtung begünstigen, z. B. durch intensive Bewässerung und scharfen Rückschnitt.

Mit Blüten- und Fruchtansatz reagiert der Baum bevorzugt auf Maßnahmen, durch die eine waagerechte Ausbreitung unterstützt wird. Schneiden und Binden dient nicht immer der waagerechten

Kulturlandschaft des
Weinbaus

Ausbreitung, sondern regt oft die Bildung senkrechten Triebwachstums an, vor allem wenn aus dem Schneiden ein Beschneiden und
aus dem Binden ein Herunterbinden wird. Ziel muß ein ausgewogenes Verhältnis zwischen Zuwachs und Ertrag sein. Schnittmaßnahmen können sich auf optimalen Standorten auf Erziehungs-
und spätere Verjüngungsschnitte beschränken. Während im Sommer vorwiegend Wasserschosse, Stammtriebe und Stockausschläge
ausgeschnitten werden, wird im Nachwinter bei Kernobst der
Rückschnitt vorgenommen. Steinobst soll im belaubten Zustand
nach der Ernte geschnitten werden, um Gummifluß zu verhindern.
Kleinere Eingriffe erfolgen um Mitte April. Bei Frostwetter unter
$-8\,°C$ sollte jeder Schnitt an Obstgehölzen unterbleiben.

Anbauempfehlungen

Welche Obstarten und -sorten in einer Landschaft standortgerecht
sind, erfährt man in Baumschulen, bei erfahrenen Nachbarn und
durch eigene Beobachtungen. Der Freizeitgärtner wird möglichst
viele Arten von Obstgehölzen in mehreren Sorten in seinem Garten haben wollen. Mit dieser Artenvielfalt ist schon eine wesentliche Voraussetzung zur Vorbeugung gegen Schädlinge erfüllt. Dieser Wunsch nach Vielfalt hat allerdings seine Grenzen in der Gartengröße, den unterschiedlichen Standortanforderungen der Arten
und Sorten, aber auch in der Notwendigkeit, von verschiedenen
Sorten mehrere Bäume zu pflanzen, um die Bestäubung zu gewährleisten.

Kern- und Steinobst

Apfelbäume gedeihen am besten in humusreichen, etwas lehmigen
Böden. Für trockene Südlagen sind sie nicht geeignet, weil sie eine
gleichmäßige Bodenfeuchte brauchen. Ein Apfelbaum benötigt für
die Bestäubung die Pollenspende einer anderen Sorte. Die Insek-

Apfel
(Malus domestica)

Apfelbeere

ten tragen den Pollen aber so weit, daß es deshalb mit der Befruchtung im Garten keine Probleme gibt. Apfelbäume haben ihre Saugwurzeln in der Hauptsache nahe der Bodenoberfläche. Um diese Saugwurzeln nicht zu beschädigen, werden die Baumscheiben nicht umgegraben. Unsere Vorfahren haben viele Apfelsorten gezüchtet, von denen einige oft nur auf ganz kleine Regionen beschränkt blieben und in ihren Eigenschaften die ökologischen Bedingungen dieser Region widerspiegelten. Die Zucht dieser Sorten war eine großartige kulturelle Leistung früherer Obstzüchter. Sehr viele dieser Lokalsorten sind inzwischen verlorengegangen. Der Wirtschaftsobstbau hat sich bisher besonders auf hohe Ertragsleistungen, gute Transport- und Lagerfähigkeit konzentriert und die alten Obstarten vernachlässigt. Neuerdings ist eine zu begrüßende Rückbesinnung auf alte Sorten zu beobachten. Wer in seiner Nachbarschaft einen vitalen, ertragreichen alten Apfelbaum kennt, dessen wohlschmeckende Früchte keiner gängigen Sorte zuzurechnen ist, sollte im Dezember/Januar Reiser schneiden und diese im Frühjahr auf eine Unterlage veredeln (Pfropfen hinter die Rinde). Können Nachbarn nicht helfen, wendet man sich an den Reiserdienst des VEG Saatzucht-Baumschulen in Magdeburg, Schraderhof. In deren Liste stehen die Liebhabersorten: 'Altländer Pfannkuchenapfel', 'Ananasrenette', 'Champagnerrenette', 'Dülmener Rosenapfel', 'Gelber Bellefleur', 'Gravensteiner', 'Herrnhut', 'Laxtons Superb', 'Oldenburg', 'Winterbananenapfel' und 'Zuccalmaglio'.

Im Haus- und Kleingarten ist noch vieles möglich, was durch den Einsatz von Technik in den Großanlagen an differenziertem Wohlgeschmack verschwunden ist.

Kirschpflaume

Erst in jüngster Zeit ist die relativ anspruchslose und ertragsichere Apfelbeere vom Ziergehölz zum Obstgehölz geworden. Ihre etwa 12 mm dicke schwarze Frucht reift im August/September. Die Apfelbeere ist eine der wenigen Obstarten, die auch im Gebirge und in rauheren Lagen noch angebaut werden kann. Das Holz ist sehr frosthart. Die Früchte können zu Kompott, Soßen, Marmelade und Wein verarbeitet und für Wildgerichte verwendet werden.

Apfelbeere
(Aronia melanocarpa)

Das Holz der Aprikosen ist frosthärter als das der Pfirsiche, aber die sich sehr früh öffnenden Blüten sind von Spätfrösten bedroht. Die wasserreichen Jungfrüchte erfrieren schon bei −1 °C. Wirklich gut gedeihen deshalb Aprikosen nur an Südhängen in Weinbaulagen und an Südfronten von Häusern. Sie brauchen intensive Sonnenbestrahlung und warme durchlässige Böden. Der Wasserbedarf ist gering.

Aprikose
(Armeniaca vulgaris)

Birnenbäume sind wärmeliebend. Für kleinere Gärten ist die Spindel zu empfehlen. An geschützten Hauswänden können Birnen als Spalier gezogen werden. Die Wurzeln gehen mehr in die Tiefe und brauchen deshalb tiefgründige Böden. Sie kümmern bei hohem Grundwasserstand. Auch Birnensorten sind auf Fremdbestäubung angewiesen. Die passenden Partner erfährt man beim Kauf in der Baumschule.

Birne
(Pyrus communis)

Der auch unter dem Namen »Vogelbeere« bekannte Baum hat eine schüttere Krone, die nur wenig Schatten wirft. Die Eberesche wächst in jedem Gartenboden, der nicht zu naß oder moorig ist. Sie gedeiht in voller Sonne und im Halbschatten. Während die Beeren

Edel-Eberesche
(Sorbus aucuparia var. edulis)

der Wildform recht bitter schmecken, sind die der Zuchtformen von süßem Geschmack. Die Früchte haben einen sehr hohen Gehalt an Vitamin C. In den frischen Beeren beträgt er 80 bis 100 mg/ 100 g. Bekannte Zuchtformen sind 'Rosina' und 'Konzentra'. Die Sorte 'Rossica major' hat bis 1,5 cm breite Früchte. Die Beeren dieser Gartenformen können zu Kompott oder Gelee verarbeitet werden. Als Tee zubereitet und mit Honig gesüßt ergeben sie ein erfrischendes Getränk.

Kirschpflaume
(Prunus cerasifera var. divaricata)

Die Kirschpflaume, auch Juden-Kirsche, Myrobalana oder Türkische Pflaume genannt, wächst als breitausladender Busch, etwa 6 m hoch. Die gestielten, 2 bis 2,5 cm großen Früchte reifen noch vor den Frühpflaumen und lassen sich leicht abschütteln. Vom Pflaumenwickler werden sie nicht befallen. Wegen der Ertragssicherheit und guten Verwertbarkeit im Haushalt kann die Kirsch-Pflaume zum Anbau wärmstens empfohlen werden.

Kornelkirsche
(Cornus mas)

Die Kornelkirsche, andere Namen sind Herlitze, Erlitze, Corneliuskirsche oder Hörlitze, ist ein kleiner Baum mit rundlicher Krone, der sehr langsam wächst. Er kann bis zu 6 m hoch und 100 Jahre alt werden. Die gelben Blüten leiten den Frühling ein, noch vor dem Laubaustrieb. Die purpurrote ovale, hängende Steinfrucht wird 2 cm lang, reift ab September und ist im Geschmack herb-sauer. Die Kornelkirsche ist ein pflegeleichtes Ziergehölz, frosthart, verträgt Trockenheit, ist kalkliebend, von hohem Zierwert und eine gute Bienenweidepflanze. Hecken aus Kornelkirschen werden bei entsprechendem Schnitt sehr dicht. Das gelbe Holz ist außerordentlich zäh. Die Früchte werden zu schmackhaften Obstprodukten verarbeitet. Der Gehalt an Vitamin C ist höher als bei allen anderen Steinobstarten.

Mispel
(Mespilus germanica)

Die Mispel wächst als breitausladender Strauch oder kleiner Baum, ist frosthart sowie gegen Krankheiten und Schädlinge widerstandsfähig. Im Mittelalter war die Mispel als Obstgehölz verbreitet, heute wird sie in Mitteleuropa nur noch selten angepflanzt und muß zu den kulturgeschichtlichen Relikten gezählt werden. Die Züchtung großfrüchtiger Sorten konnte das Interesse an dieser eigenartigen Frucht aber erhöhen. Die Früchte ähneln einer abgeplatteten Hagebutte, sind walnußgroß, werden im Spätherbst geerntet und sind erst nach Frosteintritt, teigig geworden, genießbar.

Pfirsich
(Persica vulgaris)

Pfirsiche werden ausschließlich als Niederstämme gezogen. Ein sicherer Ertrag ist an Weinbauklima gebunden. Nahe am Haus oder an einem anderen südexponierten Standort auf humusreichen bindigen Böden gedeihen sie am besten. Pfirsichbäume sind frostempfindlich und frieren in strengen Wintern oft zurück. Auch die Blütenknospen und die offenen Blüten sind sehr frostempfindlich. Pfirsiche haben einen höheren Wärmebedarf als Aprikosen.

Pflaume
(Prunus domestica)

Die vielfältigen Pflaumensorten werden alle unter einer Sammelart zusammengefaßt. In der Sortenkunde werden echte Zwetschen, Halbzwetschen, Reneklauden, Rundpflaumen und Mirabellen unterschieden. Pflaumen lieben schwere, feuchte Böden. Alle Pflaumensorten mit Ausnahme der Hauszwetsche sind mehr oder weniger frostempfindlich und deshalb an warme Lagen gebunden. Die Hauszwetsche, das Urbild der Pflaume, kann vegetativ durch Wurzeltriebe vermehrt werden. Am optimalen Standort entwickelt sie eine unverwüstliche Vitalität. Sehr alte, durch Blitzschlag oder Brand stark geschädigte Bäume können sich in kurzer Zeit wieder regenerieren. Von allen Obstarten macht die Pflege und Beerntung hochstämmiger Pflaumen die geringsten Schwierigkeiten. Pflaumen können geschüttelt werden, und der Schnitt älterer Bäume kann sich auf Verjüngungsschnitt und Auslichten beschränken. Besonderheiten der Sorten sind dabei aber zu beachten. Je nach Sorte sind Pflaumen selbstfruchtbar oder brauchen Fremdbestäubung.

Da sie kleinere Kronen entwickeln, sind sie auch in kleinen Gärten unterzubringen. In Anspruch und Pflege am unkompliziertesten ist die Schattenmorelle. Ihrer Wuchstendenz zur »Trauerweide« muß aber durch regelmäßigen Sommerschnitt nach der Ernte oder mindestens durch Auslichtungsschnitt im Winter vorgebeugt werden. Einen wesentlich besseren Kronenaufbau hat die aufstrebend wachsende Sorte 'Fanal'. Schwere und nasse Böden vertragen Sauerkirschen nicht. Nur in sonnigen Lagen bilden sie saftige und aromatische Früchte aus.

Sauerkirsche (Cerasus vulgaris)

Süßkirschen bilden eine breite Krone aus und brauchen viel Platz im Garten. Niederstämme sind noch wenig verbreitet. Die Beerntung von hohen Kirschbäumen gehört zu den riskanten Unternehmungen im Obstbau. Die Kronenstruktur bietet einer Leiter wenig Stützpunkte, und die Äste und Zweige brechen leicht ab. Einem weitgehenden Formschnitt widersetzen sich Süßkirschen erfolgreich. Sie gedeihen gut auf warmen, tiefgründigen, lehmigen Böden.

Süßkirsche (Cerasus avium)

Quitten bevorzugen einen sonnigen Standort auf nicht zu schweren Böden. Sie sind Selbstbefruchter und werden als Busch gepflanzt und in Strauchform herangezogen. Veredlungen auf stammbildendem Weißdorn sind bruchgefährdet und widersprechen dem Wuchscharakter der Quitte. Quitten sind mit ihren schönen Blüten und leuchtenden Früchten eine Zierde des Gartens. Die Früchte sind nur gekocht genießbar und ergeben ein köstlich schmeckendes Gelee.

Quitte (Cydonia oblonga)

Nüsse

Die Zuchtformen stammen von unserer heimischen Waldhasel ab. Sie sind Windbestäuber, brauchen aber einen Partner zur Befruchtung. Haselnüsse benötigen viel Platz und kommen deshalb nur für große naturnahe Gärten oder als Heckenpflanze in Frage. Sie sind sehr anspruchslos und gegen alle Formen des Schnittes unempfindlich. Ihre Vitalität ist deshalb gut zu steuern.

Wer die Haselnuß wegen ihres Fruchtertrages anbauen will, tut gut daran, Sorten in der Baumschule zu kaufen und sich nicht auf Zufallssämlinge zu verlassen.

Haselnuß (Corylus avellana)

Brombeerblüte   Himbeeren

Walnuß
(Juglans regia)

Der Walnußbaum gehört zu den größten Bäumen im Obstgarten und erreicht einen Kronendurchmesser von 12 m. Nußbäume können mehrere Menschengenerationen überleben. Aus einer Nuß gezogen, vergehen bis zu 20 Jahre, bevor mit einem vollen Ertrag gerechnet werden kann. Wer unter einem Walnußbaum sitzt, soll nicht von Fliegen und Mücken belästigt werden. Der intensive Geruch der Blätter soll die lästigen Insekten vertreiben. Andererseits fressen Mai- und Junikäfer die Blätter. Der Walnußbaum gedeiht am besten auf humusreichen, mäßig feuchten Böden in sonniger Lage. Das Holz ist frostgefährdet. Deshalb ist die Walnuß außerhalb des Weinklimas nur in bestimmten Sorten winterhart. Man verlasse sich bei einem so langlebigen Baum nicht auf einen Zufallssämling, sondern pflanze eine bewährte Sorte.

Die Walnuß ist die einzige Obstart, die keinen Schnitt benötigt, mit dem Alter immer ertragreicher wird und kaum einer Schädlingsbekämpfung bedarf.

Beerenobst

Viele der Vorfahren unserer heutigen Beerensträucher wuchsen in lichten Auwäldern oder am Waldrand, wo der Boden ständig von Wildkräutern bedeckt war. Dort war der Boden auch feucht und locker, der Platz sonnig und windgeschützt. Wenn Sie in Ihrem Garten diese Voraussetzungen schaffen, sind die wichtigsten Bedingungen für ein gesundes Wachstum Ihrer Beerensträucher erfüllt. Sorgen Sie besonders dafür, daß der Boden unter den Sträuchern immer mit einer dicken Mulchschicht bedeckt ist.

Brombeere
(Rubus hybr.)

Brombeeren verlangen Sonne und eine Rankhilfe. Das kann ein Holzgerüst, ein Drahtspalier oder ein Maschendrahtzaun sein. Das zweijährige Holz stirbt nach der Fruchtreife ab und wird herausgeschnitten. Die einjährigen Triebe müssen rechtzeitig aufgebunden werden, damit sich das Holz vor dem Wintereinbruch festigen kann. Ein übersichtliches, kontrolliertes Wachstum ist anzustreben. Eine Brombeerhecke, die mehrere Jahre unbeeinflußt wachsen konnte, ist nicht mehr zu beherrschen und kann nur noch abgeholzt werden. Die stachellosen Sorten sind zwar hautschonend, sie klimmen aber nicht, und die Triebe halten sich nicht gegenseitig. Jeder Trieb muß einzeln und je nach Länge mehrere Male angebunden werden. Eine ständige Mulchdecke ist der Garant für gesundes Wachstum.

Erdbeeren

Unsere heutigen Erdbeersorten sind aus einer Kreuzung der nordamerikanischen Scharlach-Erdbeere *(Fragaria virginiana)*, mit süßen, aber kleinen Früchten, und der Chile-Erdbeere *(Fragaria chiloensis)*, mit großen, aber aromaarmen Früchten hervorgegangen. Beim Gärtnern mit der Natur lohnt sich der Anbau immerblühender Monatserdbeeren, die eine Variation der einheimischen Walderdbeere *(Fragaria vesca)* darstellen. Ihre Früchte sind zwar wesentlich kleiner, dafür ist aber das Walderdbeeren-Aroma weitgehend erhalten, und sie blühen und fruchten über das ganze Jahr. Da die Pflanzen rasch vergreisen und nur durch Neuaussaat vermehrt werden können, sollte die Nachfolgegeneration schon im ersten Standjahr herangezogen werden. Monatserdbeeren eignen sich gut als Beeteinfassung.

Erdbeeren wachsen besonders gut auf Böden, die als Vorkultur Kartoffeln oder Bohnen trugen und dann reichlich mit Kompost, der möglichst Rindermist enthalten sollte, versorgt sind. Das so vorbereitete Beet wird im August/September mit Erdbeerpflanzen besetzt, die man sich beim Gärtner kauft. Bei der Auswahl der verschiedenen Sorten läßt man sich am besten vom Fachmann beraten. Die Erdbeeren werden in einem Reihenabstand von 60 cm und in der Reihe im Abstand von 30 cm gepflanzt. Der weite Reihenabstand wird zur Mischkultur genutzt, besonders mit Knoblauch und Zwiebeln, die dauerhaft vor Pilzkrankheiten schützen. Der Boden wird gut gemulcht, auch mit Nadelstreu, Rinden oder Hobelspänen. Erdbeeren mögen einen leicht sauren Boden. Man kann auch Senf einsäen, der über Winter abfriert und den Boden bedeckt. Die Erdbeerpflanzen werden mit verdünnter Brennessel-Jauche (1:10) angegossen. Nach der Ernte werden die Ausläufer und das entwickelte Laub abgeschnitten und die Pflanzen mit Kompost und Steinmehl versorgt. Dadurch werden der Sommertrieb und die Blütenknospendifferenzierung angeregt.

Himbeere
(Rubus idaeus)

Die Himbeere hat ihren Charakter als Waldpflanze weitgehend erhalten und verlangt einen halbschattigen und windgeschützten Standraum, leicht sauren, feuchten, durchlässigen und möglichst lehmhaltigen Boden, der ständig gemulcht wird. Die Ruten flicht man zwischen 3 waagerecht verlaufende Drähte und erspart sich so das Anbinden. Stickstoffsammelnde Gründünger in Nachbarschaft der Himbeeren versorgen zusammen mit Gesteinsmehl den Boden mit den notwendigen Nährstoffen. Die Himbeerruten tragen im zweiten Jahr. Alte Ruten werden jedes Jahr nach der Ernte dicht über dem Boden abgeschnitten, ebenfalls alle schwachen Jungtriebe. Das Schnittgut wird verbrannt, um der Himbeerrutenkrank-

Kartoffelrose

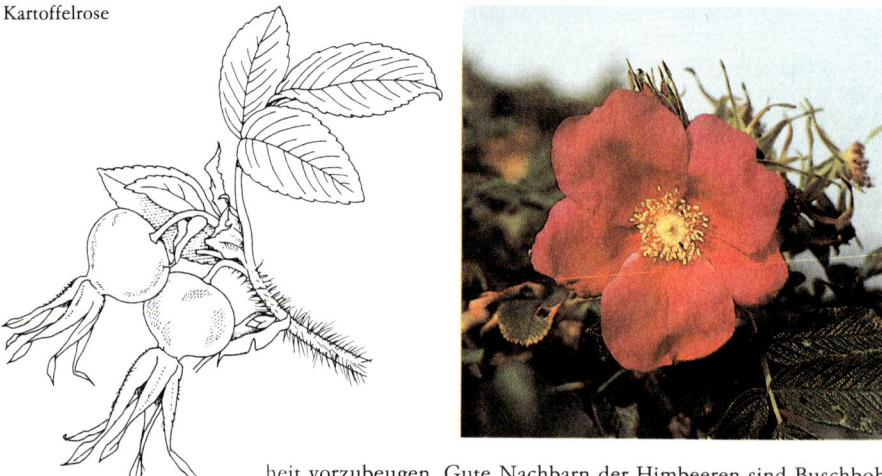

heit vorzubeugen. Gute Nachbarn der Himbeeren sind Buschboh-nen und Erbsen. Zur Unterpflanzung eignen sich Ringelblumen. Himbeeren wandern mit ihren Wurzelausläufern. Darauf muß man sich einstellen.

Jochelbeere
(Ribes nigrum x R. uva-crispa)

Der Artbastard tendiert im Aussehen und im Geschmack mehr zur Stachelbeere, ist stachellos, ertragreich und starkwachsend. Die Früchte haben Anteil an dem Aroma der Schwarzen Johannisbeere.

Johannisbeeren
(Ribes rubrum und R. nigrum)

Rote Johannisbeeren gedeihen und fruchten am besten in sonniger Lage, auch zwischen Obstbäumen, aber nicht unter Obstbäumen. Sie haben flachverlaufende Wurzeln, deshalb sollte jede Bodenbe-arbeitung möglichst unterbleiben. Bei einer Mulchdecke entfällt eine Bodenbearbeitung. Gedüngt wird im Herbst mit verrottetem Mist oder halbverrottetem Kompost, der mit einer Mulchschicht abgedeckt wird. Hierzu eignen sich Brennesseln, Komfrey, Laub, Rinden, Schnittgut von Gründüngern oder Stroh. Im Frühjahr kön-nen Holzasche, Algenkalk, Brennessel-Jauche und Knochenmehl zur Nährstoffversorgung eingesetzt werden. Der Boden muß auch im Sommer feucht bleiben.

Rote Johannisbeeren tragen am zwei- und dreijährigen Holz, das ist beim Schnitt zu beachten. Äste, die älter als 4 Jahre alt sind, werden entfernt. Johannisbeeren sind am besten als Sträucher an-zupflanzen oder an Spalieren zu ziehen.

Schwarze Johannisbeeren stellen an den Boden höhere Ansprü-che als die Roten Johannisbeeren. Mindestens im Untergrund muß bindiger Boden anstehen. Sie tragen am vorjährigen Holz am reich-lichsten, deshalb muß durch den Schnitt die Bildung einjährigen Holzes gefördert werden. Gute Nachbarn der Schwarzen Johannis-beeren sind Sauerkirschen.

Kartoffelrose
(Rosa rugosa)

Die Kartoffelrose hat die größten fleischigen Scheinfrüchte (bis 2,5 cm breit) aller Rosenarten. Ihre Früchte sind sehr vitaminreich. Sie stellt von allen Rosensorten die geringsten Ansprüche an das Klima und ist wegen ihrer schönen Blüten und leuchtend roten Ha-

Sanddorn

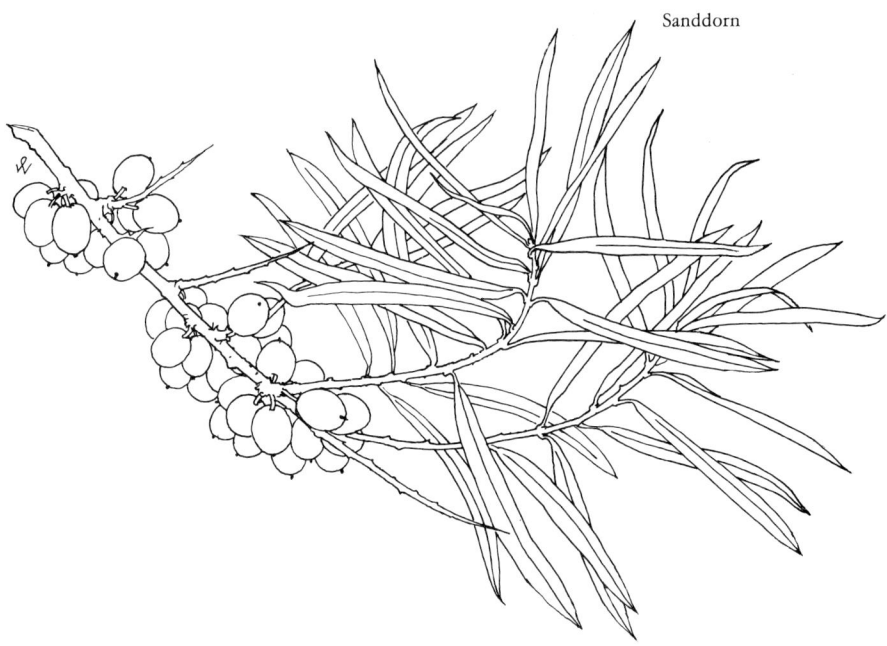

gebutten als Zierstrauch, aber auch als Heckenpflanze gut geeignet.
Sie treibt Wurzelausläufer und regeneriert sich dadurch sehr reichlich. Als bodenschützender Strauch, für niedrige Windschutzpflan-
zungen ist die Kartoffelrose auf sandigen und sauren Böden unentbehrlich. Der Vitamingehalt ihrer Früchte wird noch übertroffen
von der Vitaminrose (Pillnitzer Vitamin-Rose »Pi Ro 3«, einer
Kreuzung zwischen *Rosa dumalis* und *R. pendulina var. salaevensis)*.
Sie ist für Gestaltung, Lebendverbau und Hecken ebenso gut geeignet wie die Kartoffelrose.

Kulturheidelbeere
(Vaccinium spec.)

Seit Anfang dieses Jahrhunderts gibt es zahlreiche Sorten dieses
schmackhaften Beerenobstes. Sie stammen von nordamerikanischen Wildarten ab. Kulturheidelbeeren wachsen als Strauch etwa
2 m hoch und haben 5 bis 6 cm lange Blätter. Die blaßrosa gefärbten
Blütenglöckchen erscheinen Ende Mai. Ab August kann mit reifen
Beeren gerechnet werden. Ihr Fruchtfleisch ist im Gegensatz zur
Waldheidelbeere weiß. Im Geschmack sind beide ähnlich. Die Kulturheidelbeere liebt einen sonnigen bis halbschattigen Standort,
luftdurchlässigen, feuchten, sehr sauren Boden mit einem pH-Wert
von 4 bis 4,5. Der Strauch wird beim Pflanzen in eine 80 × 80 cm
breite und 30 bis 40 cm tiefe Grube mit Spezialerde gesetzt, wenn
kein natürlicher saurer Humusboden zur Verfügung steht.
   Nach dem Pflanzen wird mit reichlich Nadelstreu, Kiefernrinde
oder Hobelspänen gemulcht und ständig für reichlich Bodenfeuchtigkeit gesorgt.
   Kulturheidelbeeren werden nur leicht ausgelichtet, starke Jung-

Hecke aus Schwarzem
Holunder und Wildrosen

triebe gekürzt und eine regelmäßige Trieberneuerung angestrebt, damit es zu einer guten Verzweigung und Fruchtholzbildung kommt. Von einem erwachsenen Strauch können im Jahr bis zu 5 kg Heidelbeeren geerntet werden. Er trägt etwa 20 Jahre lang. Diese Obstart ist vor allem ein Angebot für Moor- und Heideböden, auf denen andere Obstarten nicht mehr wachsen.

Preiselbeere
(Vaccinium vitis-idaea)

Der 10 bis 30 cm hohe frostharte Strauch entwickelt durch Ausläufer bodendeckende Polster. Die glänzend dunkelgrünen Blätter sind immergrün. Die Preiselbeere wurde bisher kaum züchterisch bearbeitet. Sie gedeiht auf feuchten und auf trockenen kalkfreien Böden, selbst leichte Sandböden sind noch für den Anbau geeignet. In einem naturnahe bewirtschafteten Garten findet sich sicher auch ein Platz für einige Preiselbeerpflanzen, die man von Ausläufern ertragreicher Mutterpflanzen aus möglichst nahegelegenen Wildbeständen gewinnen kann. Im Handel wird die Sorte 'Erzgebirgsperle' angeboten. Preiselbeeren werden kaum von Schädlingen befallen. Bienen und Hummeln, deren langer Rüssel den tief in der Blüte verborgenen Nektar erreichen kann, bestäuben ihre Blüten. Die reifen Beeren werden mit Zucker zubereitet und dienen unter anderem als Beigabe zu Wildgerichten.

Sanddorn
(Hippophaë rhamnoides)

Die Beeren des Sanddorns haben den höchsten Vitamin-C-Gehalt von allen Wild- und Kulturobstarten, ausgenommen der Vitamin-Rose. Der Sanddorn ist frosthart, anspruchslos an den Boden, wird ohne Schnitt bis zu 5 m hoch und eignet sich wegen seiner dornigen Triebe auch recht gut als Heckenpflanze. Es gibt männliche und weibliche Pflanzen, die leider schwer zu unterscheiden sind. Der Sanddorn bildet reichlich Wurzelausläufer und muß durch regelmäßigen Schnitt unter Kontrolle gehalten werden. Sträucher, die nicht ständig ausgelichtet und verjüngt werden, entwickeln sich zu einer Art undurchdringlichem Stacheldrahtverhau.

Schwarzer Holunder
(Sambucus nigra)

Dieser lebenskräftige Strauch ist wegen seines vielseitigen Nutzens in der Bedeutung für den Menschen der Brennessel gleichzustel-

Schwarze Maulbeere

len. An den Holunderstrauch knüpfte sich allerlei Aberglauben.
Wer unter einem »Hollerbusch« schlief, war vor Unfall, Hexen, Dä-
monen und Schlangen sicher. Der Holunder sollte Haus und Hof
vor Feuer, Blitzschlag und Seuchen bewahren. Deshalb pflanzte
man ihn an Hausecken, Scheunen und Ställe. Seine Zweige sollen,
auf Baumscheiben unter die Mulchdecke gelegt, Wühlmäuse von
den Wurzeln der Obstbäume fernhalten. Die reifen Beeren sind
eine beliebte Vogelnahrung.

Der Schwarze Holunder wächst auf guten Böden bis zu 7 m
hoch. Auf trockenen Sandböden gedeiht er nicht. Er blüht im Mai
oder Juni. Während der Blütezeit kann der Imker auf den Honigtau
von Rindenläusen hoffen, den die Bienen in den köstlichen Honig-
tau-Honig verwandeln. Der Beginn der Holunderblüte bezeichnet
den phänologischen Beginn des Frühsommers.

Bei der Verarbeitung der Holunderbeeren ist deren unterschiedliche Reife ein Nachteil. Während manche Beeren in den
Doldentrauben noch grün sind, fallen die reifen Beeren bereits ab.
Mit der Sorte 'Mammut' wurde dieser Mangel beseitigt. Die Beeren
reifen bei ihr gleichzeitig Ende August bis Anfang September aus.
Die Blüten erscheinen erst Anfang Juni, wenn keine Spätfröste
mehr zu erwarten sind. Im ersten Jahr rechnet man mit einem Ertrag von 1 bis 2 kg je Strauch, ab fünftem Jahr mit bis zu 35 kg. Die
Sorte stellt nur geringe Ansprüche an den Boden. Unreife Beeren
und ungekochter Saft reifer Beeren sind für den Menschen giftig.

Blüte der Stachelbeere

Schwarze Maulbeere
(Morus nigra)

Die Schwarze Maulbeere ist eine sehr alte Kulturpflanze des Mittelmeergebietes. Sie liebt sonnige und geschützte Standorte, ist relativ rauchhart und vor Krankheiten und Schädlingen gefeit. Der sehr spät austreibende große Strauch oder Baum (bis 15 m hoch) ist anspruchslos an den Boden, aber frostempfindlich. Im Gegensatz zur ostasiatischen Weißen Maulbeere *(Morus alba)* eignet er sich nicht für Hecken. Als einzeln stehender, ausladender Baum kann die Schwarze Maulbeere sehr alt werden. Die brombeerähnlichen Früchte werden bis 2,5 cm lang und 2 cm dick und haben einen angenehm würzigen Geruch und einen säuerlich-süßen Geschmack. Sie sind zur Bereitung von Marmelade, Kompott und Most geeignet.

Stachelbeere
(Ribes uva-crispa)

Stachelbeeren brauchen nährstoffreichen bindigen Boden und ausreichende Bodenfeuchtigkeit. Im Gegensatz zu den Johannisbeeren eignen sie sich für halbschattige Lagen, auch unter Obstbäumen. Die Früchte sind gegen starke Sonneneinstrahlung empfindlich. Stämmchen haben den Vorteil, daß Schnitt und Ernte wesentlich schmerzarmer durchgeführt und eine übersichtliche Krone gestaltet werden kann. Ihre Lebensdauer ist aber geringer als die der Sträucher. Als Mulch eignet sich Komfrey, zur Kalianreicherung des Bodens verwendet man Komfrey-Jauche und Holzasche.

Weinrebe
(Vitis vinifera)

Weinreben wachsen am Haus und im Garten am besten an einer Südwand oder an einem Spalier. Sie können auch an sonnigen Stützmauern entlang gezogen werden oder Pergolen begrünen. Ihre Wurzeln reichen bis 8 m in die Tiefe, deshalb überstehen sie sommerliche Trockenzeiten. Die besten Dünger sind Kompost, Steinmehl und Holzasche. Schnittmaßnahmen sind sehr wichtig, wenn ein guter Ertrag erreicht werden soll. Zu erwarten ist er nur im Weinbauklima. Einen guten Ertrag kann man auch von bestimmten Sorten erwarten, wenn sie an einer südexponierten Mauerwand gezogen werden oder im Winter z. B. durch Schilfmatten geschützt werden. Weinreben werden nicht in Mischkultur an-

Wein an sonnenwarmen
Hauswänden gezogen
gedeiht nicht nur im
Weinklima

gebaut, denn sie müssen frei und sonnig stehen. Der Boden wird mit Steinen abgedeckt, die viel Wärme speichern können. Lehm-Kuhmist-Brei schützt als Anstrich das Holz vor Frostschäden.

Die Bindung der Weinrebe an das Weinbauklima ist auf die Empfindlichkeit der Blüte gegenüber Spätfrösten und auf die hohe Wärmemenge zurückzuführen, die für das Ausreifen der Trauben erforderlich ist. Wer einen Weinstock einfach nur zur Begrünung einer Hauswand oder eines Sitzplatzes haben will und mit zufälliger, überraschender Traubenernte zufrieden ist, kann es mit der Weinrebe auch außerhalb des Weinbauklimas versuchen.

Pflanzenschutz im Obstbau

Dieser etwa 4 mm große, graubraune Rüsselkäfer verläßt im März sein Winterversteck und fliegt bei sonnigem Wetter auf Apfelbäume. Dort bohrt er die Knospen an und frißt sie aus. Im April bohrt das Weibchen noch geschlossene Blütenknospen an und legt je 1 Ei in sie ab. Die Larven fressen Staubbeutel und Stempel. Die Knospen werden braun und öffnen sich nicht. Im Herbst verkriechen sich die Käfer zur Überwinterung unter Rindenschuppen, oft an den Bäumen benachbarter Wälder. Bei reichlichem Blütenansatz und nur schwachem Auftreten übernehmen Apfelblütenstecher eine erwünschte ertragssteigernde Ausdünnung des Fruchtansatzes. Bei geringer Blütenzahl kann es jedoch zu erheblichen Schäden kommen.

Apfelblütenstecher
(Authonomus pomorum)

Insekten, die am Stamm hochklettern, können mit Wellpappgürteln gefangen werden. Zu diesem Zweck wird im März 20 cm über dem Boden ein etwa 30 cm breites Stück Wellpappe fest um den Stamm gebunden, die glatte Seite nach außen. Damit die Pappe nicht vom Regen aufgeweicht wird, kann man sie mit farblosem Latex streichen. Mit dieser Methode fangen sich aber auch Arten, die zu den willkommenen Gästen im Garten zählen. Deshalb überprüft man erst, bevor man vernichtet. Ab April werden die simplen Fallen morgens täglich kontrolliert. Mit dieser Fangmethode kann zwar der Befall mehr oder weniger stark reduziert, aber nicht verhindert werden.

Apfelmehltau
(Podosphaera leucotricha)

Die Pilzerkrankung wird durch dichten Baumbestand und damit verbundenen Licht- und Nahrungsmangel, aber auch durch einseitige Düngung, besonders durch Stickstoffüberdüngung, begünstigt. Außer dem Apfel können auch Birne und Quitte befallen werden. Nach strengen Wintern findet der Pilz ungünstige Lebensbedingungen vor und tritt dann seltener als nach milden Wintern auf. Als vorbeugende Maßnahme wird man optimale Wachstumsbedingungen schaffen. Mehrmaliges Spritzen mit Schachtelhalm-Brühe und 50fach verdünnter Brennessel-Jauche kurz vor der Blüte bis zum Wachstumsende beugt dem Echten Mehltau vor. Befallene Teile (Sommerschnitt) werden abgeschnitten und verbrannt. Die Behandlung der befallenen Pflanzen mit Kupferkalkbrühe und elementarem Schwefel ist eine uralte erfolgreiche Methode – wenn der Boden ausreichend Sorptionskraft besitzt. Die Anfälligkeit der Sorten gegenüber Mehltau ist verschieden.

Apfelwickler
(Laspeyresia pomonella)

Die etwa 2 cm lange Raupe überwintert in einem festen Gespinst zwischen Rindenschuppen. Der Falter (Flügelspannweite 2 cm) fliegt vorwiegend in der Dämmerung von Ende Mai bis Anfang August. Die Eier werden auf Blätter und junge Früchte abgelegt, in die sich die Larven einbohren. Später verläßt die »Obstmade« die Frucht und verpuppt sich unter Rindenschuppen oder in anderen Verstecken, in denen sie auch überwintert. In warmen Sommern ist ab etwa Anfang August mit einer zweiten Raupengeneration zu rechnen.

Falläpfel müssen sofort aufgesammelt und verwertet oder vernichtet werden. Nicht kompostieren!

Vorbeugende Maßnahmen bestehen in guter Stammpflege, damit die Larven keine Verstecke finden, in denen sie sich einspinnen können, oder man bietet ihnen solche Verstecke in Form von Wellpappmanschetten an, die im Spätwinter entfernt und verbrannt werden. Das Spritzen einer Brühe aus 1 kg Schmierseife, 1 l Brennspiritus, 2 Löffel Kalk und 2 Löffel Salz in 20 l Wasser soll vorbeugend schützen.

Blattfallkrankheit der Roten Johannisbeere und der Stachelbeere
(Drepanopeziza ribis)

Die Krankheit wird von einem Pilz verursacht, der auf Fallaub überwintert. Befallene Sträucher können bis zum Spätsommer alle Blätter verlieren. Das schwächt sie erheblich. Nach dem Blattfall wirkt wiederholtes und gründliches Spritzen mit einem Gemisch (1:1) aus Brennessel-Jauche und Schachtelhalm-Tee. Die abgefallenen Blätter sind zu verbrennen.

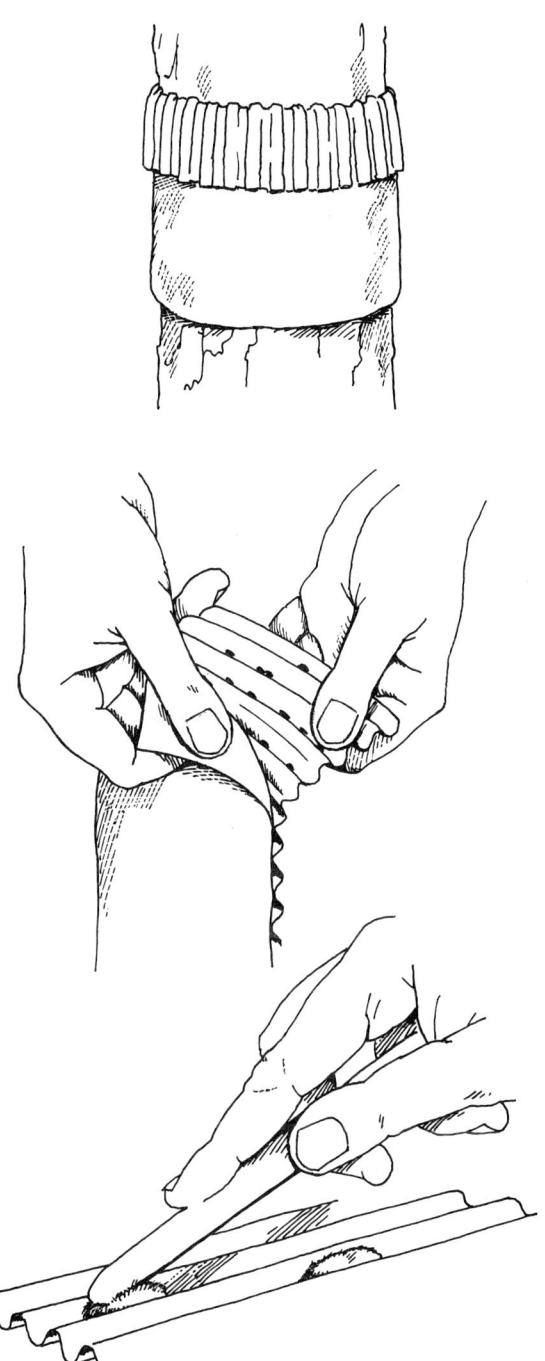

Fanggürtel gegen
Obstmade und
Apfelblütenstecher

Winternest des Goldafters,
eines Schadspinners
unserer Obstbäume
(ablesen und verbrennen!)

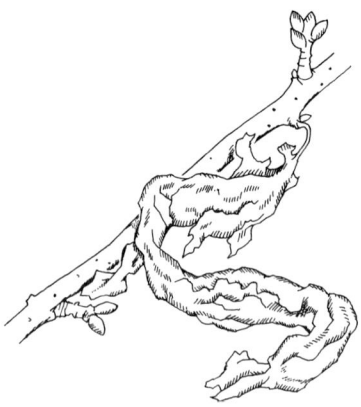

Blattläuse

Eine Reihe von Blattlausarten ist auf bestimmte Obstarten spezialisiert. Bevor Abwehrmaßnahmen eingeleitet werden, sollte sorgfältig geprüft werden, ob der Befall ein Eingreifen rechtfertigt oder ob
bereits natürliche Gegenspieler tätig sind, die Bekämpfungsmaßnahmen überflüssig machen. Gegenmaßnahmen:
– Räuberisch lebende Wanzen, Florfliegen, Marienkäfer, Schlupf-
und Zehrwespen schonen! Den nachtaktiven Ohrwürmern können
wir mit Holzwolle oder Heu gefüllte Blumentöpfe, die mit der Öff-
nung nach unten in die Obstbäume gehängt werden, als Unterschlupf anbieten. In diesem Versteck können sie tagsüber nicht
von Vögeln erbeutet werden. Des Nachts verlassen sie den Topf
und suchen den Baum nach Läusen ab.
– Bäume auf überdüngten Böden und Kümmerlinge sind besonders anfällig gegen Lausbefall. Wir sorgen für eine ausgewogene
Düngung, mulchen und versorgen ausreichend mit Wasser.
– Mischkulturen anlegen.
– Stammpflege einschließlich Baumanstrich durchführen.
– Bei geringem Befall können die Blattläuse mit den Fingern zer-
drückt bzw. die befallenen Blätter und Triebe abgeknipst werden.
– Bei starkem Befall ist ein gründliches Abspritzen der Blattlausko-
lonien mit dem Wasserschlauch anzuraten.
– Als Spritzmittel wird 12 Stunden alter Brennessel-Auszug,
Schmierseifen-Brühe mit Brennspiritus oder Auszüge aus Kapuzi-
nerkresse, Farnkraut sowie Wermut-Tee empfohlen. All diese Mittel müssen an 3 aufeinander folgenden Tagen angewendet werden.
Gegen überwinternde Blattläuse hat sich im Frühjahr das Spritzen
von mit Lehm vermengtem Schachtelhalm-Tee bewährt. Als Spritz-
gerät verwendet man eine Malerbürste oder einen Handbesen.

Blutläuse
(Eriosoma lanigerum)

Blutläuse werden bis ca. 2 mm groß und leben in Kolonien unter
dem Schutz weißer Wachswolle. Ihr Körper ist rotbraun gefärbt, sie
sitzen an jungen Trieben, überwallten Schnittwunden oder in Rindenritzen. Das Sekret, das sie in die Rinde spritzen, hat Wucherungen und das Aufplatzen der Rinde zur Folge, Triebe verholzen zu
spät und erfrieren leicht. Die Bekämpfungsmaßnahmen entsprechen denen gegen Blattläuse.

Die weiblichen Milben, etwa 0,5 mm groß, legen ihre weißlich durchscheinenden Eier zwischen die sich entfaltenden Blätter. Anfangs treten die Milbenschäden nesterweise auf. In feuchten Jahren mit hohen Temperaturen kann der ganze Bestand befallen werden. Die Milben breiten sich über die Erdbeerranken, nicht über den Boden aus. Um dem gefährlichen Schädling entgegenzuwirken, sollten von kranken Mutterpflanzen keine Jungpflanzen genommen werden. Erdbeeren zusammen mit Zwiebeln, Porree, Knoblauch, Radies und Salat wirken einem Befall entgegen. Im Frühjahr können bei Temperaturen über 10 °C mehrmals im Abstand von 3 Tagen Brennessel-, Knoblauch- oder Rainfarn-Brühe ins Herz der Blätter gespritzt werden. Auch das Begießen der Pflanzen mit einem Zwiebel-Aufguß ist ein wirksames Gegenmittel. Etwa 80 g Zwiebeln mit Kraut reichen für 1 Eimer Wasser.

Erdbeermilbe
(Stenotarsonemus pallidus)

Der 3 bis 4 mm lange, braun-schwarze Rüsselkäfer legt im Mai seine Eier in Blütenknospen und verbeißt dabei den Stiel so weit, daß er verwelkt. Die weiße, fußlose Larve frißt und verpuppt sich in der vertrocknenden Knospe. Der Käfer lebt unter Fallaub oder im Boden. Durch Mulchen, reichliche Humusversorgung des Bodens, Spritzen mit Rainfarn-Tee nach der Ernte über Pflanzen und Boden sowie das Bestäuben der Pflanzen mit Gesteinsmehlen kann man den Blütenstecher abwehren. Das Gesteinsmehl läßt sich am besten durch einen Stoffbeutel (alter Strumpf) stäuben.

Erdbeerblütenstecher
(Anthonomus rubi)

Er befällt vor allem Weinreben, an denen er von der Unterseite der Blätter aus in das Innere des Blattgewebes eindringt. Das erschwert seine Bekämpfung. Man spritzt nach der Blüte mit Schachtelhalm-Brühe, die man mit der fünffachen Menge Wasser verdünnt. Diese kieselsäurehaltige Brühe wirkt vorbeugend. Auch Rainfarn-Brühe, im Winter unverdünnt auf die Pflanzen, im Sommer auf den Boden gespritzt, soll helfen. Zur Nachblütenspritzung wird sie mit der zweifachen Menge Wasser verdünnt.

Falscher Mehltau der Weinrebe
(Plasmopara viticola)

Diese Krankheit wird von einem Bakterium hervorgerufen, das sich seit 1957 in Europa am Kernobst ausbreitet. Am anfälligsten sind Birne und Quitte. Erkrankte Blüten verfärben sich zunächst braun, dann schwarz. Der Erreger dringt über den Fruchtknoten schnell in Zweige, Ast und Stamm ein und bringt den erkrankten Baum zum Absterben. Die Bakterien greifen schnell auf Nachbarbäume über. Unreife erkrankte Birnen werden schwarz und trocknen ein. Ein typisches Erkennungsmerkmal sind abgestorbene hirtenstabähnlich gebogene Triebspitzen, deren trockenes wie verbrannt aussehendes Laub noch festsitzt.
   Bei hoher Luftfeuchte quillt aus dem erkrankten Gewebe häufig ein milchigweißer Schleim, der sich in der Luft zunächst bernsteinfarben und später schwarz verfärbt. Eingetrocknet überzieht er die betroffenen Aststellen mit einem silberglänzenden Film. Erkrankte Zweige und Stämme haben eine rotbraune Färbung. Die Rinde ist feucht, weich und oft von Blasen überhöht. Ab Spätsommer kann die Erkrankung zum Stillstand kommen.
   Der Erreger des Feuerbrandes wird besonders durch Insekten, beim Blütenbesuch, aber auch durch Werkzeuge beim Obstbaum-

Feuerbrand
(Erwinia amylovora)

Monilia-Früchte

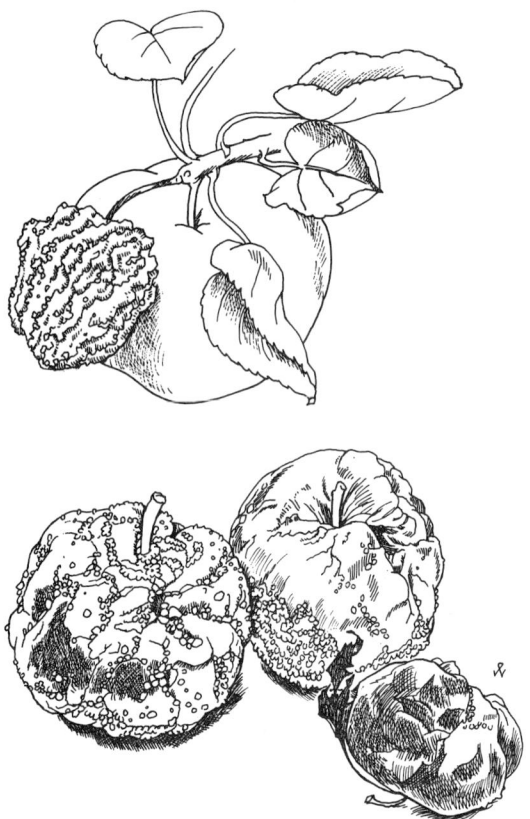

schnitt von Baum zu Baum übertragen, oder die Bakterien werden durch Regenspritzer und Vögel verbreitet. Beim Vogelzug können Stare und Drosseln an einer Fernübertragung beteiligt sein. Weiterhin ist eine Verbreitung auch durch Ex- und Import von krankem Pflanzgut und Pfropfreisern möglich.

Von besonderer Bedeutung als Ansteckungsquelle sind beim Feuerbrand die Zwischenwirte, vor allem der Weißdorn. Ein Befallsherd muß möglichst früh erkannt und vernichtet werden. Feuerbrand ist meldepflichtig! Der Pflanzenschutzdienst legt die Maßnahmen fest, die in der jeweiligen aktuellen Situation notwendig sind! Eine wirkungsvolle direkte chemische Bekämpfung des Feuerbrandes ist noch nicht bekannt. Man kann die Ausbreitung nur einschränken, wenn man neue Befallsherde rasch erkennt und sie energisch beseitigt.

Frostspanner
(Operophtera brumata
und *Hibernia defoliaria)*

Die Eier überwintern in Rindenritzen nahe den Winterknospen. Aus ihnen schlüpfen im März grüne, bis 20 mm lange Raupen, die bis Juni an Blättern, Knospen, Blüten und Früchten fressen. Die Raupen lassen sich dann an einem Faden auf den Boden herunter und verpuppen sich hier. Die Falter schlüpfen zur Zeit der ersten

Nachtfröste, daher der Name »Frostspanner«. Die Männchen haben eine Flügelspannweite von 20 bis 30 mm. Die flugunfähigen Weibchen kriechen den Stamm hinauf und legen im Baum ihre Eier ab. Die vorbeugenden und abwehrenden Maßnahmen sind die gleichen wie beim Apfelwickler. Die Weibchen können durch um den Baumstamm gelegte Fanggürtel ab Oktober gefangen werden.

Besonders bei Erdbeeren kann dieser Pilz große Ernteverluste hervorrufen. Im Wortsinne können ganze Fruchtstände verschimmeln. Die Ausbreitung wird durch engen Stand der Pflanzen und feuchtwarmes Wetter begünstigt. Das Stäuben mit basischen Gesteinsmehlen, drei bis vier Mal im Abstand von zwei Wochen vor der Blüte, wird zur Vorbeugung empfohlen. Auch der Mischanbau von Erdbeeren mit Porree, Zwiebeln oder Knoblauch soll dem Befall vorbeugen. Der Grauschimmel befällt unterschiedlichste Pflanzen und Pflanzenteile und ist deshalb generell nicht zu bekämpfen. In der Erprobung ist die Anwendung antagonistischer Pilze (z. B. *Trichoderma harzianum*) bei der Eindämmung der Infektion von Kulturpflanzen.

Grauschimmel
(Botrytis cinerea)

Die etwa 5 mm lange Kirschfruchtfliege befällt besonders Süßkirschen, kaum Sauerkirschen. Sie legt ihre Eier in halbreife Kirschen. Im Juli verpuppt sich die Larve in 4 mm langen gelben Tönnchen und überwintert im Boden.

Frühreife Sorten werden in der 1. bis 3. Kirschenwoche in der Regel noch nicht befallen. Die Robinienblüte signalisiert die Hauptflugzeit der Insekten. Die Krone sollte nach der Blüte mehrmals mit Wermut-Tee gespritzt werden, das soll die Fliegen von der Eiablage abhalten.

Wenn vorhanden, können ab Herbst Hühner im Obstgarten nach den überwinternden Puppen suchen. Vermadete Kirschen werden aufgelesen und verbrannt, oder man läßt sie von Hühnern fressen. Mit Fliegenleim bestrichene gelbe Papptafeln können, in der Baumkrone hängend, während der Flugzeit Kirschfruchtfliegen fangen (Leimherstellung s. S. 229).

Kirschfruchtfliege
(Rhagoletis cerasi)

Diese 2 bis 3 mm große Schildlaus hat eine keulenförmige Gestalt und ist weißlich bis gelb gefärbt. Unter ihrem Schild überwintern die Eier, aus denen im Juni die Larven schlüpfen. An jungen Apfelzweigen und -ästen können die Tiere eine lückenlose Kruste bilden. Durch ihr Saugen hemmen sie Wachstum und Fruchtansatz. Gegenmaßnahmen sind die gleichen wie bei Blattläusen (s. S. 160).

Komma-Schildlaus
(Lepidosaphes ulmi)

Die Fruchtfäule *(Monilia fructigena)* des Kernobstes tritt nach Verletzungen durch beißende Insekten, z. B. Wespen und Obstmaden an Kernobstarten und Pflaume und Pfirsich, auf. Zunächst entstehen an den reifenden Früchten Faulstellen, die sich rasch vergrößern und mit konzentrischen Sporenpolstern überziehen. Die Infektion kann durch Berührung kranker Früchte übertragen werden. Das kann auch während der Lagerung geschehen. Fruchtmumien, die am Baum hängenbleiben, können im darauffolgenden Jahr zu Neuinfektionen führen. Die Zweig- und Spitzendürre wird meist von anderen Erregern, z. B. *Monilia laxa,* hervorgerufen.

Monilia

Wir begegnen der Braunfäule, indem wir den Gesamtzustand der Obstbäume durch eine ausgewogene Düngung mit Kompost verbessern oder erhalten und befallene Zweigspitzen (Zweigmonilia) bis ins gesunde Holz zurückschneiden und verbrennen sowie Fruchtmumien an und unter den Bäumen entfernen und vernichten (nicht auf den Komposthaufen bringen!).

Pflaumenwickler
(Grapholitha funebrana)

Die Raupen der 1. Generation fressen von Mai bis Juni in jungen Pflaumen, die sich dadurch verfärben und vorzeitig vom Baum fallen. Die »Pflaumenmaden« der 2. Generation befallen ältere Früchte, die ebenfalls abfallen. Die Raupen überwintern am Stammgrund oder im Boden. Die Abwehrmaßnahmen sind die gleichen wie beim Apfelwickler (s. S. 158).

Spinnmilben
(Metatetranychus ulmi,
Gattungen *Bryobia,*
Tetranychus u. a.)

Diese gefürchteten Schädlinge werden bis ca. 0,5 mm groß. Sie sind farblos, grün, gelb oder rot gefärbt. Die Eier überwintern am Fruchtholz der Bäume oder Sträucher, wo sie dicht beisammen sitzen. Die Rinde kann dadurch rot aussehen. Die Milbenlarven saugen, geschützt durch feine Gespinstfäden, an den Blattunterseiten. Der Befall wird durch trockene Wärme und Überdüngung mit Stickstoff begünstigt. Das Saugen der Spinnmilben schädigt die Blätter und hemmt das Wachstum der Früchte.

Raubmilben, Marienkäfer, Raubwanzen, Ohrwürmer und andere Gliederfüßer sind Freßfeinde. Durch Mulchen wird für die Erhaltung der Bodenfeuchte gesorgt, durch Düngen mit Kompost, Brennessel- oder Schachtelhalm-Jauche eine ausgewogene Nährstoffversorgung angestrebt. Abwehrmaßnahmen sind öfteres Abspritzen der befallenen Astpartien mit einem starken Wasserstrahl und Spritzen mit Schachtelhalm-, Rainfarn- oder Wermut-Brühe.

Säulenrost
(Cronartium ribicola)

Der Pilz befällt im Hochsommer vorwiegend Schwarze Johannisbeeren. Im Herbst erzeugen die Pilzsporen auf Weymouths-Kiefern den Weymouthskiefer-Blasenrost. Im nächsten Jahr kehrt der Pilz wieder auf Schwarze Johannisbeeren zurück.

Um diese Pilzerkrankungen zu vermeiden, wird man in der Nähe von Weymouths-Kiefern keine Schwarzen Johannisbeeren anpflanzen. Wermut soll ein guter Nachbar sein. Bei Befall wird das Spritzen mit Schachtelhalm-Tee und Wermut-Brühe vor und während der Blüte empfohlen.

Schorf des Apfels
(Venturia inaequalis)

Die Fruchtkörper des Pilzes überwintern im Gewebe abgestorbener und am Boden liegender Blätter. Von dort werden im Frühjahr die Sporen vom Winde auf junge Blätter getragen, wo sie bei feuchtem Wetter keimen und die typischen braunen Flecken hervorrufen. Auch die Früchte werden befallen. Werden sie erst kurz vor der Ernte infiziert, zeigen sich die Flecken erst während der Lagerung. Man spricht dann von Lagerschorf.

Schorfbefall wird durch zu hohe Stickstoffgaben, hohe Luftfeuchtigkeit, durch dicht aneinanderstehende Bäume und schlecht ausgelichtete Kronen begünstigt.

Wichtig ist, daß verschorftes Fallaub sorgfältig beseitigt (kompostiert) wird. Die Vermehrungssporen werden nur im Licht gebildet. Die Baumscheiben sollten gemulcht bzw. mit Gründüngern

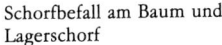

Schorfbefall am Baum und
Lagerschorf

angesät werden. Regenwürmer sind hervorragende Helfer bei der
Verminderung des Schorfbefalles: sie verdauen die am Boden lie-
genden, vom Schorf befallenen Blätter. Die Schorfanfälligkeit ist
stark sortenabhängig.

Von kirschenplündernden Staren weiß mancher Gartenbesitzer ein   Vogelfraß
Lied zu singen. Obwohl sich dieser beliebte Frühlingsbote überwiegend von Insekten ernährt und uns bei der biologischen Schädlingsabwehr unterstützt, ist seine Vorliebe für süße Kirschen nicht
zu übersehen. Obstbaubetriebe haben allerlei Versuche unter-
nommen, um die Stare von ihren fruchttragenden Kirschbäumen
fernzuhalten. Dabei hat sich herausgestellt, daß selbst dauernd vom
Tonband abgespielte Staren-Angstrufe bald an Wirkung verlieren.
Die besten Erfolge werden mit Habichtattrappen erzielt, die über
den Baumkronen schwebend, im Umkreis von 50 m die Kirschplün-
derer fernhalten. Die Attrappen bestehen aus Sperrholz oder ähnlichem Material und werden an unauffälligen Perlonfäden (Angel-

schnur) aufgehängt. Mit wetterfester Farbe habichtsfarben angestrichen, können sie jahrelang zur kritischen Zeit als wirkungsvolle Starenscheuche eingesetzt werden.

Eine andere Abwehrmaßnahme besteht darin, im zeitigen Frühjahr ein Starenpärchen mit einem Nistkasten in den gefährdeten Baum zu locken. Während der Kirschenzeit verjagen die beiden Stare alle anderen Artgenossen aus ihrem Brutbereich. Der Starenfamilie müssen wir ihren Eigenbedarf dann gönnen.

Sehr schwierig ist die Abwehr von fruchtfressenden Amseln, die gelegentlich selbst Sauerkirschen und Pflaumen nicht verschonen. Sie sind nur durch ständige Beunruhigung von den Bäumen fernzuhalten. Eine Vogeltränke hilft, daß sich Amseln nicht gar zu viele saftige Früchte holen. Sie tun das oft nur, um ihren Durst zu stillen.

Vögel fressen auch Gehölzknospen, aber nach Holzarten und Jahreszeit sehr unterschiedlich, oft nur auf bestimmte Bäume beschränkt, dann aber jedes Jahr aufs neue. Das Knospenfressen ist keine reine Nahrungsaufnahme, sondern mit biochemischen Vorgängen, die in den Knospen zyklisch verlaufen, zu erklären.

Die Vögel fressen jedoch nicht immer die Knospen, sondern picken nur die Insekten ab, die sich an oder in ihnen befinden. Das Befressen von Knospen sollte also genau beobachtet werden, um sich ein gerechtes Urteil zu bilden. In Gärten, in denen es alljährlich zu Schäden durch Knospenfressen oder Fruchträuberei kommt, kann man nur noch den Schutz mit engmaschigen, sichtbaren Netzen empfehlen. Wenn sie nicht unten geschlossen werden können, bergen sie die große Gefahr in sich, zu Vogelfallen zu werden. Die Kulturgeschichte der Vogelscheuchen ist lang und von Mißerfolgen geprägt.

Wildschäden

In harten Wintern kann es in Gärten, die nicht entsprechend eingezäunt sind, zu Wildschäden kommen. Hasen und Wildkaninchen wissen dann das kleinste Schlupfloch im Zaun zu finden, um ihren Hunger zu stillen. Rot- und Rehwild überspringen Einfriedungen, die niedriger als 1,5 m sind, Verbiß- und Schälschäden, besonders an jungen Obstgehölzen, können dann erheblich sein. Ein einziger Hase vermag in wenigen Winternächten die Rinde von Dutzenden junger Obstbäumchen abzunagen oder den Rosenkohl auf seine Weise zu ernten.

Eine sichere Abwehrmaßnahme ist entweder eine Einfriedung mit einer dichten und hohen Hecke, ein Maschendrahtzaun (dessen Funktion vielleicht später eine daran gepflanzte Hecke übernimmt), der Schutz des Einzelstammes mit PVC-Manschetten, das Einbinden mit Reisig oder ein Baumanstrich (s. S. 142).

Hygienemaßnahmen

Zur Hygiene gehört, daß kranke und krankheitsverdächtige Pflanzen oder Pflanzenteile rechtzeitig erkannt, entfernt und vernichtet werden. Auf abgeernteten Flächen dürfen Krankheitserreger und Schädlinge möglichst wenig Gelegenheit zur Überwinterung finden. Manche von ihnen bleiben an Früchten, Zweigen oder Blättern lange lebensfähig oder bilden Dauersporen aus, die auch durch Kompostierung nur teilweise abgetötet werden. Das trifft auf Pilzerkrankungen wie Kohlhernie, Umfallkrankheit, Grauschimmelfäule, Falschen Mehltau, Tomatenwelke, Blattfallkrankheit der Gurke, Spargelrost, Blattfleckenkrankheit bei Sellerie und Blattfleckenkrankheit der Bohne zu. Bakterienkrankheiten wie Schwarzbeinigkeit an Kohl, Bakterienfäule und Schwarzbeinigkeit bei Kartoffel sowie Salatfäule bilden keine Dauersporen aus. Ihre Erreger werden beim Rottevorgang abgetötet, vorausgesetzt es herrschen innerhalb des Komposthaufens wenigstens zeitweise Temperaturen von mindestens 60 °C.

An Obstgehölzen müssen abgestorbene Äste, die meist von pilzlichen oder bakteriellen Holz- oder Rindenkrankheiten befallen sind, bis auf den nächsten Astring zurückgeschnitten werden. Sie sollten aus dem Garten gebracht und verbrannt werden. Am Baum hängengebliebene Monilia-Fruchtmumien sowie angefaultes Fallobst werden abgenommen bzw. aufgelesen und tief vergraben. Verschorftes Laub sollte bis spätestens Ende März zusammengerecht und kompostiert werden. Sägewunden sind in den Rindenpartien glatt zu schneiden. Haben sie einen Durchmesser von mehr als 3 cm, dann müssen sie mit Baumwachs oder anderen Schutzmitteln bestrichen werden. Die Samen von Wildkräutern verlieren beim Kompostierungsprozeß nur zum Teil ihre Keimkraft, wenn der Haufen nicht mehrmals umgesetzt wird. Jedes Umsetzen, verbunden mit gründlicher Durchmischung, hat erneute Erwärmung zur Folge, die zum gewünschten Erfolg führt.

Zu den hygienischen Maßnahmen gehört ferner das Desinfizieren von Bohnenstangen, Tomatenpfählen und sonstigen Stützhilfen, an denen Pflanzen angebunden waren. Sie werden einfach durch offenes Feuer gezogen.

Aus abgeernteten Gewächshäusern und Frühbeeten sind alle Kultur- und Wildpflanzen samt ihren Resten sorgfältig zu entfernen. Die Erde sollte möglichst jedes Jahr ausgewechselt werden.

Von Mehltau befallene, verkrüppelte, eingerollte Rosenblätter werden samt Trieben abgeschnitten und verbrannt. Vorzeitig abgefallene Blätter (sie sind meist vom Sternrußtau befallen) sollten ebenfalls verbrannt werden.

Im Garten anfallende Fäkalien können zu Düngezwecken verwendet werden, nachdem sie sich im Komposthaufen umgesetzt haben. Die Menge soll aber das Verhältnis von 1 Teil Fäkalien zu 10 Teilen Kompostmaterial nicht überschreiten. Häusliche Fäkalien, die Haushaltchemikalien enthalten, werden zur Gemüseerzeugung nicht verwendet. Viele Waschmittel enthalten pflanzenschädigende Tenside und Bleichmittel, die in häuslichen Klärgruben nicht ausreichend abgebaut werden. Hygienisch bedenklich ist der Einsatz von Stallmist und Jauche aus Groß- und Kleinviehanlagen, in denen Desinfektionsmittel verwendet werden. Ofenruß enthält Schadstoffe und findet deshalb im Garten keine Verwendung. Kohleaschen enthalten in unterschiedlichen Mengen Schwefelverbindungen und Schwermetalle. Deshalb ist ihre Verwendung als Kompostzusatz in Abhängigkeit von Art und Herkunft der Kohle zu dosieren (Braunkohlenasche des Lausitzer Reviers enthält 15 bis 18 % CaO) oder zu unterlassen.

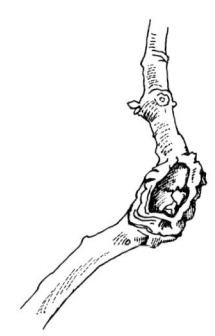

Obstbaumkrebs

Felsen-Fetthenne
(Tripmadam) auf
Mauerkrone

Naturnahe Gartengestaltung

Zierpflanzen im Garten

Wir haben uns bisher mit dem Anbau von Obstgehölzen, Gemüsepflanzen und Küchenkräutern beschäftigt und den Garten als lebendiges Ganzes, als Beziehungsgefüge von Boden, Bodenorganismen, Pflanzen und Tätigkeit des Gärtners begriffen. Unter bewuß-
ter Ausnutzung von Naturkräften können dabei dauerhaft gute
und gesunde Erträge erzielt werden. Gärtnern ist jedoch nicht ausschließlich auf den Anbau eßbarer Früchte, Blätter und Wurzeln
beschränkt. Wer gärtnert, der tut es vor allem, weil ihm das Gärtnern Freude bereitet. Freude am Garten empfinden wir aber nicht
nur, wenn die Radieschen sprießen, sich Kohlköpfe runden oder
die Zweige des Apfelbaumes sich unter der Last rotwangiger
Früchte neigen. Freude erfahren wir auch durch Blumen, durch
Pflanzen, die wir ihres Anblickes oder ihres Duftes wegen im Garten pflegen. Ein Garten ist ein Stück bewußt gestalteter Natur. Er
spiegelt den Schönheitssinn, das ästhetische Empfinden und das
Naturverständnis des Gärtners wider.
  Wenn wir ein Gelände zum Naturgarten entwickeln wollen,
sollten wir zunächst einen Ratschlag Karl Foersters beherzigen, der
1925 in »Blumengärten für intelligente Faule« schrieb: »... tue alle
deine Begriffe von Gartenblumen und Blumengärten, alle über-
kommene Gartentradition und Gartenlangeweile mitsamt Kugelbu-
xus, knallgelben Kieswegen, Mehltaurosen, gemischten Decksträu-
chern, phrasenhaften Blautannen und ewig gestrigen Spießerblu-
men auf einen riesigen Komposthaufen und befeuchte das Ganze
mit dem Wasser der Vergessenheit.«

Garten oder Wildnis

Garten ist das Werk menschlichen Willens, ein Gegensatz zu »wilder Natur«. Die Geschichte der Gartenarchitektur ist die Geschichte einer Kunst, die mit Naturelementen räumlich arbeitet.
  Ein naturnaher Garten ist eine bewußte Verbindung von Natur-
haftem und Gestalterischem, eine Aufhebung des Gegensatzes,
weil Natur wieder in ihrem freien Wirken zugelassen wird.

Einjährige Sonnenblume –
die größte Sommerblume
unserer Gärten

Staudensonnenhut ›Goldsturm‹

In vielen Gärten und Grünanlagen wird aber noch Natur unterdrückt, wird aus Tradition, aus Ordnungsstreben oder auch einfach aus Gedankenlosigkeit und Unkenntnis natürlicher Zusammenhänge »Natur ausgeschaltet« (Le Roy).

Auf öffentlichen Grünflächen begrenzen noch vielfach geradlinige Betonkanten, scharfe Ecken, versiegelte Wege und Plätze und Betonelemente das Raumbild. Kurzgeschorene Rasen, stereotype Koniferenpflanzungen und kurzlebige Blumenrabatten lassen keinen Raum für spontanen Pflanzenwuchs. Strauchpflanzungen werden bis zur Unkenntlichkeit geschnitten, gegraben, gehackt. Ausgeharktes »Unkraut« und Laub werden verbrannt oder auf den Müll gefahren. In Gärten und auf Friedhöfen sind es individuelle Verhaltensweisen, die Natur ausschalten. Die an Beton- und Plastelementen, teuren Modepflanzungen und hohem Pflegeaufwand orientierten Wertvorstellungen lassen keinen Platz für Wildpflanzen, die als »Unkraut« und »Wildwuchs« mit verbissener Ausdauer bekämpft werden. Pflanzenwuchs wird programmiert, und alles Grün, das von diesem Programm abweicht, sei es das Gänseblümchen im Zierrasen, die Wegwarte vor dem Gartenzaun oder das Rispengras zwischen den Pflastersteinen, wird ausgemerzt. Mit hohem Aufwand von Energie, Arbeitskraft, Zeit wird gegen Natur zu Felde gezogen, und das gerade in Bereichen, in denen wir eigentlich »Natur« haben wollen: im Garten, in Grünanlagen und in Parks. Gartengestaltung als Gestaltungswillen des Menschen gegen

Staudenlupinen haben viele Farben

Herbstastern bieten eine späte Bienenweide

die ungebundene Natur hat ihre Wurzeln in den Zeiten, in denen
der Mensch sich auch gegen die Natur durchsetzen mußte und ungebundene Natur überall unbegrenzt zu haben war. Willy Lange
charakterisierte 1907 das Gestaltungsprinzip historischer Bauerngärten folgendermaßen: »Die Gestaltung des Bauerngartens beruht auf
dem Streben nach Symmetrie, geradlinige und kreisförmige Be-
grenzung sind typisch. Die umgebende Natur, Wald, Wiese, Bach,
See erscheinen dem Landmann ungesetzmäßig gestaltet, ihre in unserem Sinne ästhetischen Werte berühren ihn kaum, was er schafft,
wird ihm erst schön, wenn es im Banne einer von ihm gewollten
Ordnung steht. Die Pflege des Gartens ist dementsprechend im
wesentlichen die Erhaltung der deutlich geschaffenen Ordnung;
was nicht gepflanzt ist, gilt als Unkraut. Der Weg soll für die ihm
zuteil gewordene Pflege sprechen durch Bestreuung mit leuchten-
dem Kies, zerstoßenen Schlacken, Muschelschalen ... Am Sonntag
wird der Garten sauber geharkt, und kein Fuß darf ihn mehr betreten, damit die Sonntagsmorgensonne den Landmann, sein Gesinde
und alles was sein ist, in schönster Ordnung findet. Hohe sittliche
Werte drücken sich in diesen Äußerlichkeiten aus.« Dieses Bestre-
ben, Pflanzwuchs zu bändigen, Natur zu ordnen und zu beherrschen war ein Zeichen von Kultur und Ausdruck des Zeitgeistes.
    Besonders deutlich zeigt sich dieser Zeitgeist in der französi-
schen Gartenkunst. Dem absolutistischen Gesellschaftsprinzip entspricht eine vollständige Unterwerfung der Natur unter mathemati-

Stockrosen sind alte
Bauerngartenpflanzen

sche Formprinzipien. Der französische Garten kann nur in ständigem Kampf gegen die Selbsttätigkeit der Natur in seiner Form erhalten werden, das Beschneiden ist die Hauptarbeit des Gärtners. Der Umgang mit Natur ist hier auf Aneignung und Naturbeherrschung ausgerichtet. Sich Natur aneignen heißt, sie als Material zu gebrauchen. Natur beherrschen heißt, ihre Selbständigkeit zu unterbinden oder zu kontrollieren. Im französischen Garten galt die Natur als sie selbst nichts. Pflanzen waren lediglich Material, Baumaterial, das zur Bildung von Wänden und Ornamenten diente bzw. Masse, aus der man Figuren schnitt. Die Selbsttätigkeit der Natur tritt in solchem Zusammenhang immer nur als Störung oder Abweichung auf, und die ganze Produktionsarbeit des Menschen ist darauf gerichtet, die Folgen der Selbsttätigkeit der Natur zu vernichten (Böhme). Wir haben längst begriffen, daß Natur »an sich« schön sein kann und nicht in jedem Fall schön zurechtgestutzt, geradegebogen und kurzgehalten werden muß. Gestaltungswillen muß sich nicht in geometrischen Formen ablesen lassen, er findet auch seinen Ausdruck im naturwissenschaftlich fundierten Verständnis für das natürliche Vegetationsbild und seine Schönheit.

Eine Voraussetzung für die Bewältigung wachsender ökologischer Probleme unserer Zeit ist es, zu lernen, mit der Natur zu arbeiten, anstatt gegen sie. Wir müssen auch unserem Garten zugestehen, daß er ein Stück Natur ist, Ausdruck des Wirkens bestimmter Naturgesetze. Nur so können wir ihre »Selbsttätigkeit«, ihre »Gratisleistungen« in schöpferischer Auseinandersetzung mit ihr für unsere Bedürfnisse nutzen. Jeder, der über ein Stück Garten verfügt, kann das praktizieren und im »Naturgarten« der Selbsttätigkeit von Natur Freiraum gewähren.

Das Grundprinzip naturnaher Gartengestaltung besteht im bewußten Aufgreifen der jeweils gegebenen Standortbedingungen für die Entwicklung standortgemäßer Pflanzengemeinschaften sowie in der gestalterischen Ausnutzung des Wuchsverhaltens und der ästhetischen Wirkung von einheimischen Wildpflanzen, eingebürgerten fremdländischen Pflanzen und auch von geeigneten gärtnerischen Zierpflanzen. Die Aufgabe des Gärtners besteht hier nicht in einem ständigen Kampf gegen »Unkraut« und »Wildwuchs«, sondern darin, mit diesem »Wildwuchs« zu komponieren, die biologischen und ästhetischen Möglichkeiten des »Unkrautes« und der eingebrachten Arten sich entfalten zu lassen und mit »sanfter Hand« lediglich steuernd einzugreifen, wenn es die Situation erfordert. Die Pflege eines Naturgartens hat nicht die Konservierung eines programmierten Zustandes zum Ziel, sondern sie ist ein fortwährender dynamischer Prozeß, der immer wieder Neues und auch Unerwartetes sich entwickeln läßt, der Freiraum bietet sowohl für Natur als auch für schöpferische Auseinandersetzung des Menschen mit Natur. Naturgarten ist also nicht »Wildnis«, sondern bewußt gestaltete Natur.

Kleingarten, Grünanlage, Park

»Die Natur duldet, wo sie ungestört bleibt, in unserem Klima keine kahlen Flächen. Diese überströmende Lebensfülle haben wir als Motiv zu benutzen und im Garten durch größere Mannigfaltigkeit und Üppigkeit zu steigern« (Lange).

Naturgemäße Gartengestaltung erfordert durchaus nicht das Gelände eines viele Hektar großen Parks, sondern läßt sich auch in Kleingartenparzellen, Vorgärten und Hinterhöfen praktizieren. Schon der Streifen zwischen Weg und Gartenzaun in einer Gartenkolonie kann genutzt werden. Hier können Gänseblümchen, Butterblumen, Seifenkraut, Schafgarbe, Johanniskraut, Wegwarte und Rainfarn einander im Blühen ablösen. Man kann diese Pflanzen durch Samen einbringen und wachsen lassen, sie säen sich dann selbst wieder aus, die trockenen Fruchtstände geben Vögeln im Winter Nahrung.

Ist vor dem Zaun wenig Platz und wird der Weg oft begangen, ist es ratsam, die Pflanzendecke kurzzuhalten. Unter häufiger Tritteinwirkung halten sich ohnehin nur niedrigwüchsige, trittverträgliche Pflanzen wie Einjähriges Rispengras, Breit-Wegerich, Vogel-Knöterich. Durch gelegentliches Mähen bleiben sie dem Boden angedrückt, sie binden den Staub, bieten einen grünen Anblick, und man geht darauf wie auf einem Teppich. Es ist nicht einzusehen, warum Wegränder und Randstreifen ständig frei gekratzt und geharkt oder gar mit »Unkrautex« staubig saubergehalten werden, warum alle Wege verplattet oder betoniert werden müssen. Ebenso kann man Hofplätze und Wege mit Trittrasen begrünen lassen und durch gelegentliche Mahd kurzhalten. Selbst zwischen Pflastersteinen können sich Pflanzen ansiedeln und die Härte der Steine mildern.

Gartenzäune und Wände brauchen im Garten nicht sichtbar zu sein. Kletterpflanzen können bei geringem Flächenbedarf Zäune und Mauern in grüne oder blühende Wände verwandeln und sind deshalb besonders für Höfe und Hausfassaden geeignet.

Die Abgrenzung einer Gartenparzelle kann auch durch Hecken erreicht werden. Ist nur wenig Platz vorhanden, läßt sich regelmäßiger Formschnitt kaum vermeiden. Dafür bieten sich je nach landschaftlicher Lage Hainbuche, Liguster, Feld-Ahorn und Feld-Ulme, auch Weiden für Flechtzäune an. Bei genügend Platz sind Wildhecken aus verschiedenen Sträuchern und einzelnen Bäumen als Grundstücksbegrenzung zu bevorzugen. Hier ist jahrelang gar kein Schnitt nötig, im liegenbleibenden Laub können sich Frühlingsblüher und Laubwaldpflanzen ansiedeln und ausbreiten, Tiere Unterschlupf finden.

Die Rasenfläche im Kleingarten kann trotz regelmäßiger Mahd artenreich und bunt sein, wenn Gänseblümchen, Günsel, Braunelle, Ehrenpreis u. a. nicht ausgestochen, sondern geduldet werden. Sie braucht keine abgestochene Kante, sondern sollte mit hochwüchsigen, ausdauernden Wiesen- und Saumpflanzen an die Hecke grenzen oder als Trittrasen in den Weg übergehen. Wenn es der Platz erlaubt, kann eine Ecke oder Fläche durch Ausstreuen von Wiesenpflanzensamen und Verringerung der Mahd auf ein- bis zweimal jährlich zur buntblumigen Kräuterwiese entwickelt werden.

Staudenbeete müssen nicht als geometrische Rabatte angelegt, in Kantensteine eingefaßt und ständig gehackt werden, sondern sie sollten sich zwanglos an die Hecke oder den bewachsenen Zaun anlehnen. Stauden können auch gruppenweise verteilt sein. Der Boden zwischen den höheren Stauden sollte entweder mit Bodendeckern oder Einjährigen bepflanzt oder mit Rasenschnitt gemulcht werden.

Auch Ein- und Zweijahrsblumen müssen nicht in fest umgrenzte Blumenbeete gezwängt werden. Es hat einen eigenen Reiz, wenn im regelmäßig angelegten Gemüsegarten hier und da und jedes Jahr an anderer Stelle Vergißmeinnicht, Feldstiefmütterchen, Königskerze, Ringelblume, Kornrade, Klatschmohn und manch andere Pflanze aufwächst und den Garten farbig belebt.

Lassen sich im Vorgarten oder in einer Kleingartenparzelle nur einzelne Motive und Pflegegrundsätze des Naturgartens praktizieren, so bieten größere Grundstücke, betriebliche und öffentliche Grünflächen, Kindergärten, Schulen, Krankenhäuser und Parks, hervorragende Möglichkeiten, Pflanzenwuchs sich entfalten zu lassen, landschafts- und standortspezifische Motive zu gestalten. Schon 1907 schrieb Lange dazu: »Die Pflanzung nach natürlichen Motiven ist überall möglich. Auch öffentliche Plätze, Vorgärten, Höfe, jede von Gebäuden, Wegen, Straßen, freie Fläche kann nach natürlichen Motiven bepflanzt werden, wenn man solche Naturbilder auswählt, die sich darauf entfalten können. Unsere Stadtplätze können Haine sein. Praktisch haben sie den Wert, das Geräusch der Straße zu dämpfen; Vogellust in die Stadt zu bringen, Naturleben und -weben; die Luft zu verbessern; die trockene Hitze des Sommers zu mildern ... Alles das bietet eine ausgedehnte Baumbepflanzung auf den Plätzen sicherlich mehr als der stets langweilig

Das einjährige Drüsige Springkraut ist an Bächen und Flußufern heimisch geworden

Telekien verwildern leicht an ihnen zusagenden Standorten

geschorene Rasen mit seinen paar träg atmenden Nadelhölzern und gekünstelten Blumensorten.«

Besonderheiten des Geländes, wie Sonnen- und Schattenhänge, trockene Kuppen, feuchte Senken, Sand- und Lehmboden, Bauschutt, Kleingewässer, Mauern, Terrassen sollten nicht nivelliert, sondern durch entsprechende Bepflanzung bzw. Spontanentwicklung in ihrer Eigenart betont werden. Es ist nicht einzusehen, warum mit hohem Aufwand an Energie, Material und Kosten langweilige Einheitsgrünanlagen geschaffen und mit hohem Pflegeaufwand ausschließlich gärtnerische Kulturpflanzen unterhalten werden müssen. Stadtgrün bzw. Dorfgrün ist die Gesamtheit der im Siedlungsgebiet wachsenden Pflanzen, und Wildwuchs kann in die Gründgestaltung einbezogen werden. »Die Landschaftsverschönerung hat daher die Aufgabe, zu erhalten, wiederzuschaffen, was naturmöglich ist, dabei den kleinsten Raum für einen Baum, einen Holunderbusch, für die Wiederansiedlung unserer Wald-, Wiesen- und Rainblumen und Gebüsche nicht zu gering zu achten« (Lange). Dies ist heute nicht allein Aufgabe von »Landschaftsverschönerung«, sondern Gegenstand ökologischer Garten- und Landschaftsgestaltung.

Frühblüher, Hochstauden, »Unkraut«

Im naturnahen Garten, gleich welcher Dimension, sei es Vorgarten oder Landschaftspark, haben alle standortgerechten Pflanzenarten eine Daseinsberechtigung. Es ist dabei gleichgültig, ob sie von uns gepflanzt oder gesät wurden, mitunter haben sie sich von selbst angesiedelt. Inwieweit wir sie sich frei entfalten lassen, sie fördern oder einschränken, hängt vom jeweiligen Gestaltungsziel ab.

Gehölze stellen das »Rückgrat« größerer Anlagen dar, aber auch auf kleinen Grundstücken können sie Schwerpunkte setzen, sei es

Schon im Winter beginnt
die Schwarze Nieswurz, die
»Christrose«, zu blühen

als Hecke, als Gebüschflecken, als Deckpflanzung oder Einzel-
baum. Sal-Weide *(Salix caprea)* und Hänge-Birke *(Betula pendula)*
wachsen auf fast jedem Untergrund, selbst auf Bauschutt und Mauern. Die prächtig gelben männlichen Blütenkätzchen der Sal-Weide
sind Augen- und Bienenweide zugleich, zu einer Zeit, da die meisten anderen Gehölze noch in Knospe sind. Noch zeitiger im Frühjahr blüht die wärmebeanspruchende Kornelkirsche *(Cornus mas)*.
Die Birke wirkt leicht und belebend durch das frische Grün ihrer
Blätter und das Weiß des Stammes, aber sie duldet kaum Unter-
wuchs. Wildobstbäume wie Holzapfel, Wildbirne, Vogelkirsche
zeichnen sich durch leuchtende Blütenfülle und markanten Wuchs
aus, der besonders im Freistand auf Wiesen zur Wirkung gelangt.
Schwarzer Holunder *(Sambucus nigra)* ist ein uralter Begleiter
menschlicher Wohnstätten. In Gemeinschaft mit der Brennessel
besiedelt er stickstoffbelastete Stellen, an denen andere Gehölze
kaum mehr gedeihen können. Er vermag lebendiges Grün in graue
Altstadthöfe zu bringen, wenn wir ihn nur dulden und wachsen lassen. Flieder *(Syringa vulgaris)* ist ein alter Zierstrauch, der in Mitteleuropa allerorten verwildert und eingebürgert ist und im Mai die
Gärten mit seinem Duft durchströmt. Als einheimische Sträucher
sind Pfaffenhütchen *(Euonymus europaea)*, Blutroter Hartriegel *(Cornus sanguinea)*, Gemeiner Schneeball *(Viburnum opulus)*, Schlehdorn
(Prunus spinosa) und Wildrosen *(Rosa canina u. a.)* für naturnahe Hek-
kenpflanzungen zu empfehlen, bei ausreichendem Platz auch Hasel *(Corylus avellana)*. Wildrosen zeichnen sich sowohl durch Blütenfülle und zarten Duft als auch durch herbst-winterlichen

Fruchtgeschmack der Hagebutten aus. Mit meterlangen Trieben können sie bis in die Kronen kleiner Bäume hineinwachsen und malerische Motive bilden. Für Strauchpflanzungen an sehr schattigen Standorten sind Fiederspiere *(Sorbaria sorbifolia)*, Pfeifenstrauch *(Philadelphus spec.)* und Schneebeere *(Symphoricarpos albus)* geeignete Arten.

Frühblüher können eine besondere Zierde des Naturgartens sein. Einige Wildkrokusarten und ihre Sorten, sogenannte »botanische Krokusse« beleben auf Wiesenstücken und Rasen den Garten im März, wenn sie von der Sonne beschienen ihre weißen, violetten oder goldgelben Blüten öffnen und von Bienen und Hummeln umsummt werden. Einige andere, vor langer Zeit als Zierpflanzen eingeführte Zwiebel- und Knollenpflanzen, haben sich in manchen alten Parks und Gärten, vor allem auch auf Friedhöfen, stark ausgebreitet, sind verwildert und z. T. in naturnaher Vegetation der Umgebung eingebürgert. So ist das allbekannte Schneeglöckchen *(Galanthus nivalis)* zusammen mit dem weniger verbreiteten Winterling *(Eranthis hyemalis)* der erste Frühlingsbote im Garten, wenig später gefolgt vom Blaustern *(Scilla sibirica)* und Milchsternen *(Ornithogalum nutans und O. umbellatum)*. Ihr Wuchsrhythmus ist den besonderen lichtklimatischen Bedingungen im sommergrünen Laubwald angepaßt, sie sind sowohl zu starker vegetativer als auch generativer Vermehrung fähig und stimmen hierin mit Buschwindröschen *(Anemone nemorosa)*, Scharbockskraut *(Ranunculus ficaria)*, Goldstern *(Gagea lutea)*, auf frischen Standorten auch Hohler Lerchensporn *(Corydalis cava)* und Märzenbecher *(Leucojum vernum)* überein. Alle diese Arten bevorzugen lockeren, humosen, frischen, belebten Boden, der sich innerhalb weniger Jahre unter Bäumen und Sträuchern in Gärten, Anlagen und auf Friedhöfen entwickelt, wenn nicht alljährlich Laub abgeharkt und die Bodenoberfläche ständig »saubergehalten« wird. Bei Vermeidung solcher bodenschädigenden »Pflegearbeiten« können farbenfrohe Frühblüheraspekte auch in städtischen und dörflichen Gehölzpflanzungen entwickelt werden. Nach Blühen und Fruchten ziehen die Frühblüher mit zunehmender Beschattung des Waldbodens durch den Laubaustrieb der Gehölze ein und erscheinen erst im nächsten Frühjahr wieder an der Oberfläche.

Im jahreszeitlichen Aspektwechsel werden die Frühblüher von bodenbedeckenden Laubwaldpflanzen abgelöst, die sich durch weniger auffallende, aber dennoch reizvolle Blüten auszeichnen und den Boden lange Zeit bedeckt halten. Hier sind einige häufige einheimische Waldpflanzen zu nennen, wie Veilchen *(Viola odorata, V. riviniana)*, Waldmeister *(Asperula odorata)*, Maiglöckchen *(Convallaria majalis)*, Vergißmeinnicht *(Myosotis sylvatica)*, Goldnessel *(Galeobdolon luteum)*, Sternmiere *(Stellaria holostea)*, auch die weniger verbreitete Haselwurz *(Asarum europaeum)* und das ganzjährig grüne Immergrün *(Vinca minor)*, das zu starker Ausbreitung neigt. Efeu *(Hedera helix)* kann als immergrüner Bodendecker ebenfalls sehr wirkungsvoll sein und dem Garten oder der Anlage eine Atmosphäre getragenen Ernstes verleihen. Die Kriechende Gemswurz *(Doronicum pardalianches)* hingegen bedeckt den Boden mit lichtgrünen Blattrosetten und bringt im Mai/Juni mit leuchtend gelben Korbblüten frische Farbtupfer an nun schattige Stellen.

Artenspektrum und Ansiedlungsmöglichkeiten für »Stauden« sind außerordentlich vielgestaltig. Als Stauden werden im botanischen Sinne ausdauernde Krautpflanzen bezeichnet, die im Winter einziehen und mit unterirdischen Organen (Zwiebeln, Knollen, Rhizome) oder im Bereich der Erdoberfläche, meist durch abgestorbene Blätter und abgefallenes Laub geschützt, den Winter überdauern und alljährlich neu austreiben. Die erwähnten Frühblüher sind also Stauden.

Zu den Stauden gehört eine Vielzahl von Gartenzierpflanzen, und für viele von ihnen ist auch im Naturgarten Platz, sofern sie sich ohne spezielle Pflege in die Gemeinschaft anderer Pflanzen einfügen und sich dort behaupten können. Auf Pflanzen, die sich nur bei aufwendiger Pflege im Garten halten, die häufig gegossen, gedüngt und frei gestellt werden müssen, verzichten wir. Geeignet sind beispielsweise solche vitale Gartenpflanzen, wie Gemswurz *(Doronicum orientale)*, Pfingstrose *(Paeonia officinalis)*, Taglilien *(Hemerocallis fulva, H. flava)*, Akelei *(Aquilegia vulgaris)*, Eisenhut *(Aconitum napellus, A. variegatus)*, Schwertlilien *(Iris sibirica, I. germanica u. a.)*, Staudenphlox *(Phlox paniculata)*, Flockenblume *(Centaurea montana)*, Gilbweiderich *(Lysimachia punctata)*, Kaukasus-Vergißmeinnicht *(Brunnera macrophylla)*, Wollziest *(Stachys lanata)*, Rittersporn *(Delphinium-Hybriden)*, Blasenkirsche *(Physalis franchetti)* Sonnenhut *(Rudbeckia laciniata)*, Herbstastern *(Aster div. spec.)* und andere. Es handelt sich dabei großenteils um Arten, die seit Jahrhunderten in zum Teil uralten Sorten in Bauerngärten gehalten wurden und heute durch oft wesentlich anspruchsvollere Modepflanzen aus den Gärten verdrängt werden. Einige besonders wüchsige und konkurrenzstarke Hochstauden wurden seit Mitte des vorigen Jahrhunderts in die Gestaltung von Landschaftsparks mit einbezogen. Manche davon konnten verwildern und zeigen seit einigen Jahrzehnten starke Ausbreitungstendenz. So hat sich die kaukasisch-balkanische Telekie *(Telekia speciosa)*, ein Korbblütler mit goldgelben, großen Blütenköpfen, in vielen ländlichen Parks eingebürgert und bildet dort heute prachtvolle Bestände. Eine der größten Krautpflanzen Europas ist der im Kaukasus beheimatete Riesen-Bärenklau *(Heracleum mantegazzianum)*. Er wird bis über 3 m hoch, bildet eindrucksvolle große Doppeldolden und hat sich mancherorts zu Massenbeständen entwickelt. Aus den einsamigen Früchten keimen im Frühjahr Jungpflanzen, die im Laufe des Jahres eine rübenartige Wurzel bilden, mit einer Rosette überwintern und unter günstigen Bedingungen im zweiten Jahr zur Blüte gelangen oder auch mehrere Jahre bis zur Blüte benötigen. Nach der Fruchtreife stirbt die Pflanze in der Regel ab, sie ist also keine Staude, sondern eine zwei- bis mehrjährige Pflanze.

Der Echte Alant *(Inula helenium)* ist eine eingebürgerte Heilpflanze aus Osteuropa und Vorderasien. Sie wächst in dichten Gruppen ähnlich der Telekie, wird über 2 m hoch und stellt mit leuchtendgelben, großen Korbblüten eine Zierde größerer Gärten und Anlagen dar. Auch der zweihäusige Johanniswedel oder Wald-Geißbart *(Aruncus sylvestris)* wächst in kräftigen Gruppen, wird 1,5 m hoch und blüht Ende Juni/Anfang Juli mit dichten Rispen weißer Blüten. Die Pflanze kommt in Hochstaudenfluren und Schluchtwäldern mitteleuropäischer Gebirge wild vor.

Weniger verbreitet ist der im südlichen Ural und Kaukasus beheimatete Großblättrige Milchlattich *(Cicerbita macrophylla)*, 1 bis 2 m hoch, ein blaßvioletter Korbblütler, der dank meterlanger Ausläufer in der Lage ist, großflächige Bestände zu bilden und deshalb fast ausschließlich im Landschaftspark und großen Anlagen zur Anwendung kommen kann.

Die hier genannten Hochstauden sind nährstoffliebend und so wüchsig, daß sie erfolgreich mit Brennessel und Zaungiersch in Konkurrenz treten können und sich zur Gestaltung verwilderter Flächen eignen, die einer gärtnerischen Bearbeitung im herkömmlichen Sinne kaum zugänglich sind. An schattigen Stellen ist es mitunter schwer, dekorative Blütenpflanzen anzusiedeln. Hier kann man Farnen Lebensraum im Garten gewähren. Straußfarn *(Matteuccia struthiopteris)* und Wurmfarn *(Dryopteris filix-mas)* sind heimische Arten, die schon früher Eingang in Gärten gefunden haben und sich auch zur Begrünung schattiger Höfe eignen.

Weitere Schatten- bzw. schattenvertragende Pflanzen mit Blüh- und auch Schnittwert sind fast alle Primelarten, rotes und blaues Lungenkraut *(Pulmonaria rubra* und *officinalis)*, Frühlingsplatterbse *(Lathyrua vernus)*, Trollblumen *(Trollius europaeus* und *ledebourii)*, Astilben *(Astilbe arendisii* und *A. japonica)*, Glockenblume *(Campanula latifolia)*, Tränendes Herz *(Dicentra spectabilis)*.

Außer Gehölzen und Stauden gibt es eine Vielzahl zwei- und einjähriger Pflanzen, die im Naturgarten Platz finden. Königskerzen *(Verbascum thapsus, V. thapsiforme, V. lychnitis)*, Roter Fingerhut *(Digitalis purpurea)*, Eselsdistel *(Onopordum acanthium)*, Wilde Karde *(Dipsacus sylvestris)* und Färberwaid *(Isatis tinctoria)* beispielsweise sind zweijährig. Sie keimen aus Samen, überwintern mit Blattrosetten, gelangen im zweiten Jahr zur Blüte, sterben nach der Fruchtreife ab und wachsen aus Samen neu heran. Königskerze und Fingerhut sind Heilpflanzen, Färberwaid wurde zur Gewinnung von Indigofarbstoff angebaut. Die Fruchtstände von Karde und Eselsdistel werden im Winter von Distelfinken ausgepickt. Drüsiges Springkraut, auch Balsamine genannt *(Impatiens glandulifera)*, wächst innerhalb einer Vegetationsperiode aus kleinen Samenkörnern rasch – man kann fast zusehen – zu meterhohen üppigen Pflanzen mit einer Vielzahl dekorativer rosafarbener und rotweißer Blüten, die rege von Bienen und Hummeln besucht werden, heran. Die Früchte öffnen sich bei Berühren mit leisem Knall und schleudern die Samen meterweit hinaus. Die Art ist dadurch sehr expansiv und auch konkurrenzstark. Die Pflanze aus dem Himalaya wurde als Zierpflanze eingeführt und ist heute vor allem an Bach- und Flußufern verwildert.

Die meisten Ackerwildkräuter sind ebenfalls einjährig, viele von ihnen sind auf Äckern selten geworden oder ausgestorben. Manche Arten lassen sich im Garten halten, wie Kornrade *(Agrostemma githago)*, Klatschmohn *(Papaver rhoeas)*, Kornblume *(Centaurea cyanus)*, Wucherblume *(Chrysanthemum segetum)* und Kamille *(Chamomilla recutita)*. Die Ringelblume *(Calendula officinalis)* ist eine ebenfalls einjährige, beliebte Gartenblume und Heilpflanze, die sich im Naturgarten selbst aussät und jedes Jahr von neuem an unerwarteten Stellen erscheint. Zur Selbstaussaat ein- und zweijähriger Pflanzen sind Stellen mit offenem Boden Voraussetzung.

Echter Alant

Der hohe Staudenphlox überdauert an seinem Standort Menschengenerationen

Bechermalven blühen an Ort und Stelle ausgesät von Juli bis in den Herbst

»Die Schling- und Kletterpflanzen sind das willigste Mittel, im geometrisch-architektonischen Garten die Regelmäßigkeit ins Malerische aufzulösen, überall das Starre, streng Begrenzte, Strenge, Starke mit Lieblichkeit zu mildern« (Lange). Nicht nur das, Kletterpflanzen an Gebäuden haben auch einen ganz praktischen Nutzen, sie dämpfen Temperaturextreme, schützen Gemäuer vor Witterungseinflüssen, filtern Staub. Ob an der Fassade eines Häuserblocks, im Hinterhof eines Stadtquartiers oder im Landschaftspark – Kletterpflanzen sind für die Erschließung vertikaler Strukturen unersetzlich.

Einjährige Kletterpflanzen wie Feuerbohne *(Phaseolus coccinea)* und Bunte Platterbse *(Lathyrus odoratus)* können zur schnellen Berankung von Zäunen und Wänden genutzt werden. Ausdauernde krautige Kletterpflanzen sterben alljährlich oberirdisch ab und treiben im Frühjahr neu aus, beispielsweise der üppig wuchernde Hopfen *(Humulus lupulus)*, die Zaunrüben *(Bryonia alba, B. dioica)* und die Staudenwicke *(Lathyrus latifolius)*. Für dauerhafte Vertikalbegrünung eignen sich holzige Kletterpflanzen am besten. Der immergrüne heimische Efeu *(Hedera helix)* klettert mit Hilfe von Haftwurzeln viele Meter an beschattetem Mauerwerk und in Bäumen empor. Er ist aber nicht überall zuverlässig frosthart. Wilder Wein *(Parthenocissus quinquefolia, P. tricuspidata)* kann sich mit Haftscheiben, das sind speziell umgebildete Sproßranken, an der Unterlage festhalten und ganze Wände wie mit einem grünen Pelz überziehen. Alle anderen bei uns gebräuchlichen Kletterpflanzen benötigen Kletterhilfen. Das können Spanndrähte, Maschendraht, Spaliere an Wänden oder Klettergerüste, aber auch größere Sträucher und Bäume sein. Geißblatt (*Lonicera caprifolium, L. periclymenum* u. a.), Schlingknöterich *(Fallopia aubertii)* und Pfeifenwinde *(Aristolochia macrophylla)* winden sich daran empor. Waldreben (*Clematis vitalba* und diverse Gartenformen verschiedener Art) sowie Weinrebe *(Vitis vinifera)* klettern mit Hilfe von Ranken.

Soweit einige Anregungen zur Ansiedlung von Pflanzen, die dem Naturgarten einen gestalterischen Rahmen geben können. Die wesentlichste Anregung sollten wir in der umgebenden Landschaft suchen, an Wegrändern, Bahndämmen, in Feldhecken, auf Wiesen. Hier können wir die Vergesellschaftung von Pflanzen beobachten, können von häufigen Pflanzen Samen gewinnen, im Naturgarten an entsprechenden Standorten einbringen und abwarten, was sich daraus entwickelt. Naturgarten darf aber auf keinen Fall so aufgefaßt werden, Wildpflanzen in freier Landschaft auszugraben, um sie im Garten zu sammeln, um sie zu haben! Das wäre mit unserem Ziel einer lebendigen Freiraumgestaltung ebensowenig vereinbar wie mit dem Anliegen, Wildpflanzen Lebensraum im Siedlungsgebiet zu gewähren.

Gebüsche, Staudenfluren, Kräuterwiesen

Naturnah gestaltete Gärten und Anlagen sind pflegearm. Pflegearbeiten bleiben auf ein unbedingt nötiges Maß beschränkt. Dadurch gewinnen wir Zeit für die Beobachtung von Lebensvorgängen, erleben Natur. Allerdings erfordert die Annahme eines solchen Gartens eine gewisse Aufgeschlossenheit für die Schönheit von Wildpflanzen und für das jahreszeitliche Werden und Vergehen. Es erfordert auch, sich von eingefahrenen Klischeevorstellungen, wie ein Garten oder eine Anlage »auszusehen habe«, zu lösen. So muß uns bewußt sein, daß ungemähte Kräuterwiesen, nichtgespritzte Wege, liegenbleibendes Laub und ungeschnittene Hecken nicht Ausdruck von Verwahrlosung sondern bewußtes Gestaltungsprinzip sind. Dennoch geht es im Naturgarten nicht ohne Pflege. Einige Grundsätze für die Pflege gärtnerischer Pflanzengemeinschaften im naturnahen Garten sollen zum Abschluß mitgeteilt werden.

Bei der Neuanlage von Hecken und Gebüschen wird nach der Pflanzung weder gegraben noch gehackt, noch geharkt. Der Boden zwischen den Gehölzen wird gemulcht.

»Unkraut« wird erst reduziert, wenn es die jungen Gehölze zu überwuchern droht. Es wird dann lediglich ausgerissen oder abgerupft und zwischen den Sträuchern liegengelassen. Bei ausreichender Mulchdecke ist nur mit mäßigem Krautwuchs zu rechnen.

Diese Krautpflanzen sind für die Entwicklung eines lockeren, humosen und belebten Bodens ebenso wichtig wie die Mulchdecke. Alles abfallende Laub muß unter den Gehölzen liegenbleiben. Von Wegen und Rasen abgeharktes Laub kann zusätzlich unter den Gehölzen verteilt werden. Nach der Pflanzung wird an den

Sträuchern keinerlei Schnitt vorgenommen, sie wachsen in ihrer natürlichen Form. In späteren Jahren kann die Verjüngung der Sträucher durch Ausschneiden alten Holzes nötig werden.

Der Boden unter dem Kronendach von Bäumen und Sträuchern kann weitgehend sich selber überlassen bleiben. Vermehrung und Ausbreitung von Frühblühern, wie Winterling, Schneeglöckchen, Märzenbecher, Blaustern, Milchstern, Gelbstern, Buschwindröschen, Scharbockskraut, Veilchen u. a. Waldbodenpflanzen, wie Goldnessel, Waldmeister, Sternmiere, Immergrün, Gemswurz, Weißwurz, Maiglöckchen, sind nur möglich, wenn der Waldboden in Ruhe gelassen und nicht gehackt und geharkt wird. Das Ausharken von Laub ist unbedingt zu unterlassen, das Laub bleibt unter Bäumen und Sträuchern liegen, es gehört zum Waldboden! Breiten sich im Sommer nährstoffliebende hochwüchsige Kräuter, z. B. Brennessel, Knoblauchsrauke, Rainkohl, Klebkraut usw. zu stark aus, kann man mit Sense oder Sichel regulierend eingreifen. Das Kraut bleibt liegen!

»Eine richtige Auffassung der Ordnung in Park und Garten ist die praktische Vorbedingung für die Vermehrung der Blume. Wenn immer im ›wohlgepflegten Park‹ gegraben und geharkt wird, kann nichts aufkommen. Bei verständiger Auffassung der Lebenserscheinungen ist die Ansiedlung schöner Pflanzen leicht. Jedenfalls ist es Unfug, daß mit jedem Jahr programmgemäß geschnitten wird, als gehöre dieser Baumfrevel zur Gartenpflege. Die Folge ist, daß Gartenbesitzer viele Pflanzen in ihrem Garten überhaupt niemals blühen sehen. Darum ist der Boden zwischen Gehölzen nicht umzugraben, sondern mit jährlich wiederkehrenden Pflanzen zu bepflanzen, denen die Laubdecke als natürlicher Schutz und Düngung bleibt« (Lange).

Standortgemäße Hochstaudenfluren bedürfen kaum regelmäßiger Pflege. Nach der Pflanzung wird ähnlich verfahren wie bei Gehölzen – kein Umgraben, kein Hacken, Abdecken des Bodens mit Rasenschnitt, Laub oder anderem Mulchmaterial. Herbstliche Überstände sollten über Winter auf der Fläche verbleiben (z. T. Vogelfutter) und im Frühjahr abgenommen, zerkleinert und gleich als Mulch genutzt werden. Dabei muß allerdings die Wühlmaus- und Schneckenbekämpfung gut im Auge behalten werden. Etwas pflegeaufwendiger sind Gartenstaudenflächen, aber auch hier muß die Pflege mit und nicht gegen die Natur erfolgen. Staudenanlagen sollten zwar »sauber« gehalten werden, doch »darf die Sauberkeit im Natürlichen nicht so weit gehen, daß die Lebensgemeinschaften dadurch zerstört werden. Zum Beispiel ist es jedem lächerlich, das Moos von Parkbäumen zu kratzen, um ihn sauber zu haben; aber das Umgraben der Pflanzungen aus Sauberkeitsgründen im Naturgarten ist nicht anders« (Lange).

Bei der Betreuung eines Gartens ist zu bedenken, daß »ein Garten ein immer Werdendes ist. Die Vorstellungen, die bei der Anlage leitend waren, verwirklichen sich erst mit der Zeit, und alles bedarf der Leitung zu dem vorgestellten Ziel ...« (Lange).

Trockenmauer

Mauern, Böschungen, Tümpel

Geländestufen, Böschungen oder Steilhänge bieten günstige Voraussetzungen für die Aufschichtung und Bepflanzung von Trockenmauern, die einen Naturgarten außerordentlich bereichern können. Sie sollten jedoch so angelegt sein, daß sie durch Geländesituation und eine Funktion begründet erscheinen, z. B. als Stützmauer, Terrassenstufe, Grundstücksbegrenzung. Es sollte landschaftstypisches Material verwandt werden: anstehender Naturstein im Hügel- und Bergland, Findlinge in Moränenlandschaften des Tieflandes. Auch alte Ziegelsteine und Dachziegel können wirkungsvoll eingesetzt werden. Die Steine werden ohne Verwendung von Mörtel »trocken« aufgeschichtet, allenfalls wird im Inneren etwas Lehm zwischengefüllt. Stabilität wird allein durch Schwerkraft und geschickten Verbund der Steine erreicht. Die Rückseite der Mauer wird, sofern es keine freistehende Begrenzungsmauer ist, dem Hang angelehnt bzw. mit Boden, Bauschutt oder Kies aufgefüllt. Zur Erzielung ausreichender Standfestigkeit ist ein Fundamentgraben mit Füllung aus Grobschutt, Steinbruch oder ähnlichem Material nötig.

Bei der Bepflanzung müssen wir die Standortbedingungen der Mauer beachten und ausnutzen. An sonnigen Stellen lassen sich mit handelsüblichem Saatgut anspruchsloser und wuchsfreudiger Steingartenpflanzen relativ schnell farbenfrohe Blütenpolster entwickeln. Es gehört zu den reizvollsten Eindrücken des Gartenjahres, wenn Anfang Mai die Gänsekresse *(Arabis caucasica)* schneeweiß erblüht, Goldlack *(Cheiranthus cheiri)* in verschiedensten Farben von cremefarben über goldgelb, orange, braun, violett bis dunkelsamtrot dazu kontrastiert, wenn Blaukissen *(Aubrieta deltoidea)* und Polsterphlox *(Phlox subulata)* ihre Blütenfülle blau, violett purpurfarben und weiß entfalten, wenn Steinkraut *(Alyssum saxatile)* mit strahlend gelber Blütenpracht förmlich aus den Mauerritzen hervorquillt und silberblättrige Polster von Hornkraut *(Cerastium tomentosum)* in dichten Vorhängen von der Mauerkrone herabhängen. Auch Alpenaster *(Aster alpinus)*, Sonnenröschen *(Helianthemum)*, Seifenkraut *(Saponaria ocymoides)*, Schleifenblume *(Iberis*

Der Gelbe Lerchensporn
vermag schattige Mauern
ganz zu überziehen

Efeu überlebt alte Bäume

sempervirens) sind geeignete Mauerpflanzen für sonnige Standorte. Auf Mauerkronen können Mauerpfeffer *(Sedum acre)* und andere Fetthennen *(Sedum spurium, S. album, S. reflexum)* sowie Hauswurz *(Sempervivum tectorum* u. a.) wachsen. Aus Spalten am Fuße höherer Mauern können Schwertlilien *(Iris germanica, I. sambucina, L. pumila u. a.),* Färberwaid *(Isatis tinctoria),* Schafgarbe *(Achillea chrysocoma),* Wollziest *(Stachys lanata),* Mutterkraut *(Chrysanthemum parthenium)* hervorwachsen. Daneben werden sich von selbst heimische Wildpflanzen in der Mauer einfinden, das Gesamtbild beleben und bereichern, z. B. Gundermann *(Glechoma hederacea),* Kriechendes Fingerkraut *(Potentilla reptans),* Schöllkraut *(Chelidonium majus),* Herzgespann *(Leonurus cardiaca).*

Gewürzkräuter wie Thymian *(Thymus vulgaris),* Dost *(Origanum vulgare),* Salbei *(Salvia officinalis),* Lavendel *(Lavendula angustifolia),* Weinraute *(Ruta graveolens)* u. a. gedeihen auf lehmigem Gesteinsschutt und Mauern.

Ganz anders ist die Zusammensetzung an schattigen Mauern mit kühlfeuchtem, ausgeglichenem Kleinklima. Farne wie Engelsüß *(Polypodium vulgare),* Blasenfarn *(Cystopteris fragilis)* und Rautenfarne *(Asplenium ruta-muraria, A. septentrionale)* können sich mit der Zeit von selbst ansiedeln. Zarte, Frische liebende und Schatten ertragende Kräuter wurzeln in den Mauerritzen und bringen dezenten, aber nicht minder reizvollen Blütenflor, z. B. Zimbelkraut *(Cymbalaria muralis),* Gelber Lerchensporn *(Corydalis lutea),* Schöllkraut *(Chelidonium majus),* Ruprechtskraut *(Geranium robertianum).* Wir können die pflanzliche Besiedlung durch Einbringen von Samen beschleunigen, können aber auch abwarten und beobachten, welche Arten sich mit der Zeit von selbst einfinden. Wichtig ist das Vorhandensein von etwas Boden zwischen den Steinen. Mit den Pflanzen siedeln sich auch Tiere in der Mauer an: Eidechsen, Kleinsäuger, Spinnen und zahlreiche Insekten.

Ausgedehnte Steingärten sollten im Naturgarten nur angelegt werden, wenn das Gelände sich dafür wirklich eignet – warme

Immergrün ist ein dauerhafter Bodendecker   Ein Tümpel für jeden Garten

oder kühle Steilhanglagen mit anstehendem Fels oder Gesteinsschutt am Ort oder in der Umgebung. Ziel ist dabei nicht die
Sammlung von Raritäten aus den verschiedensten Gebirgen, sondern die Entwicklung standortspezifischer Vegetationsstrukturen
auf Fels- und Schuttstandorten mit Polsterpflanzen, Zwerghalb-
sträuchern und Pfahlwurzlern. Voraussetzung sind Ausformung
bzw. Erhaltung von offenen Rohbodenstandorten. Im Steingarten
sind also Gesteins- und Bauschutt, Kies und Rohboden als Substrat
zu verwenden, ist Bodenreifung zu unterbinden. Sich ansam-
melnde Streu und Biomasse sind hier im Unterschied zu Gebüschen und Staudenfluren zu entfernen, um der Ansiedlung stark-
wüchsiger Konkurrenten vorzubeugen.

Feuchtstellen, Kleingewässer und Quellen sollten, sofern vorhanden, unbedingt in die Gartengestaltung einbezogen werden.
Eine Vielzahl heimischer Sumpf- und Wasserpflanzen bietet sich
dazu förmlich an, es seien nur genannt Sumpfdotterblume *(Caltha
palustris)*, Sumpf-Vergißmeinnicht *(Myosotis palustris)*, Gilbweiderich
(Lysimachia vulgaris), Blutweiderich *(Lythrum salicaria)*, Mädesüß *(Fi-
lipendula ulmaria)*, Bittersüß *(Solanum dulcamara)*, Schwanenblume
(Butomus umbellatus), Pfeilkraut *(Sagittaria sagittifolia)*, Wasserfeder
(Hottonia palustris) und viele andere.

Feuchtbiotope stellen zugleich wertvollen Lebensraum für Frösche, Kröten, Molche, Libellen, Wasserkäfer und sogar Wasservö-
gel dar.

Bei entsprechender Geländeeignung – Niederungslage, Gelän-
desenken, stauender Untergrund – können diese Biotope auch
künstlich angelegt zu einer reizvollen Bereicherung des Naturgartens werden. Dafür ist die Abdichtung des Untergrundes eine
wichtige Voraussetzung. Man kann dies mit Ton bzw. Lehm, aber
auch mit Folie oder Beton erreichen, natürliche Materialien sind
dabei zu bevorzugen. Wegen der Raschwüchsigkeit der Wasserpflanzen müssen Kleinstgewässer hin und wieder entkrautet werden, sonst verlanden sie und werden ein Sumpf.

Begrenzung, Erschließung und Bebauung des Gartens

Sie sollten überlegen, ob Sie Ihr Grundstück mit einem Zaun um- **Zäune**
frieden müssen. Oft reicht es aus, die Grundstücksgrenze nur
durch Beerensträucher oder eine niedrige Hecke zu markieren. In
Gemeinschaftsanlagen und geschlossenen Siedlungen muß sich die
Einfriedung in Form und Bauweise den Normen und den Interessen der Nachbarn anpassen. Vermeiden Sie Zäune aus Betonele-
menten und unruhig wirkende Jägerzäune. Ein Zaun soll unauffäl-
lig sein. Auch ein Zaun ist Architektur.

Ein herkömmlicher Lattenzaun kann durch einen Flechtzaun
aus Weiden sehr gut ersetzt werden. Hierzu eignen sich besonders
die Kaspische Weide *(Salix caspica)*, die Purpur-Weide *(S. purpurea)*,
die Korb-Weide *(S. viminalis)* und die »Imkerschulweide«, ein Ba-
stard, der in Imkerkreisen sehr beliebt ist. Zuerst werden junge
Weiden in Abständen von 20 cm in der Reihenrichtung 60 bis 70°
nach links geneigt in den Boden gesetzt, dann werden dazwischen
Jungpflanzen nach rechts geneigt gepflanzt. An den Kreuzungs-
punkten werden die Ruten miteinander verflochten oder aneinan-
dergebunden. Man kann das sich kreuzende Holz auch mit einem
Pfriem durchstechen und ein Stück Draht durch das Loch ziehen.
Die Enden des Drahtes werden umgebogen. Der Draht wächst ein,
ohne die Weiden zu schädigen. Je länger die Weidenruten sind,
um so höher kann geflochten werden. In den folgenden Jahren
werden die zuwachsenden Triebe weiter miteinander verflochten,
bis der Weidenzaun die gewünschte Höhe erreicht hat. Ein solcher
lebendiger Zaun wird hühner- und hasendicht und bedarf außer
dem Verschneiden keiner Pflege. Die Weidenkätzchen liefern den
bestäubenden Insekten im Frühjahr eiweißreichen Pollen.

In der Regel wird ein Zaun aus Staketen oder Waldlatten gebaut. Holzzäune gehören zu den ältesten Abgrenzungen und Einfriedungen. Im Abstand von 2,50 m werden Zement- oder Holzsäulen eingegraben. Die unteren 60 cm der Holzsäulen kann man vorher im offenen Feuer ankohlen lassen, damit das Holz nicht so
schnell in der Erde verfault. Verbunden werden die Säulen durch
zwei waagerechte Riegel, auf die, unabhängig von der Geländenei-
gung, die Latten immer senkrecht genagelt werden. Die Zäune

Ackerwinden können einen Zaun jedes Jahr
wieder neu begrünen

Gartenräume werden von Pflanzen geschaffen

müssen sofort, im ersten Jahr am besten mehrmals, mit Halböl gestrichen werden. Die optisch unauffälligsten Zäune sind Aluminium- oder plastikummantelte Maschendrahtzäune. Sie können
auch als statisches Gerüst für Hecken dienen und bieten vielfältige
Möglichkeiten für die Bepflanzung mit Kletterpflanzen. Maschendrahtzäune passen ohne Bewuchs nicht in geschlossene Ortschaften und zwischen Holzzäune.

Hecken Sträucher, als Hecke gepflanzt, verbinden und trennen, umgrenzen
und schaffen Geborgenheit. Jeder Gärtner wünscht sich seinen
Garten vor fremden Blicken, Straßenlärm und anderen lästigen Einwirkungen von außen abgeschirmt. Hecken schaffen aber auch
Windruhe, Schutz vor übermäßiger Sonnenstrahlung und vor zu
starker Bodenaustrocknung. Hecken, im rechten Maß zur Wirtschaftsfläche gepflanzt, können zur Ertragssteigerung beitragen.
Ökologisch besonders sinnvoll ist es, einen Garten mit einer Hecke
aus einheimischen Sträuchern einzufrieden. Beim Pflanzen der
Hecke ist zu beachten, daß sie später beidseitig beschnitten werden
kann, ohne dabei das Nachbargrundstück betreten zu müssen,
wenn man sich mit seinem Nachbarn nicht auf eine gemeinsame
Hecke und deren Pflege geeinigt hat. Es ist dafür ein Abstand zur
Grundstücksgrenze einzuhalten, der je nach Gehölzart bis zu 2 m
betragen kann. Selbst eine scharfgeschnittene Ligusterhecke
braucht einen mindestens 50 cm breiten Bodenstreifen. Biologisch
wirksam wird eine Hecke besonders, wenn sie frei wachsen kann.
Von den Blättern nähren sich viele Insektenarten, und während der
Blütezeit finden sie Pollen und Nektar. Die Früchte dienen Kleinsäugern und Vögeln als Nahrung. In dornenreichen Hecken nisten
besonders viele der Buschbrüter unter den Singvögeln. Wie viele es
waren, erkennt man erst im Herbst, wenn das Laub abgefallen ist
und die verlassenen Nester sichtbar werden. Selbst kleine Hecken
oder auch alleinstehende Sträucher können den Vogelbestand
eines Gartens vermehren helfen. Unter Hecken halten sich gern

Flechtzaun aus
Weidenruten

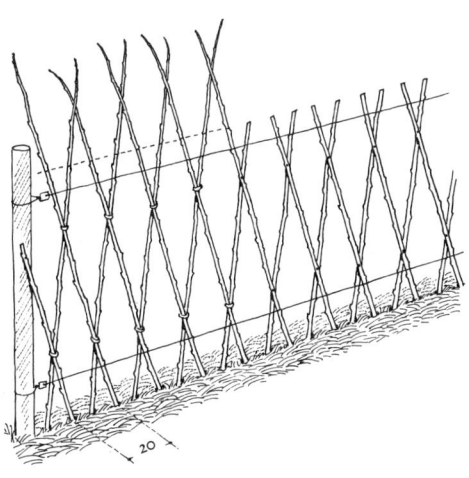

Igel, Spitzmäuse und Wiesel auf. Im Fallaub und im dürren Holz
lebt eine vielfältige Kleintierwelt. Über Winter durchziehen auf der
Nahrungssuche Meisen, Erlenzeisige und Drosseln die Hecke. Sie
alle helfen uns bei der biologischen Schädlingsabwehr. Hecken
bremsen den Wind und wirken ausgleichend auf das Kleinklima.
Sie müssen aber winddurchlässig sein und dürfen den Luftaustausch nicht behindern. Die Wasserverdunstung der Pflanzen ist
bei Windruhe wesentlich geringer und die Wuchsleistung höher.
Im Windschatten einer Hecke sind daher das Wachstum besser und
die Erträge deutlich höher. Nur im unmittelbaren Randbereich ist
das Pflanzenwachstum infolge der dort herrschenden Wurzelkon-
kurrenz in der Regel etwas geringer. Grenzen Hecken an eine
Wiese oder Rasenfläche, sollte nicht näher als 50 cm an sie heran
gemäht werden. Der verbleibende schmale Bereich gehört mit zum
Lebensraum »Hecke«. Er ist für kleine Tiere sehr wichtig.

Läßt man eine Hecke frei wachsen und wird sie nur wenig beschnitten, dann bleibt die natürliche Wuchsform der Sträucher erhalten. Man schneidet nur überaltertes Holz zur Auslichtung und
zur Verjüngung aus. Eine geometrisch gestutzte Hecke ist aber allemal besser als gar keine Hecke. Sie wirkt ebenfalls günstig auf das
Kleinklima. Allerdings blüht und fruchtet sie wenig oder gar nicht.
Auch fällt die bunte Artenmischung weg. Für eine streng geschnit-
tene Hecke eignen sich nur relativ wenige Gehölze. Beim Schnitt
sollte beachtet werden, daß die Hecke nach oben hin schmaler
wird. Dadurch vergreisen die unteren, älteren Heckenteile nicht so
rasch. Wird eine Laubholzhecke im Laufe der Jahre trotzdem unten
kahl, wird sie »auf Stock gesetzt«, das heißt, die Sträucher werden
kurz über dem Boden abgeschnitten. Die meisten Heckengehölze
sind so vital, daß sie das vertragen. Im Frühjahr treiben sie wieder
kräftig aus, und es wächst eine neue, dichte Hecke heran.

Pergolen sind schattenspendende Laubengänge im Garten. Ihre Urform sind alte Weingerüste des Tessin. Pergolen sollten etwa 2,30 m

Pergola und Rankgerüst

oben: Schlehen verwachsen zu dichten, undurchdringlichen Hecken
Mitte links: »Heckenrosen« sind Vitaminspender
unten links: Rosenhecken bieten vielen Tieren Nahrung und Unterschlupf
Mitte rechts: Weißdorn ist eine unverwüstliche Heckenpflanze, aber anfällig für Feuerbrand
unten rechts: Die Früchte der Schlehe, einer Wildfrucht, werden nach den ersten Frösten geerntet

Ligusterhecke
frei wachsend

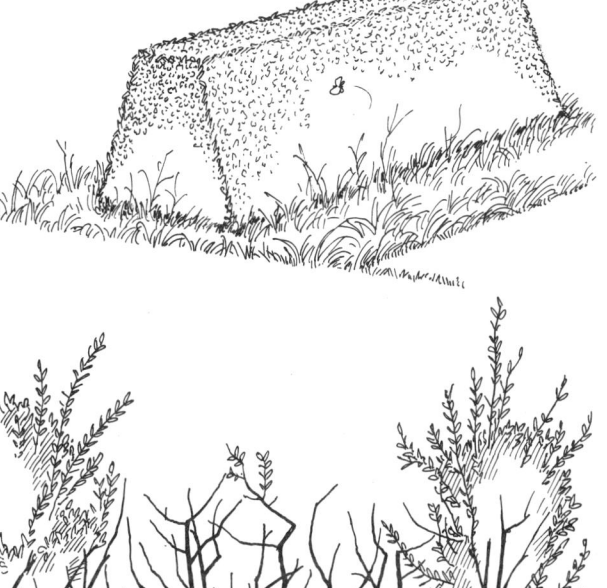

streng geschnitten

bei Überalterung radikal
zurückschneiden

oben links:
Der Windenknöterich
überwuchert alles, an dem
er hinaufklettern kann

oben rechts:
Efeu vermag
Hausfassaden ornamental
zu gestalten

unten links:
»Wilder Wein« in zwei
Formen: an Kletterhilfen
wachsend und
selbstklimmend

unten rechts:
So farbenprächtig ist die
Dreilappige Zaunrebe im
Herbst

hoch sein. Sie bestehen aus senkrechten Stütz- und waagerechten Tragelementen. Auf die Stützen werden Träger (Pfetten) aufgelegt und befestigt. Darüber liegen im rechten Winkel dazu Sparren, die meist die Pfetten überragen. Für das Gerüst können Rund- als auch Kanthölzer verwendet werden. Es muß nicht immer eine Pergola, ein Laubengang sein. Die »grüne Wand« eines Rankengerüstes, dessen Bauprinzip einer halbierten Pergola entspricht, erfüllt die gleichen Funktionen. Es spendet Schatten, gliedert den Raum und gibt dem Garten eine vertikale Dimension. Außerdem können Rankgerüste zahlreichen Tieren als Versteck, Brutplatz und Nahrungsstätte dienen.

Die tragenden Elemente von Pergolen, Lauben, Schuppen und Zäunen, die aus Holz sind, werden nicht in den Boden eingegraben, sondern auf Betonsockeln verschraubt. Das Holz darf nicht auf dem Beton aufsitzen, sondern muß überall von Luft umspült werden. Bretterwände und Zaunlatten erfüllen ihren Zweck zeitlich nahezu unbegrenzt, wenn sie regelmäßig mit Halböl gestrichen werden. Altes, in Jahrzehnten dunkel gewordenes und durch Verwitterung profiliertes Holz ist schön. Dafür bekommen immer mehr Menschen einen Sinn. Solches altgewordenes Holz hat einen festen Kern, die dunkle »Rinde« ist durch Halbölanstriche dauerhaft gegen Fäulnis imprägniert. Es sind Pergolen bekannt, die bereits ein halbes Jahrhundert überdauert haben. Zur Pflanzenauswahl vgl. S. 249.

Wege

Entscheidend für die Gestaltung eines Gartenweges ist Art und Weise seiner Belastung. Der Weg von der Straße zum Haus sollte mindestens 1,40 m breit sein, damit zwei Personen bequem nebeneinander hergehen können. Der Hauptweg durch den Garten muß mit einem Handwagen zu befahren sein, deshalb ist eine Breite von etwa 80 cm notwendig. Die geringste Wegbreite beträgt 30 cm, das entspricht der Schrittbreite. Häufig begangene Wege zum Kompostplatz, Kleintierstall, Wäscheplatz, Sitzplatz oder zur Garage werden mit mindestens 10 cm grobem Kies befestigt. Auch ein kurzgehaltener Rasen oder eine Abdeckung mit zerkleinerter Baumrinde leisten gute Dienste.

Soll ein Weg mit Platten belegt werden, wird zuvor bei bindigen Böden der Mutterboden etwa 10 bis 20 cm tief abgetragen und durch groben Kies, obenauf Sand, ersetzt. Darauf werden die Platten verlegt. Natursteine sind Betonplatten vorzuziehen. Bestimmte Hautflüglerarten finden im Sand der Fugen Platz für ihre Nester. Bald wachsen auch einige Kräuter in den Fugen wachsen. Wir lassen sie gewähren. Um den Weg zur Garage, zum Autostellplatz oder den Autostellplatz selbst zu befestigen, reicht es meist aus, wenn nur die Fahrspuren mit Natursteinpflaster, Rasengittersteinen oder Wabenplatten befestigt werden. Man verlegt sie auf ein 30 cm starkes Schotterbett. In die Zwischenräume dieser Platten wird Erde gefüllt und Gras oder/und Weiß-Klee gesät. Mitunter genügt auch eine Befestigung mit Kies. Sie werden bald erkennen, daß ein solcher Stellplatz oder Fahrweg, auf dem sich Moose ansiedeln und trittverträgliche Kräuter wachsen, freundlicher und natürlicher aussieht als eine öde Betonfläche. Befestigen Sie auch den Sitzplatz auf eine einfache Art. Verzichten Sie auf fugenlos verlegte Beton-

Die schönsten Wege
entstehen mit
Natursteinplatten

Wege befestigen und trotzdem begrünen

platten, und verwenden Sie lieber Natursteinplatten. Haben Sie sich robuste Gartenmöbel angeschafft, können Sie auf einen parkettebenen Boden verzichten.

Beim Bau von Stufen ist auf guten Wasserabfluß, griffige Oberfläche und bequeme Schritthöhe und -weite zu achten. Stufen aus gestampftem Boden, die durch Rundhölzer oder eine Bohle abgefangen werden, starke Natursteinplatten oder Natursteinpflaster sind Betonstufen gestalterisch vorzuziehen. Aber selbst imprägniertes Holz hat im Boden nur eine kurze Lebensdauer. Treppen zwingen den Schritt in einen bestimmten Rhythmus, der durch Stufenhöhe und Auftrittsfläche bestimmt wird. Im Garten sollten wir flache Stufen bevorzugen. Das Verhältnis von Höhe (h) und Breite (b) ist dann optimal, wenn $2h + b = 63$ cm sind. Beachten Sie beim Auslegen von Trittplatten die Schrittweite ihrer Benutzer. Durch den Garten zu trippeln ist ebenso unangenehm, wie ihn in weiten Sprüngen zu durchmessen.

Wiesen   Um eine grüne, feste, begehbare und beanspruchbare Fläche im Garten zu bekommen, wird gewöhnlich Gras angesät. Für diese grünen »Verkehrsflächen« gibt es spezielle Samengemische. Ein daraus entstehender Rasen muß regelmäßig gemäht und eventuell bewässert werden, wenn er seinen Zweck erfüllen soll. Ein solcher Rasen wird oft »Englischer Rasen« genannt. Das Kennzeichnende eines echten Englischen Rasens ist nicht die Kürze der Grashalme, sondern die Stärke des von Gras durchwurzelten Bodenhorizontes: er kann im Ursprungsland bis 20 cm betragen, nachdem das Gras jahrzehntelang wuchs. Ein solcher Rasen ist etwas ökologisch sehr Stabiles und Belastbares. Wenn die Rasenwege und Ruheflächen im Garten so stabil werden, haben wir viel erreicht, denn sie sind allemal besser als betonierte Wege und Sitzplätze.

Auf der Rasenfläche, die Ihnen zur Erholung, zum Spielen oder Bleichen der Wäsche dient, sollten Sie eingewanderte und sich ausbreitende Gänseblümchen, Weiß-Klee und andere Wildpflanzen ruhig dulden. Auch mit diesen trittverträglichen Pflanzen kann der Rasen intensiv genutzt werden, und er ist biologisch reicher als ein Rasen, der nur aus Grasarten besteht.

Wenn Sie einen größeren Garten oder ein Wochenendgrundstück haben, dann sollten Sie einen Teil des Rasens zu einer Wiese umwandeln und damit ein Stück Natur kontrolliert wachsen lassen. In der Regel wird hierfür der dem Wohnhaus, Bungalow oder der Gartenlaube entfernter liegende Teil der Rasenfläche in Frage kommen. Die Umwandlung vollzieht sich, wenn man Geduld hat, allein durch Nichtstun. Wird nämlich der Rasen nicht mehr so häufig gemäht, samen sich die zunächst wenigen vorhandenen Wildpflanzen aus, und neue wandern ein. Wollen Sie nicht so lange warten, können Sie Heublumensamen oder Heustaub, den man in Scheunen findet, in denen Wiesenheu lagert, oder den man im Handel kaufen kann, einsäen. Dazu muß aber die Rasennarbe stellenweise aufgerissen werden, damit die Samen auf die Erde zu liegen kommen und keimen können. Bei der Wahl der Samen müssen Sie genau beobachten, welche Wiesentypen mit welchen Pflanzengesellschaften in der Umgebung Ihres Grundstückes vorkommen und welche Pflanzengesellschaften Sie als Folge Ihrer Standortverhältnisse erwarten können. Auch eine Gartenwiese braucht Zeit, um in ein Arten- und Wuchsgleichgewicht zu kommen.

Von den gleichen Überlegungen ist auszugehen, wenn eine Gartenwiese neu angelegt wird, vielleicht auf Baustellenland oder einem Stück Unland. Meist genügt es, eine Schicht von 5 bis 10 cm humose und steinhaltige Erde aufzubringen. Hierauf werden die Samen der entsprechenden Wiesenblumen nur dünn ausgesät, damit auch die von selbst einfliegenden Samen benachbarter Wildpflanzen noch Keimbett und Wuchsraum finden. Ist der Standort trocken und sonnig, wird eine Magerwiese entstehen. Neben Heublumensamen kann man sich die reifen Fruchtstände der gewünschten Wiesenblumen im Juli bzw. Oktober abzupfen und gleich an Ort und Stelle aussäen.

Eine Magerwiese wird erst nach dem Samenausfall im Juli gemäht. Das Gemähte wird weggebracht, um der Wiese Nährstoffe zu entziehen. Beim naturnahen Gärtnern brauchen wir das Schnittgut zum Kompostieren, als Mulchmaterial auf Baumscheiben oder unter Beerensträucher. Die Magerwiese wird nicht gedüngt. Je ärmer der Boden ist, desto langsamer wächst unsere Wiese und desto größer ist ihre Vielfalt und ihr Reichtum an Blumen. Wenn erforderlich, erfolgt im Oktober ein zweiter Schnitt. Wenn man nicht auf das Mähgut angewiesen ist, bleiben die Samenstände der Wiesenblumen den Körnerfressern unter den Singvögeln im Winter als wertvolles Futter. Zum Mähen der Wiese ist eine Sense nötig und jemand, der sie handhaben kann. Einem »umweltbewußten« Gärtner steht es gut an, mit der Sense mähen zu können.

In schattigen Lagen, in Senken oder an einem Hangfuß, wo es ständig feucht oder naß ist, kann keine Magerwiese gedeihen. Der Wasserfluß führt Nährstoffe heran, die anderen Pflanzenarten ein optimales Wachstum ermöglichen. Feuchtwiesen werden zwei- oder dreimal im Jahr gemäht.

Um ungehindert, besonders nach Regen, trockenen Fußes über die Wiesenfläche in andere Bereiche des Grundstückes zu gelangen, ist es ratsam, schmale Pfade durch die Wiese zu mähen. Wenn man das öfter wiederholt, bleibt das Gras relativ kurz, so daß der Rasenmäher verwendet werden kann.

Die Schönheit einer Blumenwiese wird komplettiert, wenn noch Schneeglöckchen, Wildkrokusse, Narzissen, Scilla und Herbstzeitlose in ihr blühen. Verwildert können sie hier gut gedeihen, denn ihnen schneidet kein Rasenmäher vorzeitig die Blätter ab. Zu beachten ist allerdings, daß sich die Zwiebel- und Knollenpflanzen auch für den Wiesentyp eignen. Narzissen zum Beispiel lieben feuchten und kräftigen Boden, Schneeglöckchen dauern nur in kurzrasigen Wiesen aus.

Eine von Frühling bis in den Herbst hinein blühende Gartenwiese bietet uns mit ihrer vielfältigen Farbenpracht immer neue Reize und Eindrücke. Denken Sie aber auch an die Schmetterlinge, Käfer, Wild- und Honigbienen, an die Hummeln, Grabwespen und an die vielen anderen nützlichen Insekten, die in einer Gartenwiese Nektar, Pollen oder Unterschlupf finden und uns durch ihren Besuch erfreuen.

Gartenlaube   Überbauen Sie sowenig wie möglich Boden! Bauen Sie nur das, was unbedingt nötig ist. Bevor ein Bau errichtet wird, ist der Mutterboden abzutragen und anderenorts nutzbringend zu verwenden. Verwenden Sie standortgerechte Materialien. Imprägnieren Sie Holz nicht mit hochgiftigen Holzschutzmitteln, verwenden Sie besser Halböl.

Baulichkeiten müssen sich in die Umgebung einordnen. Dazu gehört zum Beispiel, daß die Laube, der Kleintierstall oder das Bienenhaus die gleiche Dachneigung aufweisen wie das Wohnhaus oder ein anderes benachbartes Gebäude. Ein Pultdach gehört nicht unter Satteldächer. Jede Stadt und jede Gemeinde hat Bauordnungen, die Sie beachten müssen. Viele Stadt- und Gemeindeordnungen enthalten nicht nur strenge Festlegungen zur Genehmigungspflicht von Bauten, sondern regeln auch Farbgebung und Form der Einfriedungen.

Im Garten kann auf verschwenderische und teuere Bauten verzichtet werden. In dem kleinen Stückchen Natur muß kein architektonisches Statussymbol stehen, und es muß auch nicht für die Ewigkeit gebaut werden. Verzichten Sie vor allem auf Kunststoffe und auf Farben, die in Widerspruch mit den Farben Ihres Gartens geraten oder im Widerspruch zu dem Material stehen, das Sie damit anstreichen. Fügen Sie Ihre Laube in die Landschaft harmonisch ein, und geben Sie der Vegetation Gelegenheit, sie aufzunehmen, sie zu umwachsen. Entwerten Sie nicht Ihren Garten zum Vorgarten eines Bungalows!

Farne werden an ihrem
Standort sehr alt

Gewächshäuser werden vorgefertigt in vielen Typen angeboten. Beim Eigenbau sollte folgendes beachtet werden: Um der Sonne möglichst viel Gewächshausfläche in einem günstigen Neigungswinkel entgegenzustellen, wird ein Satteldach und eine Ost-West-Achse gewählt. Die der Sonne zugewandte Dachseite wird höher hinauf und weiter herabgezogen. Die Neigung dieser größeren Dachseite sollte etwa 50° betragen. Gewächshäuser müssen begehbar sein, die lichte Höhe sollte nicht unter 180 cm liegen. Solche Gewächshäuser bedürfen eines massiven Fundamentes. Es sind Bauwerke im Sinne der Bauordnung, deshalb verdient ihr Standort genaue Überlegungen, und Sie benötigen in der Regel auch eine Baugenehmigung dafür. Solide Lösungen, auch wenn sie teuer sind, sind Improvisationen vorzuziehen. Die Gewächshaustechnik entwickelt sich rasch. Sonnenkollektoren zur Beheizung sind nicht mehr ungewöhnlich. Die wichtigste Funktion eines Gewächshauses besteht aber darin, die wärmenden Sonnenstrahlen des Vorfrühlings und Frühlings unmittelbar für das Pflanzenwachstum auszunutzen und vor Frost zu schützen.

Gewächshaus

Das Frühbeet als Bretterkasten mit Holzrahmenfenstern bedeckt ist die älteste und daher auch vertrauteste Treibeinrichtung des Freizeitgärtners. Die Pfosten werden an den Innenseiten der Kastenwände eingeschlagen. Nach etwa 5 Jahren sind sie meist verrottet. Wird ein Frühbeet alljährlich an einen anderen Platz gerückt, entfällt der feste Verbund mit dem Boden. Die Kastenbreite wird schmaler gehalten als die Fenster lang sind. Das schützt die Bretter vor Regenwasser.
    Beachten Sie, daß der Kasten, der nur von vorn zugänglich ist, höchstens 70 cm breit sein sollte, so breit, daß Sie bequem mit der Hand die Rückwand noch erreichen können. Die Rückwand wird etwa 15 cm höher gebaut als die möglichst nach Süden gerichtete Vorderwand des Kastens. Die Abdeckung des Frühbeetes kann auch aus Folie sein. Ihre Lebensdauer ist allerdings recht begrenzt. Frühbeetkästen aus Betonfertigteilen sind dauerhafter und helfen Holz sparen. Allerdings kann man mit ihnen nicht im Garten »wandern«.

Frühbeetkasten

Marienkäfer nähren sich
von Blattläusen

Tiere als Helfer im Garten

Um die Tiere, die in unseren Gärten leben oder sie nur zeitweise auf Nahrungssuche durchstreifen erfolgreich schützen zu können, müssen wir mit ihrer Lebensweise vertraut sein. Sie können in dem Ihnen anvertrauten Stück Natur einen wichtigen Beitrag zur Erhaltung mancher bestandsbedrohten Tierart leisten. Bedenken Sie, daß die Gesamtfläche aller Gärten in unserem Lande weit größer ist als die der Naturschutzgebiete.

Das Nützling-Schädling-Denken sollte der Vergangenheit angehören. Es gab Wissenschaftler, die rechneten für die Blaumeise ein Nutzen-Schaden-Verhältnis von 20:6 aus. Für uns sind Tiere im Garten unentbehrlich, weil sie zu unserer Umwelt gehören und weil wir nicht bereit sind, noch mehr Umwelt zu verlieren. Keine einzige Tierart mehr!

Spinnen und Milben

Spinnen erbeuten im Ansitz in ihren Fangnetzen oder trichterförmigen Reusen am Boden oder auch auf der Jagd Fliegen, Stechmücken, Käfer, Wanzen, Blattläuse und viele andere Insektenarten und deren Larven. In Gärten sind häufig die Netze der charakteristisch gezeichneten Kreuzspinnen (Gattung *Araneus*) zu sehen, Vertreter der artenreichen Familie der Radnetzspinnen. Wir sollten ihre Netze nicht zerstören, denn in den zwischen den Pflanzen gewebten Netzen fangen sich viele Insekten. Die Wolfsspinnen (Familie *Lycosidae*) sind frei jagende Räuber, die Eikokon und Jungtiere auf ihrem Leib mitschleppen und unseren Garten intensiv nach Nahrung absuchen.

Raubmilben gehören zu den Spinnentieren, erzeugen aber kein Gespinst. Sie sind nur 0,5 mm groß und halten sich an den Blattunterseiten auf. Sie sind die wirksamsten Freßfeinde der Spinnmilben, wie z. B. der Roten Spinne. Wenn wenigstens eine Raubmilbe pro Blatt vorhanden ist, kann es zu keiner Massenvermehrung der Spinnmilben kommen. Zur biologischen Bekämpfung wird die Raubmilbe *Phytoseiulus persimilis* schon seit 1969 in Gewächshauskulturen eingesetzt. Im Boden lebende Raubmilben dezimieren Nematoden und kleine Insektenlarven.

Die Gartenkreuzspinne ist
eine unserer größten
Spinnen

Ohrwurmtöpfe
richtig

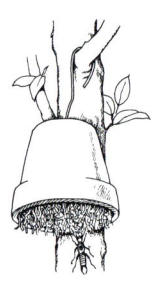

falsch

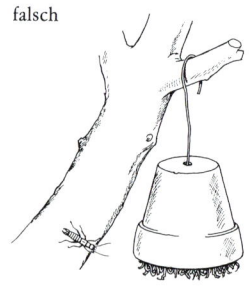

Insekten

Dreiviertel aller auf der Erde vorkommenden Tierarten sind Insekten. Sie haben sich alle Lebensräume erschlossen und weisen in Formen, Farben und Verhaltensweisen die größte Vielfalt auf.

Insekten sind oft auf Pflanzen mit bestimmtem Blütenbau spezialisiert. Damit im Garten viele nützliche räuberisch lebende Arten für uns wirken können, müssen immer genügend Nahrungstiere für sie dasein. So ist im Frühjahr das Vorhandensein von Blattläusen die Voraussetzung dafür, daß sich Marienkäfer und Florfliegen ausreichend ernähren und vermehren können.

Bienen und Hummeln und zahlreiche andere Insekten bestäuben die insektenblütigen Pflanzen. Ohne sie würden unsere Obstbäume und Beerensträucher keine Früchte tragen und viele Pflanzen keine Samen ausbilden. Bei Blütenbesuchen bleibt Pollen im Haarkleid dieser Bestäuberinsekten haften und wird so auf die Narben anderer Blüten übertragen. Für viele Hautflüglerarten sind Nektar und Pollen die Hauptnahrung.

Insekten können sich rasch vermehren und in kurzer Zeit als Schädlinge im Garten auftreten. Solche »Schädlingsjahre« sind von der Witterung, dem Nahrungsangebot und der Zahl ihrer Freßfeinde abhängig. Bevor man als Gärtner wegen einer Masseninvasion, zum Beispiel von Blattläusen, in Panik gerät, sollte man wissen, daß die Gegenspieler der Blattläuse daraus Vorteile ziehen. Bei starkem Schädlingsvorkommen vermehren sich gleichzeitig auch deren Freßfeinde sehr schnell, weil das Nahrungsangebot groß ist. Im darauffolgenden Jahr haben sich die Freßfeinde so stark vermehrt, daß sie die Vermehrung der Blattläuse in Grenzen halten können. Dadurch wird aber das Nahrungsangebot geringer, die Vermehrungsrate der Nützlinge nimmt ab. Das kann zur Folge haben, daß im nächsten Jahr die Schädlinge wieder die Übermacht erlangen, die Nützlinge finden wieder reichlich Nahrungstiere und können sich erneut stärker vermehren. So kann sich das biologische Gleichgewicht wieder selbst einpendeln, vorausgesetzt, der Gärtner hat nicht mit der »chemischen Keule« zugeschlagen.

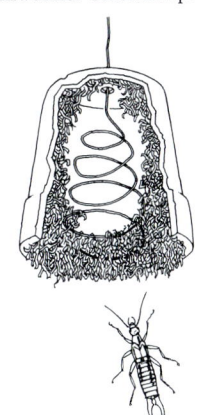

In solchen Töpfen suchen
Ohrwürmer Unterschlupf

Die gesellig lebenden Ohrwürmer sind nachtaktive Allesfresser, **Ohrwürmer**
die tagsüber gern in dunkle, enge Verstecke kriechen, in die sie
sich gerade noch hineinzwängen können. Bevorzugte Beutetiere
sind Blattläuse, die sie sogar in zusammengerollten Blättern zu erbeuten wissen. Aber auch andere Insekten dienen ihnen als Nahrung. Im Garten treffen wir hauptsächlich den bis 16 mm langen
Gemeinen Ohrwurm *(Forficula auricularia)* an. Der Kleine Ohrwurm
(Labia minor) wird nur bis 6 mm lang und fliegt häufig. Er ist seltener anzutreffen, meist beim Komposthaufen.

Ohrwürmer werden gern von Vögeln gefressen. Um sie für unsere Zwecke zu erhalten, bieten wir ihnen mit Holzwolle oder Pa-
pier gefüllte Blumentöpfe als Tagesverstecke an. Wir hängen die
Töpfe kopfunter in Obstbäume oder stülpen sie einfach auf die
Stützpfähle von Stauden, von wo aus die Ohrwürmer dann nachts
auf Beutefang ausschwärmen. Beim Aufhängen der Töpfe ist darauf
zu achten, daß sie Kontakt zu einem Ast haben, damit die Ohrwü-
mer in den Topf gelangen können. Auf diese Weise kann man Ohrwürmer wie Haustiere halten.

Die 3 bis 18 mm großen tag- und nachtaktiven Tiere fallen wenig **Raubwanzen**
auf. Sie schaffen uns aber manchen Gartenschädling aus dem
Wege. Die in ihrer Körperform sehr unterschiedlichen Insektenarten fressen Spinnmilben, Blattläuse, Fliegen, deren Eier und kleinere Raupen. Typisches Merkmal ist ihr abgeflachter Körper mit
dem »Wanzenschild« zwischen den Flügelwurzeln.

Die Larven der Florfliege *(Chrysopa carnea)* sind unersättliche Blatt- **Florfliegen**
lausvertilger, was ihnen den Namen Blattlauslöwen einbrachte.
Während ihrer achtzehntägigen Larvenzeit können sie bis zu
500 Blattläuse, die sie mit ihren Beißzangen packen, aussaugen. Das
fertige Insekt mit seinen durchscheinenden netzadrigen Flügeln
wird wegen seiner goldfarbenen Augen »Goldauge« genannt. Die
Eier (bis 350 je Weibchen) stehen an langen Stielen auf den Blättern der Pflanzen in der Nachbarschaft von Blattlauskolonien. Neben Blattläusen saugen Florfliegenlarven auch Schildläuse, Blut-

Florfliege
a Imago
b Eier
c Larve
d Überwinterungskasten

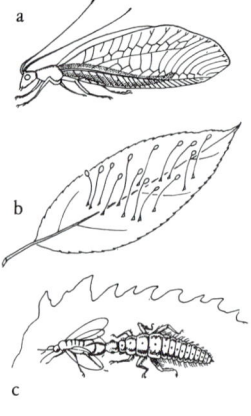

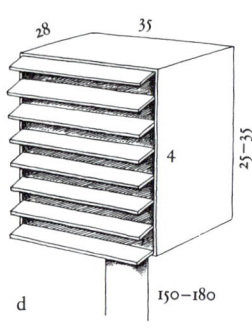

Blattläuse
in
verschiedenen,
ungeflügelten
und geflügelten
Generationen

läuse und Spinnmilben aus. Florfliegen gehören zu den wirksamsten Blattlausvertilgern in unseren Gärten. Über Winter suchen sie in Lauben, Schuppen oder auf Dachböden Unterschlupf.

Wenn Sie handwerklich begabt sind, können Sie ein Florfliegenhäuschen bauen und im Garten aufstellen. Als Material eignen sich Spanplatten und Sperrholz, auch starker Karton. Die Vorderseite des Kastens besteht aus 4 cm breiten schräg angebrachten Leisten, die im Abstand von 3 cm angenagelt werden, so daß die Florfliegen leicht hineingelangen können. Der Innenraum wird mit Stroh gefüllt, das fest zusammengedrückt werden muß, damit es sich bei Wind nicht bewegt und die Tiere zum Verlassen ihres Winterquartiers veranlaßt. Untersuchungen haben ergeben, daß rötliche bis bräunliche Farbtöne die meisten Florfliegen in den Kasten locken. Der Kasten wird an einem Pfahl oder an einer Mauer entgegen der Hauptwindrichtung befestigt. Bei strenger Kälte ist es ratsam, den Kasten in einen geschützten Raum zu bringen. Dadurch läßt sich die Überwinterungsrate dieses nützlichen Insektes merklich erhöhen.

Käfer

Im Garten helfen uns die räuberisch lebenden Arten bei der Aufrechterhaltung des biologischen Gleichgewichtes. Goldlaufkäfer *(Carabus auratus),* Hainlaufkäfer *(C. nemoralis)* und Puppenräuber *(Calosoma)* sind Arten der meist nachtaktiven Familien der Laufkäfer. Sie sind Fleischfresser mit kräftigen Beinen und meist metallisch glänzenden Flügeln. Käfer als auch Larven fressen Puppen, Raupen, Schnecken, Blattläuse und Milben.

Die große Familie der Marienkäfer, von denen es rote, gelbe und andersfarbige Arten mit an Zahl und Größe verschiedenen kontrastierenden Rückenpunkten gibt, haben alle einen halbkugelförmigen Körper und glänzende Flügeldecken. Marienkäferlarven rollen sich zur Verpuppung kugelförmig zusammen und hängen an Blättern oder Stengeln. Eine Marienkäferlarve vertilgt während ihrer etwa dreiwöchigen Entwicklungszeit ca. 600 Blattläuse. Der Käfer frißt bis zu 120 Blattläuse täglich. Marienkäfer halten sich meist in oder unmittelbar neben Blattlauskolonien auf. Die Dung-

Laufkäfer helfen bei der Schädlingsbekämpfung

Bienen sind für die Bestäubung unserer Obstgehölze unentbehrlich

und Mistkäfer (Gattungen *Geotrupes* und *Aphodius*) sind an der Humuserzeugung beteiligt. Erwähnt sei außerdem der geschützte Nashornkäfer *(Oryctes nasicornis)*, dessen Larven sich mitunter im Komposthaufen aufhalten. Das 25 bis 40 mm große Männchen ist an seinem relativ langen, nach rückwärts gebogenen Horn auf dem Kopf leicht zu erkennen. Die Larven brauchen für ihre Entwicklung in abgestorbenen Stämmen oder Stubben von Laubbäumen oder im Komposthaufen mehrere Jahre.

Die Honigbiene ist wohl für den Gärtner das wichtigste Insekt. **Honigbienen** Während zum Beispiel bei den Hummeln die Königin als Einzeltier überwintert und im Frühjahr erst einen neuen Staat gründen muß, überwintern Honigbienen als Volk mit Tausenden von Tieren.

Zur Obstblüte sind die Honigbienen bereits in Massen vorhanden und können ihren millionenfachen Bestäubungsdienst leisten. Da andere bestäubende Insektenarten in ihrem Bestand stark zurückgegangen sind, haben die Honigbienen an Bedeutung gewonnen. Wir haben sichere und hohe Erträge hauptsächlich den Honigbienen zu verdanken. Der Nutzen durch die Bestäubung wird auf das Zehnfache des Nutzens aus dem Ertrag von Honig, Wachs und anderen Bienenprodukten geschätzt. Ein Bienenvolk sammelt und verbraucht im Laufe eines Jahres bis zu 20 kg Pollen. Dabei besucht es mehr als 50 Millionen Blüten. Hinzu kommen die noch zahlreicheren Blütenbesuche zum Sammeln des Nektars, bei denen ebenfalls Pollen übertragen wird. Große Bedeutung hat die Blütenstetigkeit der Honigbienen. Sie besuchen die Blüten einer Pflanzenart so lange, wie sich deren Ausbeute lohnt. Dabei sind sie arten-, jedoch nicht sortentreu, wodurch sie den Heterosis-Effekt und damit einen guten Fruchtansatz begünstigen. Andere Insektenarten sind nicht blütentreu. Die Bestäubung der Blüten mit arteigenem Pollen ist viel seltener und nur zufällig.

Hummeln fliegen noch bei
kühler Witterung aus

Honigbienen verfügen auch über eine »Sprache«. Hat eine Flug-
biene eine Futterquelle entdeckt, führt sie bei Rückkehr in den
Stock einen Tanz auf, der ihren Stockgenossinnen genau Richtung,
Entfernung und Ergiebigkeit der Trachtquelle anzeigen. Auf diese
Weise werden innerhalb weniger Stunden Tausende von Sammel-
bienen auf die Futterquelle gelenkt. Diese perfekte Partnerschaft
zwischen Biene und Pflanze ist das Ergebnis einer Millionen Jahre
währenden gemeinsamen Entwicklung.

Wildbienen   Außer den in Staaten lebenden Honigbienen werden unsere Kul-
tur- und Wildpflanzen von einigen Arten Wildbienen bestäubt. Relativ häufig sind die Sandbienen (Gattung *Andrena*). Sie gehören zu
den allerersten Obstblütenbestäubern im Vollfrühling. Die zweite
Generation der Sandbienen treffen wir ab Juli/August auf blühenden Doldenblütengewächsen an. Sandbienen nisten in der Erde,
auch auf Gartenwegen, wo das Weibchen unterschiedlich große
Kolonien anlegt. Wenn es an Honigbienen fehlt, sind Sandbienen
oft die einzigen Bestäubungsinsekten zur Zeit der Obstblüte.
Schon wegen dieser Insekten ist es sinnvoll, die Gartenwege nicht
zu betonieren.

Die Trugbiene *(Panurgus calcaratus)* erscheint im Juli/August besonders auf den gelben Blütenständen von Korbblütengewächsen
in großer Zahl. Die Tiere kriechen in Seitenlage zwischen den Einzelblüten umher, wobei sie sich mit Blütenstaub bepudern. Ihr
Nest finden wir ebenfalls auf Erdwegen.

Die Mauerbiene *(Osmia rufa)* gehört zu den noch häufigen Solitärbienen im zeitigen Frühjahr. Sie nistet in Mauerspalten, Holzlö-
chern oder stärkeren Pflanzenhalmen, besiedelt auch verlassene
Nester anderer Solitärbienen.

Eine der ersten Frühjahrsbienen ist die dunkel behaarte Pelzbiene *(Anthophora acervorum)*. Sie besitzt eine Zunge, die so lang wie
ihr Körper ist (14 bis 16 mm), fliegt bereits im März und nistet in
Lehmlöchern alter Gebäudewände. Diese Pelzbiene, die einer mit-
telgroßen Hummel ähnelt, gewinnt an Bedeutung für die Pflanzen-
züchtung in Gewächshäusern.

Hummelnest im
Blumentopf

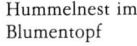

Hummelkiste

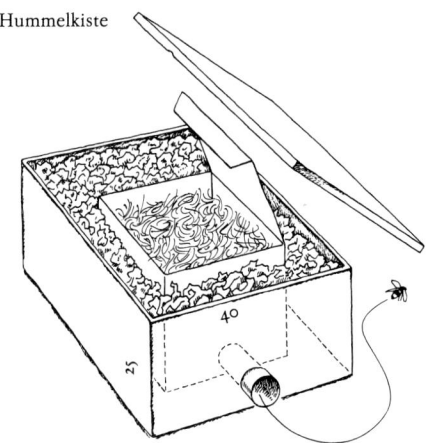

Im Unterschied zur Honigbiene fliegen Hummeln schon bei Temperaturen unter 7 °C und bei regnerischem Wetter. In bienenwidrigen Frühjahren sorgen sie wenigstens für einen kleinen Obstertrag. Hummeln sind in ihren Beständen stark zurückgegangen. Hierfür gibt es mehrere Ursachen. Eine davon ist das Abbrennen des dürren Grases auf Wiesen, an Wegrändern und Gräben im Frühjahr. Dabei werden auch Hummelnester vernichtet. Auf solchen Kleinstflächen sind häufig noch Lebensgemeinschaften von Tieren und Pflanzen anzutreffen, die andernorts längst ausgerottet sind. In diesen Kleinstreservaten halten sich außer Hummeln auch Laufkäfer, Marienkäfer, Schlupfwespen und manch schöne Schmetterlingsart auf, die aus ökologischer und ästhetischer Sicht für eine intakte Umwelt von großer Bedeutung sind.

Hummeln

Die Hornissen sind mit ihren 40 mm langen Weibchen die größten Faltenwespen unserer Heimat. Ein Hornissenstaat zählt einige hundert Tiere. Das Nest wird aus zerkautem, eingespeicheltem Holz meist in Höhlungen alter Laubbäume gebaut. Fehlt es an solchen natürlichen Nistplätzen, bauen Hornissen auch auf Dachböden, in Vogelnistkästen oder in leere Bienenbeuten ihre Nester. Die jungen Hornissen werden mit Wespen, Fliegen sowie manchem Obst- und Forstschädling gefüttert. Durch das Anbringen eines speziellen Hornissenkastens kann das interessante und nützliche Großinsekt in den Garten gelockt werden. Haben Sie keine Angst vor eventuellen Stichen! Hornissen sind nicht angriffslustiger als Bienen und Wespen, und ihr Gift ist nicht gefährlicher. Finden Sie in Ihrer Gartenlaube, im Bienenhaus, im Schuppen oder auf dem Dachboden frei hängende, kugelförmige, bis kindskopfgroße Nester, dann handelt es sich um die Nester der Sächsischen Wespe *(Dolichovespula saxonica)*. Diese bis 13 mm große Art jagt nach allen möglichen Insektenarten, besucht auch Blüten, in denen sie Nektar saugt. Die Sächsische Wespe fliegt noch bei schwachem Wind und leichtem Regen auf Nahrungssuche. In wespenreichen Jahren werden ihre Nester häufig vom Gärtner vernichtet, nicht zuletzt deshalb, weil sie leicht zu erreichen sind. Die

Faltenwespen

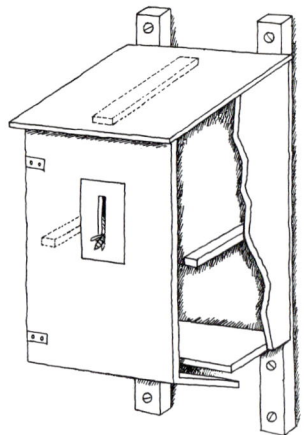

Hornissenkasten

Hornissen nähren sich von anderen Insekten

Wespenplage wird aber von der über 12 mm großen Deutschen Wespe *(Vespula germanica)* verursacht. Wir können diese Wespenart in ihrer herzförmigen Kopfansicht von der Sächsischen Wespe *(Langkopfwespe)* unterscheiden. Die Deutsche Wespe baut ihr Nest nicht frei hängend, sondern im Boden *(Mäuselöcher)*, in Baumhöhlen, Mauerwerk oder Vogelnistkästen. Ein Nest kann 6000 bis 60000 Individuen beherbergen, die im August/September zur Plage werden können. Die etwas kleinere Gemeine Wespe *(Vespula vulgaris)* kann an der Wespenplage beteiligt sein. Sie trägt auf ihrer Stirn einen schwarzen vertikalen zackigen Streifen und baut ihr Nest im Boden, auch in Komposthaufen. Aus ihrem Nest schlüpfen mehrere Tausend Arbeiterinnen und Hunderte Männchen und Weibchen. Die Gemeine Wespe jagt vor allem Fliegen, saugt Nektar und frißt an Fallobst und reifen Früchten am Baum.

Weitere Hautflügler

Zu den Brackwespen gehört der Weißlingstöter *(Apanteles glomeratus)*. Das Weibchen legt mit seinem Legebohrer 15 bis 50 Eier in eine junge Kohlweißlingsraupe. Die Larven ernähren sich von der Körperflüssigkeit und dem Körperfett der Raupe und lassen zunächst die Organe der Raupe unangetastet, um sie am Leben zu erhalten, bis sie selbst im Raupenkörper zur Verpuppungsreife herangewachsen sind. Befallene Kohlweißlingsraupen sehen dann gelblich anstatt grünlich aus und sind auch nicht mehr so beweglich. Während sich nicht parasitierte Raupen verpuppen, verlassen die befallenen Kohlweißlingsraupen ihre Wirtspflanze und sterben ab. Zuvor sind die weißlichen, gekrümmten Larven aus dem Raupenkörper herausgekrochen. Die Brackwespenlarven spinnen sich zur Verpuppung auf Raupen in gelbe Kokons ein. Der erfahrene Gärtner weiß diese gelben Kokons zu deuten und wird sich hüten, die ohnehin schon toten Raupen mitsamt der gelben Kokons, die der Unwissende für Raupeneier hält, mit Insektiziden zu »behandeln«. Diese Brackwespenart wurde 1883 zur Bekämpfung der Kohlweißlingsraupen aus Europa in die USA eingeführt.

Nisthilfen für nützliche Insekten   Die Larven der Schwebfliegen vertilgen Blattläuse

Die Schwarze Schlupfwespe *(Pimpla instigator)* schmarotzt bei zahlreichen Schmetterlingsarten wie Ringelspinner, Schwammspinner und Kohlweißling. Das Weibchen legt mit einem Legebohrer je 1 Ei in die Puppe des Wirtstieres, saugt mit ihm aber auch Blutflüssigkeit aus den Puppen.

Die Larven der zahlreichen Arten der meist metallisch schimmernden nur 1 bis 3 mm großen Erzwespen parasitieren unter anderem besonders Schild- und Mottenschildläuse. Einige Arten werden gezüchtet, wie z. B. *Encarsia formosa,* die gegen die »Weiße Fliege«, eine Mottenschildlaus, in Gewächshäusern eingesetzt wird. Der Einsatz dieser Erzwespe sollte schon bei schwachem, herdweisem Auftreten der Weißen Fliege beginnen. Man benötigt 3 bis 5 Erzwespen pro Tomaten- oder Gurkenpflanze. Durch die unterschiedliche Zeitdauer der Entwicklungsstadien der Erzwespe und der Weißen Fliege ist es erforderlich, nach 6 Tagen noch einmal Erzwespen anzusetzen. Ihre Larven parasitieren in den 3. und 4. Larvenstadien der Weißen Fliege. In die meist auf der Blattunterseite lebenden, längsovalen, farblosen Larven der Weißen Fliege wird jeweils 1 Ei gelegt. Die sich daraus entwickelnde Larve lebt bis zur Verpuppung im Wirt. Das geschlüpfte Insekt dringt durch die abgestorbene Körperhülle des Wirtes. Die Puppen der Erzwespe werden im Briefumschlag versandt. Lieferanten sind Versandfirmen mit Bio-Programm.

Schmetterlinge können mit ihren bis zu 6 cm langen, aufrollbaren Rüsseln den Nektar aus Blüten mit besonders tiefen, engen Kronröhren saugen. Bestimmte Pflanzenarten sind deshalb auf die Bestäubung durch Schmetterlinge angewiesen. Dazu zählen unter anderen: Sommerflieder *(Buddleja),* Steinkraut *(Alyssum),* Thymian *(Thymus),* Blaukissen *(Aubrieta),* Distel *(Carduus),* Kugeldistel *(Echinops),* Mannstreu *(Eryngium),* Große Fetthenne *(Sedum telephium),* Raublatt-Aster *(Aster novaeangliae),* Mondviole *(Lunaria),* Lavendel *(Lavandula angustifolia)* und Staudenphlox *(Phlox paniculata).*

Schmetterlinge

Die Raupe des
Abendpfauenauges
könnten wir an einem
Obstbaum finden

Für die Raupen vieler Schmetterlingsarten ist die Brennessel eine unersetzliche Futterpflanze. Der farbenprächtige Admiral *(Vanessa atalanta)*, das Tagpfauenauge *(Inachis io)*, der Kleine Fuchs *(Aglais urticae)* und das Landkärtchen *(Araschnia levana)* gehören dazu. Auf Weiden sind der Große Schillerfalter *(Apatura iris)*, der Trauermantel *(Nymphalis antiopa)*, das Abendpfauenauge *(Smerinthus ocellatus)*, der Große Gabelschwanz *(Cerura vinula)* und verschiedene Ordensbänder spezialisiert. Die Raupen vieler Schmetterlinge bevorzugen Ampfer, so der Dukatenfalter *(Heodes virgaureae)* und der Feuerfalter *(Lycaena phlaeas)*, andere Veilchenarten, wie Kaisermantel *(Argynnis paphia)* und Perlmutterfalter (Gattungen *Mesoacidalia* und *Issoria*). Der Aurorafalter *(Anthocaris cardamines)* ist besonders am Wiesenschaumkraut zu finden. Manch blühender Strauch wird zum beliebten Rastplatz und Nektarspender für Schmetterlinge. Die Blüten von Sommerflieder und Kreuzkraut können geradezu übersät von Schmetterlingen sein. Auch ein Blumenrasen kann dazu beitragen, daß Schmetterlinge eine Überlebenschance erhalten. Viele Arten sind in manchen Gegenden nur noch in geringen Beständen vorhanden. 33% der heimischen Großschmetterlingsarten sind in ihrem Fortbestand gefährdet.

Schwebfliegen

Freßfeinde der Blattläuse sind die Larven zahlreicher Arten der zu den Zweiflüglern zählenden Schwebfliegen. Wir können sie häufig über blühenden Pflanzen beobachten, über denen sie im Schwirrflug in der Luft zu stehen scheinen. Schwebfliegen bestäuben auch Blüten. Die Wespenfärbung des Hinterleibes mancher Arten soll

Bläulinge sind Schmetterlinge der Wiesen

Auch Doldengewächse des Gartens können Nährpflanzen der Raupen des Schwalbenschwanzes sein

sie vor Feinden schützen. Andere Arten erinnern eher an Hummeln oder an Grabwespen. Das fertige Insekt ernährt sich von Blütennektar, die Larve ist auf Blattläuse spezialisiert, von denen sie im Laufe ihrer Entwicklung bis zu 900 Stück vertilgen kann. Sie fressen auch gern den von Blattläusen ausgeschiedenen Honigtau. Die Larven der Schwebfliegen sind Maden, die kleinen Schnecken ähneln, sie sind sehr beweglich und in Blattlauskolonien leicht zu erkennen. Schwebfliegen haben nur einen kurzen Rüssel, deshalb besuchen sie Blüten mit kurzen Kronröhren, deren Nektar für sie leicht zugänglich ist. Einen solchen Blütenbau haben unter anderen alle Doldenblütler und zahlreiche Korbblütler. Nach den Honigbienen sind Schwebfliegen die wichtigsten Bestäuber unserer Kultur- und Wildpflanzen.

Lurche und Kriechtiere

Vielen Menschen sind Kriechtiere, Frösche und Kröten unsympathisch. Die Lurche und Kriechtiere unserer Gärten fangen so manchen »Schädling« weg. In der DDR und in der BRD stehen alle Lurche und Kriechtiere unter Naturschutz. Das Beseitigen (Zufüllen) ihrer Laichgewässer, Trockenlegen von Feuchtgebieten, Abbrennen von Wegrainen sowie Agrochemikalien sind die Ursachen für den erschreckenden Rückgang dieser Tiergruppe.

Feuersalamander *(Salamandra salamandra)* halten sich tagsüber und zu Trockenzeiten unter Steinen oder Laub auf. Nachts und bei warmem Regen machen sie Jagd auf Nacktschnecken, Würmer und Gliederfüßler. Feuersalamander zählen zu den im Bestand bedrohten Tierarten. Zu ihrer Vermehrung benötigen sie saubere, kühle Fließgewässer. Ihr Auftreten in Gärten ist nur in der Nachbarschaft größerer Mischwälder zu erwarten.

Feuersalamander

Folien-Gartenteich

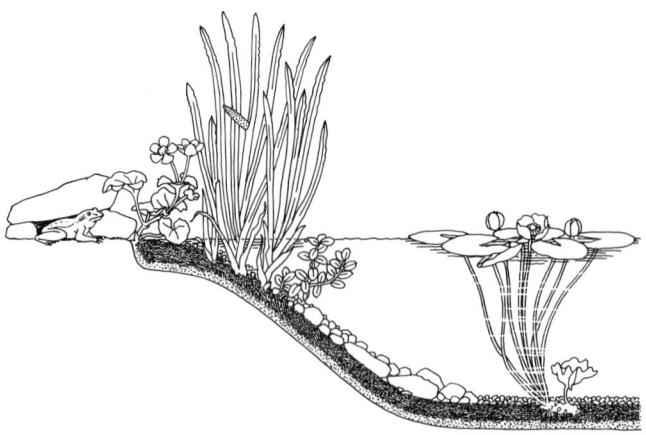

Molche

Alle in Mitteleuropa lebenden Molcharten leben in der Regel nur zur Paarungszeit im Wasser, die Larven sind zum Teil schon nach sehr kurzer Zeit an das Landleben angepaßt. Nur während der Fortpflanzungsperiode sind die Arten, vor allem die Männchen, an prächtiger Färbung und eindrucksvollen Rückenkämmen zu erkennen. Die Landkleider sind unscheinbar. In den meisten Fällen wird es sich bei Molchen in unseren Gärten um den Teichmolch *(Triturus vulgaris)* handeln. Sehr leicht mit ihm zu verwechseln ist der Fadenmolch *(T. helveticus)*. Eventuell kommen noch der Bergmolch *(T. alpestris)* und der Kammolch *(T. cristatus)* in Gärten, die in der Nähe von Laichgewässern liegen, vor.

Der Teichmolch führt in der Nähe von Wasser, unter feuchten Steinhaufen, Laub und Holz, auch in Spalten, in Fugen von Trockenmauern ein verstecktes Leben. Er wird bis 11 cm lang. Der Fadenmolch wird nur bis 9 cm lang. Beim Männchen bildet sich während der Laichzeit ein etwa 10 mm langer Schwanzfaden am markant abgestumpften Schwanz. Wo im Mittelgebirge Gärten an Laub- oder Mischwald angrenzen, kann mit dem Vorkommen des Fadenmolches gerechnet werden. Bei den Molcharten genügen zum Laichen kleine Wassergräben und Tümpel, selbst mit wassergefüllten Wagenspuren nehmen sie vorlieb.

Kröten

Als größte einheimische Kröte ist die Erdkröte *(Bufo bufo)* in Gärten relativ häufig anzutreffen. Das Weibchen wird 15 cm, das Männchen 9 cm lang. Erdkröten sind ökologisch sehr anpassungsfähig. Im März oder April wandern die Tiere zu ihren Laichgewässern oft über große Strecken, dabei werden ihnen zu überquerende Verkehrsstraßen häufig zum Verhängnis. Die Eier werden in 3 bis 5 m langen gallertartigen Doppelschnüren abgelegt. Erdkröten überwintern in Erdhöhlen, unter Wurzeln, Holzstapeln, Steinhaufen oder anderen ähnlichen Verstecken, oft gesellig. Wir können den Tieren helfen und sie an den Garten binden, wenn wir ihnen entsprechende Verstecke anbieten. Bei der Nahrungssuche haben Erdkröten einen großen Aktionsradius. Sie erbeuten hauptsächlich Nacktschnecken und Gliederfüßer. Früher hielten sich Gärtner Erdkröten in ihren Gewächshäusern.

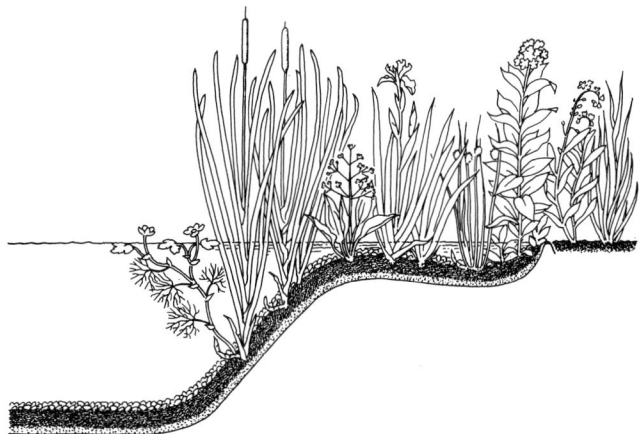

Die bis 8 cm große Kreuzkröte *(B. calamita)* ist durch einen gelblichen Längsstrich auf dem Rücken gekennzeichnet. Das vorwiegend nachtaktive Tier läuft mitunter so schnell, daß man es leicht mit einer Maus verwechseln kann. Kreuzkröten bevorzugen lokkere Böden. Sie verstecken sich unter Steinen und Baumwurzeln oder graben sich im Boden ein. Die Laichschnüre sind nur 1 bis 2 m lang und werden auch in Kleingewässern gefunden. Die Rufe der Männchen sind weit hörbar. Die grüngefleckte Wechselkröte *(B. viridis)* ist wärmeliebend, verträgt jedoch große Temperaturschwankungen, so daß sie sowohl in Trockengebieten als auch im Gebirge leben kann. Sie laicht in den verschiedensten Gewässern, sogar in verschmutzten Teichen. Ein Flachlandbewohner ist die Knoblauchkröte *(Pelobates fuscus)*. Ihre glatte, glänzend hellbraune Haut hat dunklere Flecken. Sie kann sich mit Hilfe ihrer Grabschaufeln an den Hinterfüßen bis 1 m tief in den Boden eingraben. Erst nachts verläßt sie ihre selbstgegrabenen Löcher und erbeutet Schnecken, Kerbtiere und Würmer.

Im Uferbereich eines größeren Gartenteiches können sich der Teichfrosch *(Rana esculenta)* und der Kleine Wasserfrosch *(R. lessonae)* einfinden. Beide Arten gehören zu den »Grünfröschen« und sind sehr ruffreudig, was wenig naturverbundene Nachbarn als Belästigung empfinden können. Der Teichfrosch ist vom Wasserfrosch nur schwer zu unterscheiden. Die Beute besteht wie bei den anderen Froscharten vorwiegend aus Schnecken und Insekten. Beide Arten überwintern vorzugsweise an Land, selten im Teichschlamm. Ihre kugelförmigen Laichballen enthalten 500 bis 1500 Eier und werden auf dem Teichgrund abgelegt. Schwimmen Laichballen an der Wasseroberfläche, sind sie vom Grasfrosch *(R. temporaria)*. Dieser »Braunfrosch« wird bis 10 cm groß, die braune Färbung variiert stark. Auffallend ist ein großer dunkler Schläfenfleck. Der Grasfrosch ist die häufigste Froschart im Garten, denn er kommt noch in großer Entfernung von Gewässern vor. Im Garten laicht er schon in kleinsten Wasserbecken. Vom Aussterben bedroht ist die Gelbbauchunke *(Bombina variegata)*, eine Bewohnerin des Hügel- und Berglandes. Die Tiere sind oberseits graubraun ge-

Frösche und Unken

Der Bergmolch kommt sowohl im Tiefland als auch im Gebirge vor

Wer Erdkröten im Garten hat, wird nicht über Schnecken klagen müssen

färbt, ihre Unterseite leuchtend gelbschwarz gefleckt. Die tag- und dämmerungsaktiven Gelbbauchunken können in den Frühjahrs- und Sommermonaten in Gräben, wassergefüllten Wagenspuren oder größeren Pfützen vorkommen. Pflanzenfreie Kleinstgewässer sind bevorzugte Aufenthalts- und Laichbiotope. Im Flachland ist an Stelle der Gelbbauchunke die Rotbauchunke *(B. bombina)* mit rot-schwarz gefleckter Unterseite in flachen pflanzenreichen Gewässern zu finden.

Zauneidechse

Die Zauneidechse *(Lacerta agilis)* ist das in unseren Gärten am häufigsten vorkommende Kriechtier. Ihr Lebensraum sind trockne Orte, die von der Sonne stark erwärmt werden, wie Trockenmauern und Steinhaufen. Bei regnerischem und kaltem Wetter wie auch zum Winterschlaf verkriechen sich die Zauneidechsen in schützende Erdlöcher. Die Färbung der bis 30 cm langen Tiere ist erdfarben, grau oder braun, und mit mehreren Reihen weißer, braun umrandeter Flecken verziert. Die Nahrung besteht aus allerlei Insekten und deren Larven, Spinnen und kleinen Nacktschnecken. Die Zauneidechse kann nur sich bewegende Beutetiere wahrnehmen. In Gärten, in denen die Zauneidechsen ungestörten Unterschlupf finden, können sich sehr stabile Populationen entwickeln. Die ärgsten Feinde der Zauneidechse sind wildernde Katzen und nasse, kalte Sommer. Die kleine, bis etwa 16 cm lange Waldeidechse *(L. vivipara)* kann in Gärten, die an Waldflächen grenzen, vorkommen. Sie lebt aber auch in feuchten Wiesen und Mooren.

Blindschleiche

Blindschleichen *(Anguis fragilis)* sind fußlose Echsen. Sie halten sich gern auf Komposthaufen auf, unter trockenem Reisig, in Staudengräsern und unter flachen Steinen, dort wo es feucht und warm ist. Wegen ihrer langsamen Bewegungen ernähren sie sich fast ausschließlich nachts von Nacktschnecken und Würmern. Blindschleichen gehören zu den wichtigsten Vertilgern der Nacktschnecken in unseren Gärten.

Grasfrösche setzen ihren
Laich in jeden
Gartentümpel ab

Die Ringelnatter *(Natrix natrix)* ist in der Regel an ihren halbmondförmigen Flecken am Kopf zu erkennen. Sie ist die einzige Schlangenart, die wir im Garten erwarten können, wenn in der Nachbarschaft Gewässer vorkommen. Ihre Hauptnahrung sind Fische und Lurche, selten Mäuse. Meist erkennt der Gärtner erst an der abgelegten Haut, daß eine Ringelnatter seinen Garten zum Jagdrevier erwählt hat. Ziemlich spät im Jahr, erst ab Juli, werden die Eier zuweilen auch in Komposthaufen abgelegt. Die Jungen schlüpfen dann oft erst im Oktober. Vorsicht also beim Umsetzen des Komposthaufens im Herbst!

Ringelnatter

Vögel

Wohl kaum eine andere Tiergruppe hat sich die Herzen der Menschen so erobert wie die Singvögel.

Singvögel

Als Gärtner haben wir Möglichkeiten, vielen der gefiederten Sänger in unserem Garten Nistmöglichkeiten zu erhalten, neue zu schaffen und ihnen damit Überlebenschancen zu bieten. Wo es der Platz zuläßt, kann man sich für eine frei wachsende Hecke entscheiden. Eine weitere Möglichkeit sind künstliche Nisthilfen. Als eifrige Helfer bei der biologischen Schädlingsabwehr sind uns alle Singvögel willkommen. Sie suchen ständig in Rindenspalten und Ritzen nach Insekten und ihren Larven, mit denen sie auch ihre hungrigen Jungen füttern. Ein Meisenpärchen vertilgt bei 2 Bruten im Jahr etwa 50 kg Insekten, viele davon zählen zu Schädlingen.

Vögel, wie Amsel *(Turdus merula),* Star *(Sturnus vulgaris)* und Haus-Sperling *(Passer domesticus),* haben sich an die Nähe des Menschen gewöhnt und ihrer Umwelt gut angepaßt. Durch ungestörte Vermehrung haben diese Vögel aber auch andere Arten verdrängt, die höhere Ansprüche an Lebensraum und Nahrung stellen. Viele von ihnen sind Zugvögel und einer alljährlichen Auslese durch die Reise und den Strukturwandel in ihren Winterquartieren ausgesetzt. Die Rückkehrer aus dem Süden finden oft die ihnen zusagenden Nistplätze von Standvögeln besetzt.

Ein naturfreundlich gestalteter und bewirtschafteter Garten kann vielen Vogelarten als Lebensraum dienen. Es müssen aber nicht immer Hecken sein, die wir den Buschbrütern zum Nestbau anbieten. Auch Einzelbüsche können durch Zusammenbinden von Ästen für den Nestbau hergerichtet werden.

Neben den Buschbrütern gilt es auch den in Höhlen und Nischen brütenden Vogelarten durch das Anbringen von Nistkästen zu helfen. Nistkästen müssen folgende Bedingungen erfüllen:
– Sie sollten katzen- und mardersicher gebaut sein. Das wird durch einen 11 cm langen Vorbau oder durch ein verlängertes, schräg nach oben gebohrtes Flugloch erreicht. So wird verhindert, daß diese Räuber mit ihren Pfoten die Jungvögel oder den brütenden Altvogel durch das Flugloch erreichen und herausziehen können.
– Die Grundfläche des Kastenbodens darf innen gemessen die Maße 12 × 15 cm nicht unterschreiten. Nur so haben die Altvögel beim Füttern ausreichend Platz und brauchen sich nicht auf die Jungen zu stellen. Meisen haben meist 12 bis 14 Junge im Nest!
– Damit keine Feuchtigkeit durch den Kasten dringt, wird er mit Firnis oder Halböl gestrichen. Keinesfalls dürfen Karbolineum oder andere giftig wirkende Holzschutzmittel verwendet werden.
– Wo Eichhörnchen oder Spechte vorkommen, sollten Blechumrandungen die Fluglöcher der Nistkästen davor schützen, erweitert zu werden. Damit sich die Vögel beim Ein- und Ausfliegen nicht Füße und Gefieder verletzen, muß das Loch im Blech 1 mm weiter sein als im Holz.
– Die Fluglochweite für Kohlmeise *(Parus major)*, Kleiber *(Sitta europaea)*, Gartenrotschwanz *(Phoenicurus phoenicurus)*, Trauerfliegenschnäpper *(Ficedula hypoleuca)* und Halsbandfliegenschnäpper *(F. albicollis)* beträgt 30 bis 34 mm. Die Blaumeise *(Parus caeruleus)* benötigt eine Fluglochweite von nur 27 mm.
– Selbstgebaute Nistkästen müssen gut verarbeitet werden, d. h., die Bretter müssen genau aneinander passen.
– Nistkästen für Nischenbrüter erhalten eine Grundfläche von 14 × 20 cm und ein Dach von 20 × 28 cm. Die Fluglochwand erhält zwei ovale Löcher mit den Abmessungen 3 × 5 cm. Zwischen Vorderwand und eigentlichem Nestraum wird ein Schrägboden angebracht, der den Kasten marder- und katzensicher macht. Zu den Nischenbrütern, die man auch Halbhöhlenbrüter nennt, gehören Hausrotschwanz *(Phoenicurus ochruros)*, Bachstelze *(Motacilla alba)* und Grauer Fliegenschnäpper *(Musicapa striata)*.
– Stare *(Sturnus vulgaris)* benötigen ein Flugloch von 48 mm Durchmesser und entsprechend ihrer Körpergröße auch einen geräumigeren Nistkasten.
– Nistkästen sollten von oben oder an der Seite zu öffnen sein, damit sie im Herbst, spätestens im zeitigen Frühjahr gereinigt und desinfiziert werden können. Letzteres erfolgt durch Abbrennen einer zerknüllten Zeitung im Nistkasten. Dabei werden auch Hühnerflöhe beseitigt, die Singvogelbruten sehr gefährlich werden und sogar zu Totalverlusten führen können.
– Nistkästen werden nicht unter 2 m und nicht über 3 m und mit dem Flugloch nach Süden oder Südosten in Bäumen oder an Stangen befestigt. Sie können auch mit einem Drahtbügel an Ästen frei schwebend aufgehängt werden. Der Abstand von Kasten zu Kasten

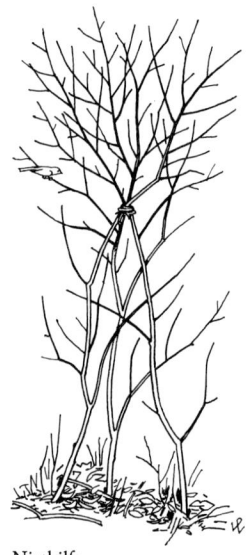

Nisthilfe

Bluthänflinge bauen ihr Nest niedrig in Hecken

Die Heckenbraunelle ist ein versteckt lebender Insektenfresser

soll 10 m nicht unterschreiten. Ein zu dichter Besatz mit Nistkästen führt zu heftigen Auseinandersetzungen der Brutpaare, im schlimmsten Falle vertreiben sich die Vögel gegenseitig, und die Nistkästen bleiben alle unbesetzt.

Zunächst unbesetzte Nistkästen werden gern von Kohlmeisen zur Aufzucht ihrer zweiten Brut oder zur Übernachtung benutzt.

Obwohl Schwalben keine Gartenvögel sind, verdienen sie es, hier genannt zu werden. Einst in Höhlen oder an Felswänden brütend, sind sie längst zu Kulturfolgern geworden und leben in enger Partnerschaft zu uns. Diese kann so weit gehen, daß Rauchschwalben *(Hirundo rustica)* in Schlafstuben ihre Nester bauen. Ein postkartengroßes Loch in der Hauswand oder ein offen gelassenes Fenster im Kleintierstall genügen schon, um Rauchschwalben den Flug ins Innere von Gebäuden zu ermöglichen, wo sie dann auf Mauervorsprüngen und Balken ihre Nester bauen und ihre Jungen großziehen können. Wenn es an Nestunterlagen mangelt, kann man solche leicht selbst bauen. Benötigt wird ein 15 × 15 cm großes Brett, auf dem an den Seiten 25 mm hohe Leisten befestigt werden. Mittels eines untergeschraubten rechtwinkligen Brettstückchens läßt sich die Nestunterlage kippsicher an der Wand befestigen. An glatten Wänden sind solche Nisthilfen besonders wichtig. Als Baumaterial verwenden die Schwalben Lehm, den sie mit Pflanzenteilen vermischen.

Die Nester der Mehlschwalben *(Delichon urbica)* finden wir zu mehreren oder gar zu Dutzenden dicht nebeneinander unter Dachvorsprüngen der Häuser. Ihnen mangelt es nicht so sehr an Nistplätzen als vielmehr an geeignetem feuchtem Baumaterial für ihre Nester. Wo es an Wasserpfützen mit lehmigem Untergrund, an denen sie sich ihr Baumaterial holen können, fehlt, kann man künstliche Nester herstellen und den Schwalben anbieten. Kunstnester werden entweder aus Holzbeton oder aus Zeitungspapier mit Tapetenleim geformt und unter Dachvorsprüngen angebracht. Um

Vogeltränke

die Verschmutzung der Hauswand zu verhindern, bringt man Kotbrettchen unter den Nestern an.

Eine Vogeltränke, die gleichzeitig als Bad dient, wird von unseren Gartenvögeln gern angenommen. Die Wasserstelle muß aber so angelegt sein, daß die badenden Vögel eine anschleichende Katze rechtzeitig sehen und wegfliegen können. Ein Durchmesser von 50 cm reicht aus. Das Vogelbad wird aus Lehm, Zement oder Folie am Boden hergerichtet, nicht tiefer als 5 cm, gerade noch tief genug für die Amsel. In die Mitte wird ein Stein gelegt, der etwas aus dem Wasser herausragt und den Vögeln als Sitzplatz dient. Das Wasser muß öfter erneuert werden. Ist kein ausreichender Freiraum vorhanden, kann auch eine wassergefüllte Schale auf einem Pfahl befestigt werden. Dort sind die Vögel vor Katzen sicher. Eine Vogeltränke sorgt dafür, daß Amseln ihren Durst nicht mit Erdbeeren stillen. In mit Wasser gefüllten Eimern und Fässern, in denen Regenwasser aufgefangen wird, sollte immer ein größeres Stück Holz schwimmen, auf dem die Vögel beim Trinken stehen können. Es verhindert auch, daß unerfahrene Jungvögel darin ertrinken.

Fachleute haben beobachtet, daß sich körnerfressende Vögel durch eine zeitlich ausgedehnte und mengenmäßig umfangreiche Winterfütterung bald an das »süße Leben« gewöhnen, faul werden und sogar ihre Bruten verhungern lassen, weil sie das mühevollere Futtersuchen in der freien Natur verlernt haben. Naturgewollt ist aber, daß sich die Vögel auch im Winter ihre Nahrung selbst suchen und dabei von Baum und Strauch allerlei Getier vertilgen, das sich sonst stark vermehrt und zum Schädling wird. Wahrscheinlich sterben auch mehr Vögel durch gutgemeinte Fütterung, als damit über den Winter gerettet werden. Falsches Füttern ist die Ursache dafür. Futter, das auf den Boden oder in ein Futterhaus gestreut wird, bekommt Kontakt mit dem Kot der Vögel. Sich rasch ausbreitende Infektionskrankheiten, wie zum Beispiel Salmonellen, sind die Folge. Die erkrankten Vögel ziehen sich zurück und sterben meist von uns unbemerkt.

Unsere Singvögel sind keine Allesfresser, sondern Nahrungsspezialisten. Ein für alle Arten bekömmliches Winterfuttergemisch gibt es nicht. Mit Ausnahme weniger Wintertage, an denen Eis an Baum und Strauch oder große Schneehöhen den Vögeln die Nahrungsaufnahme unmöglich machen, ist Winterfütterung nicht nötig. Speisenreste sind ungeeignetes Futter und können zum Tod der Vögel führen. Gartenkost ist immer besser als Streufutter. Ein naturnahe gestalteter Garten bietet auch im Winter Vögeln geeignetes Futter. Wer seinen Komposthaufen schneefrei hält, das Laub über Winter liegenläßt, eine Hecke gepflanzt hat, eine Gartenwiese wachsen und über Winter die Samenträger stehenläßt, hat für die Vögel und damit zugleich für den biologischen Pflanzenschutz schon viel getan.

Meisenringe und Futterglocken, bei denen das Futter nicht verunreinigt werden kann, sind für die Notfallfütterung gut geeignet. Die Weichfutterfresser Rotkehlchen *(Erithacus rubecula)*, Zaunkönig *(Troglodytes troglodytes)* und Amseln können mit Sonnenblumenkernen nichts anfangen. Für sie müssen wir getrocknete Ebereschenbeeren, Holunderbeeren und Obst, selbst wenn es schon angefault ist, bereithalten. Auch Haferflocken sind ein geeignetes Weichfut-

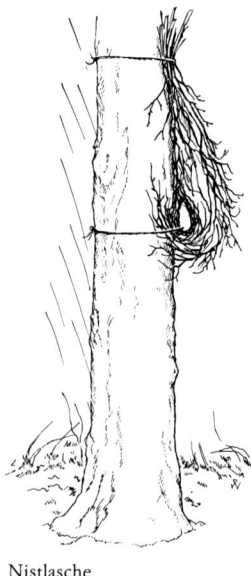

Nistlasche

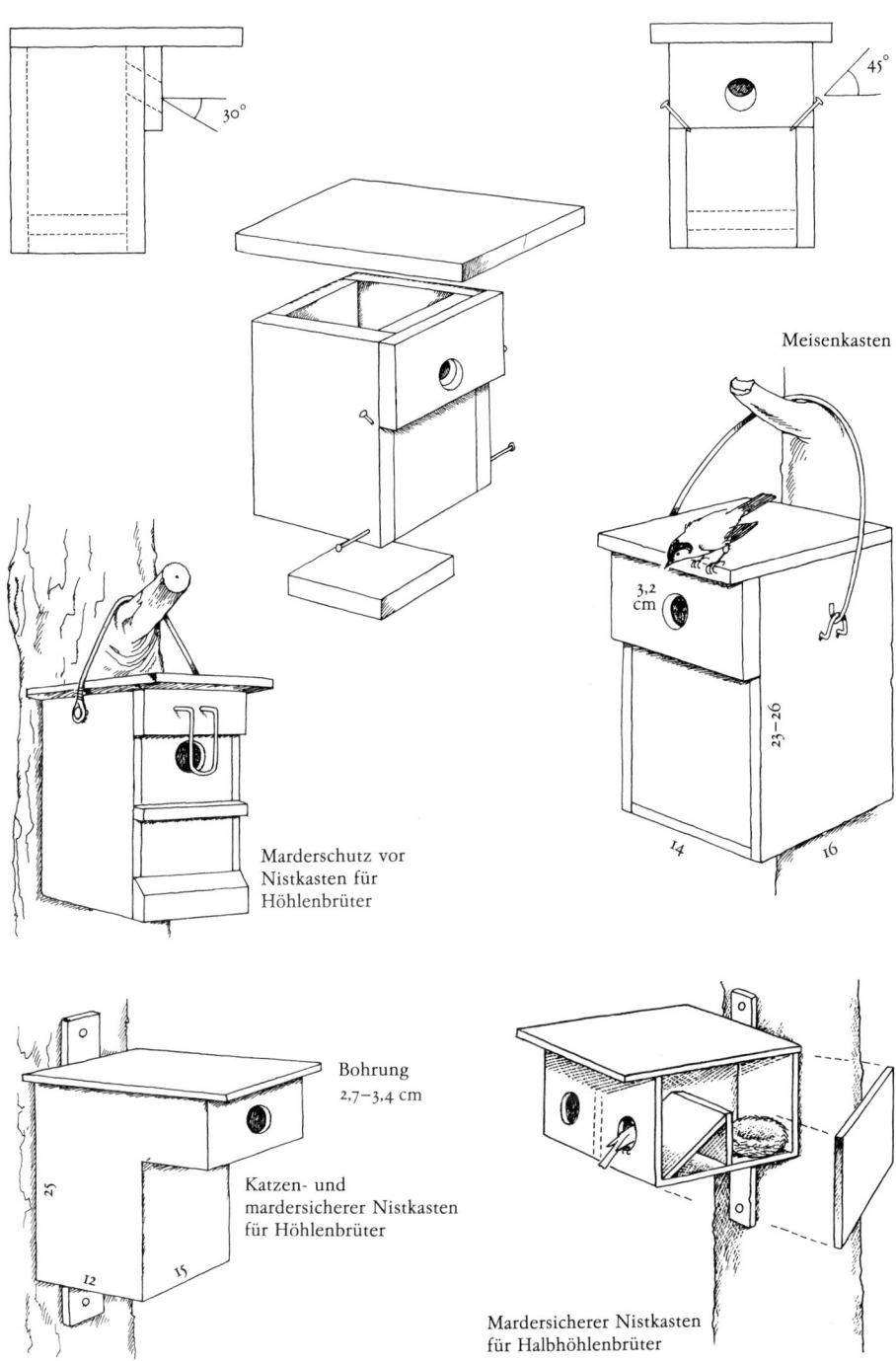

30°

45°

Meisenkasten

3,2
cm

23–26

14   16

Marderschutz vor
Nistkasten für
Höhlenbrüter

Bohrung
2,7–3,4 cm

25

Katzen- und
mardersicherer Nistkasten
für Höhlenbrüter

12   15

Mardersicherer Nistkasten
für Halbhöhlenbrüter

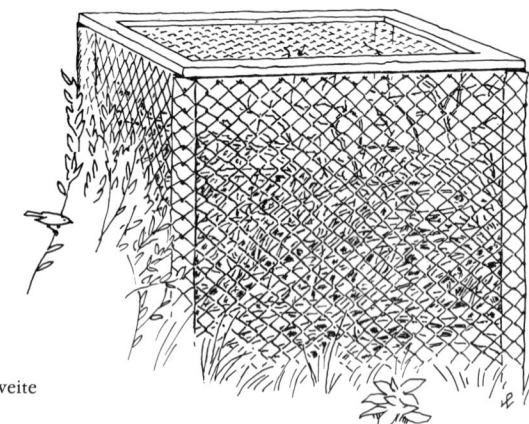

Reisighaufen für
Buschbrüter (Maschenweite
mindestens 5 cm)

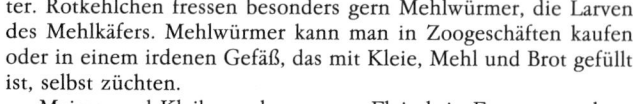

ter. Rotkehlchen fressen besonders gern Mehlwürmer, die Larven des Mehlkäfers. Mehlwürmer kann man in Zoogeschäften kaufen oder in einem irdenen Gefäß, das mit Kleie, Mehl und Brot gefüllt ist, selbst züchten.

Meisen und Kleiber nehmen gern Fleisch in Form von rohem Hackfleisch oder Knochen mit rohen Fleischresten, die man in Bäume hängen kann. Bei Hausschlachtungen ist es üblich, den »Schweinsnabel« als Meisenfutter im Garten aufzuhängen. Eine geeignete Futtermischung für Körnerfresser läßt sich auch selbst herstellen: Rinder- oder Hammeltalg wird zum Schmelzen gebracht und die gleiche Menge Kleie oder handelsübliches Streufutter dazugerührt. Das Gemisch wird sogleich in Blumentöpfe, Dosen oder Kokosnußschalen gegossen und nach Erkalten kopfunter im Garten oder am Fenster aufgehängt.

Man kann Katzen am Nestraub hindern, wenn man Zweige von Rosen oder Brombeeren recht dicht um den Stamm bindet, an dem sich Nistkästen oder Nester befinden. Einen sicheren Schutz bietet auch eine 60 cm breite Blechmanschette, die unterhalb des Nistkastens oder Nestes rundum befestigt wird. Wenn Nistkästen mit dem beschriebenen Vorbau oder Zwischenboden versehen sind, erübrigen sich diese Vorkehrungen. An Nistkästen ohne Vorbau oder Zwischenboden kann vor dem Flugloch ein starker, U-förmig gebogener Draht so angebracht werden, daß die abstehenden Drahtenden es Katzen und Mardern unmöglich machen, in das Flugloch hineinzulangen.

Wenn Vögel ihre Gelege verlassen, sind meist Flöhe die Ursache. Wird das flohbefallene Nest der ersten Brut nicht entfernt, bauen die Vögel bei Mangel an Nistgelegenheiten ein zweites Nest obenauf. Der Flohbefall kann dann so stark werden, daß die Jungen an Blutarmut sterben und von den Altvögeln aus dem Nest geworfen werden. Vorbeugend hilft Wurmfarn *(Dryopteris filix-mas)*, von dem man einen Wedel zusammenfaltet und auf den Kastenboden legt. Der Geruch des Farnkrautes soll Flöhe und Milben vertreiben.

Schutz gegen Katzen

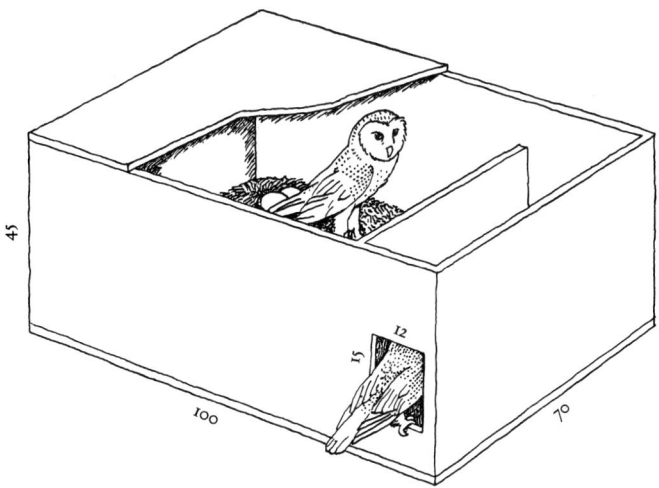

Nistkasten für
Schleiereulen

Gärten am Stadtrand oder im ländlichen Raum in Waldnähe gelegen, können zum Jagdrevier von Greifvögeln gehören. Von den Taggreifen sind es Mäusebussard *(Buteo buteo)* und Turmfalke *(Falco tinnunculus),* die in noch menschenleerer Morgenfrühe und während der ruhigen Winterzeit so manche Feldmaus und Wühlmaus in Gärten schlagen. Ein Turmfalkenpärchen, das in einem runden Giebelfenster eines Wohnhauses seine fünf Jungen aufzog, brachte alle 45 Minuten eine Maus ins· Nest.

Greifvögel und Eulen

Mäusebussard, Turmfalke und Eulen wird die Jagd auf Mäuse erleichtert, wenn wir ihnen sogenannte Sitzkrücken aufstellen, von denen aus sie die Nager beobachten können. Die hölzernen Sitzkrücken müssen mindestens 180 cm über die Bodenoberfläche, bei Niederstammbäumen über deren Kronen, zu stehen kommen. Das am oberen Ende angebrachte Querholz sollte einen Durchmesser von 30 bis 40 mm haben. Günstig sind zwei dieser Sitzhölzer über Kreuz angebracht, damit die Greife ihre Sitzhaltung entsprechend der Windrichtung wählen können. Diese Hilfsmaßnahme ist allerdings nur bei weitläufigen Gartenanlagen, also unter »Feld«-bedingungen und in Obstgärten mit jungen Bäumen sinnvoll.

In der Dämmerung und während der Nacht sind es Schleiereule *(Tyto alba),* Waldkauz *(Strix aluco)* und Steinkauz *(Athene noctua),* die in Gärten Wühlmäuse und andere Nager schlagen. Diesen Nachtgreifen fehlt es oft an geeigneten Brutplätzen. Dachböden, Scheunen und Kirchtürme sind die bevorzugten Brutplätze von Schleiereulen. Ist ihnen der Einflug in solche Gebäude versperrt, müssen sie abwandern. Schafft man ihnen aber kleine Öffnungen in der Mauer und stellt dahinter noch einen Nistkasten, kann man Schleiereulen ansiedeln. Ein Schleiereulenkasten besteht aus einem größeren Raum vom 100 cm Länge, 70 cm Breite und 50 cm Höhe sowie einem kleinen Eingangsraum, der durch eine Zwischenwand teilweise vom größeren Brutraum abgetrennt ist. Durch diese Art Schleuse wird verhindert, daß Tageslicht in den Brutraum dringt. Um die Eulen zur Besiedlung zu ermuntern,

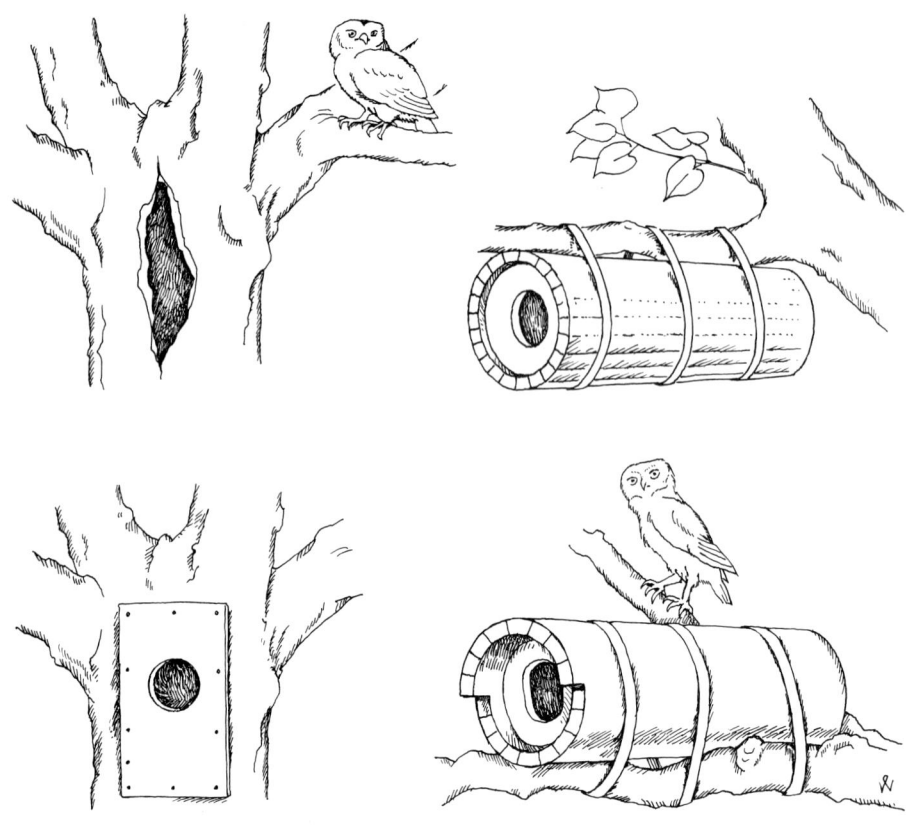

Nistplätze für Steinkauz

streut man Sägemehl auf den Kastenboden. Der Waldkauz brütet in hohlen Bäumen.

Der etwa taubengroße Steinkauz ist vom Aussterben bedroht. Er lebt von Kleintieren bis Sperlingsgröße. In ländlichen Gegenden brütet er in hohlen Apfelbäumen, in Kopfweiden oder in Wirtschaftsgebäuden.

Niststätten für Steinkäuze können auch künstliche Bruträhren sein, die einen hohlen Aststumpf nachbilden. In solchen Kunsthöhlen verwesen aber bei starker Sonneneinstrahlung Beutereste während der Jungenaufzucht sehr rasch, so daß zusammen mit Speiballen, Exkrementen und Fliegenmaden bald ein Kloakenmilieu entsteht, das zu Todesfällen unter den Jungvögeln führt. Die Niströhre muß deshalb zur besseren Durchlüftung in der Vorderwand neben dem Flugloch mehrere Luftlöcher und in der hinteren Dachhälfte einen überdachten 25 × 180 mm großen Luftschlitz erhalten. Um der Jauchebildung unter der Nestmulde vorzubeugen, hat sich die Ausstattung des Höhlenbodens (in künstlichen und natürlichen Bruthöhlen) mit 2 bis 7 cm groben, trockenen und morschen Holzstückchen bewährt.

Beim Schutz dieses Vogels, der Göttin der Weisheit, ist seine ökologische Bedeutung höher zu werten als andere wirtschaftliche Interessen. Man kann den Steinkauz, wie andere schutzbedürftige Tierarten auch, nicht sinnvoll schützen, wenn man nicht gleichzeitig seinen Lebensraum schützt. Wenn Sie in Ihrem Garten Steinkäuze beobachten, sollten Sie es das Naturschutzorgan wissen lassen, damit Schutzmaßnahmen eingeleitet werden können. Alle Eulenarten sind in der DDR und der BRD geschützt.

Säugetiere

Igel sind Einzelgänger, die sich untereinander aus dem Wege gehen. In einer Nacht können sie mehr als einen Kilometer zurücklegen. Bei diesem Umherstreifen werden sie leider häufig von Kraftfahrzeugen überfahren. In der Dämmerung sind Igel am aktivsten. Sie suchen dann eifrig nach Würmern, Schnecken, Nestern mit jungen Mäusen, fressen aber auch gern Fallobst. Bei der Nahrungssuche und Nahrungsaufnahme hört man ihr lautes Rascheln im Laub, Schmatzen beim Fressen und hin und wieder ein eigentümliches Husten.

Igel und Spitzmäuse

Wenn Sie Igel füttern wollen, dann nicht mit Milch. Sie führt bei den Tieren zu Durchfall. Reines, frisches Wasser ist besser und kann in Trockenzeiten für Igel sehr hilfreich sein. Im Herbst gefundene, untergewichtige junge Igel in menschliche Obhut zu nehmen, sollte unterbleiben. Diese falsch verstandene Tierliebe hat zur Folge, daß ihr Paarungsverhalten gestört wird und sie ihre Jungen so spät zur Welt bringen, daß diese wiederum den Winter nicht überleben. Der beste Igelschutz besteht darin, den Garten igelgerecht einzurichten. Dazu gehört ein durchlässiger Zaun, damit die Tiere in den Garten und wieder hinaus gelangen können. Wo Sträucher und Hecken wachsen, Wildpflanzen über Winter stehen, Laub liegen leibt und unter der Laube Platz für ein Winterquartier ist, fühlen sich Igel wohl und halten uns die Treue. Voraussetzung ist allerdings, daß der Gärtner kein Schneckengift anwendet, denn vergiftete Schnecken werden von Igeln gefressen.

In einen Gartenteich mit steilen Ufern oder in Wasserbecken mit hohen Wänden muß ein am Ufer befestigtes ins Wasser hineinragendes Brett mit Querleisten gelegt werden, auf dem ins Wasser gefallene Igel an Land laufen können. Beim Umsetzen des Komposthaufens ist mit Vorsicht ans Werk zu gehen, denn es kann sich ein Igel mit seinen Jungen darin aufhalten. Das trifft auch für Laub- und Reisighaufen zu. Sie müssen vorsichtig umgeschichtet und nach Igeln und Blindschleichen durchsucht werden.

Spitzmäuse sind keine Nagetiere, sondern Insektenfresser. Sie müssen wegen ihres raschen Stoffwechsels täglich das Mehrfache ihres Körpergewichtes fressen. Deshalb sind sie Tag und Nacht auf Nahrungssuche. Sie jagen nach Spinnen, Asseln, Insekten und anderen kleinen wirbellosen Tieren. Der Einsatz von Insektiziden schmälert auch ihre Nahrungsbasis, denn sie sind auf tierische Kost angewiesen. Ködern Sie Mäuse nicht mit Speck, damit keine Spitzmäuse in die Fallen geraten. Die »echten« Mäuse ködert man besser mit geröstetem Mehl oder mit Obst. Spitzmäuse verdienen unseren uneingeschränkten Schutz.

Gartenspitzmaus

Igel nähren sich von Tieren bis zur Größe eines Frosches, aber auch von Obst und Pilzen

Fledermäuse

Die bei uns überwinternden Arten verbringen den Winter in Bergwerksstollen, Kellern oder Felshöhlen. Im Sommer halten sich Fledermäuse gern in Baumhöhlen, hinter Fensterläden, auf Dachböden oder in Kirchtürmen auf. In Gärten mit alten Obstbäumen (Hochstämmen) kann man mitunter die Langohrfledermaus *(Plecotus auritus)* antreffen. Sie fliegt erst bei völliger Dunkelheit, sammelt Insekten im Rüttelflug von Bäumen und Mauern ab, fängt sie aber auch im Fluge. Mancher nur nachts fliegende Falter und Käfer, der im Garten zum Schädling werden kann, findet in den nachtaktiven Fledermäusen seine Gegenspieler.

Vielerorts mangelt es Fledermäusen an geeigneten Sommerquartieren. Die meisten Dachböden wurden bei Modernisierungsmaßnahmen dicht verschlossen und Fledermäuse und Schleiereulen ausgesperrt. Helfen Sie Fledermäusen, indem Sie den Dachboden Ihres Hauses für sie zugänglich machen und spezielle Fledermauskästen als Sommerquartier und Wochenstube für diese nützlichen Tiere anbringen. Diese Kästen müssen zugfrei gebaut, die Bretter am besten mit Nut und Feder versehen sein. Die Bretter bleiben im Innern des Kastens ungehobelt, damit sich die Fledermäuse gut daran festhalten können. Eine Querleiste erleichtert das Festklammern zusätzlich. Die Kästen dürfen nicht mit Holzschutzmittel imprägniert werden. Der Geruch hält die Fledermäuse davon ab, den Kasten anzunehmen. Fledermauskästen werden 4 bis 6 m hoch in Bäume gehängt, wo sie von der Sonne beschienen werden. Es ist ratsam, mehrere (bis zu 10 Stück) solcher Kästen, auch verteilt auf angrenzende Gärten, aufzuhängen. Wenn die Kästen nach 3 Jahren nicht von Fledermäusen angenommen sind, leben entweder keine in der Umgebung, oder die Kästen sagen ihnen nicht zu. Ideale Sommerbiotope für Fledermäuse sind hohle Bäume, die man mit Kletterpflanzen bewachsen läßt, der Raum hinter Fensterläden, Holzstapel und offene Kellerräume, wo die Tiere den Tag ungestört verbringen können. Wenn Sie im Dachkasten Ihres Hauses einen Einflugschlitz anbringen, finden die Fledermäuse auch dort einen geeigneten Unterschlupf. Alle Fledermausarten sind in der DDR und der BRD geschützt.

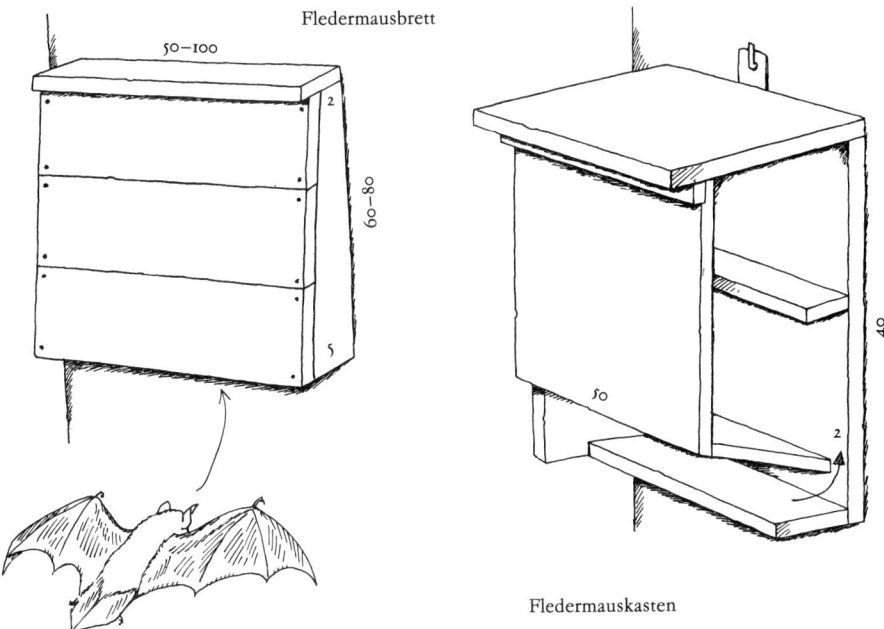

Fledermausbrett

50—100

60—80

Fledermauskasten

40

50

Im Garten können wir Iltis *(Mustela putorius),* Hermelin *(M. erminea)* und Mauswiesel *(M. nivalis)* antreffen. Sie sind uns willkommen, der Steinmarder *(Martes foina)* nicht. Sie jagen besonders Nager und machen sich so recht nützlich.

Wiesel

Der Iltis hat eine Körperlänge von 35 bis 46 cm und eine Schwanzlänge von 11 bis 17 cm. Er führt ein nachtaktives Leben innerhalb eines abgegrenzten Jagdreviers. Der Iltis gräbt sich kurze Gänge, bewohnt aber auch gern Kaninchenbaue. Er vertilgt große Mengen von Mäusen.

Das Hermelin, dessen braunes Haarkleid sich über Winter weiß verfärbt, ist ein guter Mäusefänger. Die Körperlänge beträgt 17 bis 32 cm, die des Schwanzes 5 bis 12 cm. Lebensraum des Hermelins sind Hecken und die Nähe von Bächen. Es kann sehr gewandt klettern und schwimmen.

Dem Hermelin ähnlich ist das Mauswiesel. Es erreicht aber nur eine Körperlänge von 11 bis 26 cm und eine Schwanzlänge von 4 bis 7 cm. Im Kampf gegen die gefürchteten Wühlmäuse ist das Mauswiesel der bedeutendste Helfer des Gärtners. Dank seiner Zierlichkeit vermag es in die Wühlmausgänge einzudringen und die Nager samt ihren Jungen im Bau zu jagen. Bei reichem Nahrungsangebot (in Wühlmausjahren) legt sich das Mauswiesel Vorratslager mit toten Beutetieren an. Seine Populationsdichte ist von der der Mäuse abhängig. Mauswiesel als auch Hermelin halten sich gern in etwa halbmeterhohen und locker aufgeschichteten Steinhaufen auf, wo sie den Tag verbringen und ihre Jungen großziehen.

Mauswiesel

Arbeitskalender

Vorfrühling   Schneeglöckchen, Hasel, Sal-Weide, Kornelkirsche blühen.
Keimproben und Saatbäder (Beize) durchführen. / Frühbeet (unbeheizt) packen, am besten mit strohigem Pferdemist. / Ab 5 °C Bodentemperatur Aussaaten von Feldsalat, Kopfsalat, Radies, Saatzwiebeln im Freiland; Rotkohl, Weißkohl, Wirsingkohl, Kohlrabi, Porree sowie Schnittlauch am Zimmerfenster oder im geheizten Gewächshaus. / Kohlrabi und Kopfsalat für den Frühanbau pflanzen. / Steckzwiebeln stecken. / Weinreben schneiden. / Mulchdecke für erste Freilandsaaten entfernen (Bodenerwärmung). / Rosen zurückschneiden. / Gemüseland vorbereiten. / Gartengeräte auf Funktionstüchtigkeit überprüfen. / Vogelnistkästen reinigen, neue Kästen bauen und anbringen. / Bei offenem Boden Nacktschnecken unter Brettern fangen. / Winterschutz von Rosen und Stauden entfernen. / Ernte von Feldsalat, Grünkohl, Rosenkohl, Winter-Porree, Schwarzwurzel, Radicchio, Knollenfenchel. / Hummelnester und Fledermauskästen aufstellen bzw. aufhängen. / Wasserfässer aufstellen. / Wühlmäuse fangen. / Vogeltränke aufstellen. / Ohrwurmtöpfe in Bäume hängen. / Wellpappgürtel gegen Apfelblütenstecher anbringen. / Nisthölzer und Niststengel für Insekten aufhängen. /

Erstfühling –
Vorfrühling   Stachelbeeren entfalten ihre Blätter, Löwenzahn und Süßkirsche blühen – Äpfel, Roßkastanie und Flieder blühen.
Gewächshaus schattieren, lüften, Jungpflanzen an Außentemperaturen gewöhnen. / Meerrettich und Spargel pflanzen. / Gehölze pflanzen. / Knoblauch in den Boden bringen. / Gladiolen, Montbretien, ab Mitte Mai Dahlien auslegen (vorher Stützpfahl einschlagen). / Kartoffeln vorkeimen, Frühkartoffeln legen. / Mulchdecke zwecks Luftaustausch lockern. / Aussaat einjähriger Gewürzkräuter, Chicorée, Senf, Ringelblume, Gemüsepaprika. / Erdbeerbeete säubern. / Obstbäume umveredeln (sobald die Rinde löst), düngen. / Über Winter gepflanzte Obstgehölze gießen. / Mehrjähriges Bohnenkraut, Salbei, Lavendel zurückschneiden. / Stauden zurückschneiden, teilen, pflanzen. / Brennessel-Jauche ansetzen. / Ungeschützten Boden nach Erwärmung mulchen. / Ab Mitte Mai Toma-

ten, Neuseeländer Spinat, Paprika, Artischocke, Eierfrüchte und Zucchini ins Freie bringen. / Nach Nachtfrösten frostempfindliche Pflanzen morgens mit kaltem Wasser übersprühen. / Starkzehrer mit Brennessel-Jauche düngen. / Schnecken wegfangen. / Ersten Rhabarber und Spargel ernten. / Wühlmäuse fangen. / Pflanzen auf Schädlingsbefall überprüfen. /

Schwarzer Holunder, Sommer-Linde, Robinie blühen.   **Frühsommer**
Aussaat von Winter-Endivie, Chinakohl, Winter-Rettich, Dill, Kresse und zweijährigen Blumen. / Folgesaaten von Portulak, Knollenfenchel, Rote Rübe, Blumenkohl, Möhren, Radies, Rettich. / Estragon und Eissalat pflanzen. / Gründünger aussäen. / Obstgehölze gleichmäßig mit Wasser versorgen. / Komposthaufen umsetzen. / Ende der Rhabarber-, Spargel-, Spinaternte. / Gurken und Kürbisranken kürzen (bei Gurke nach 4. Blatt). / Blumenkohl durch Umknicken von Blättern beschatten. / Vorbeugend gegen Schorf spritzen. / Reich tragende Erdbeerpflanzen zur späteren Absenkergewinnung kennzeichnen. / Süßkirsche und Walnuß schneiden. / Wellpappgürtel kontrollieren und erneuern. / Sommerschnitt an Obstgehölzen durchführen. / Starkzehrer mit Brennessel-Jauche düngen. / Kohlweißlinge vergraulen. / Rainfarn sammeln. / Raupennester der Gespinstmotten an Obstgehölzen entfernen bzw. mit Wasserstrahl abspritzen. / Pfirsichblattlaus bekämpfen. / Tomatenpflanzen ausgeizen. / Erdbeeren reichlich gießen, mulchen, zur Jungpflanzengewinnung abranken, nach der Ernte Laub abschneiden. / Frühkartoffeln hacken, anhäufeln. / Junge Triebe an Spalieren anbinden. / Letzter Zeitpunkt zum Düngen der Gehölze. / Ernte von Blumenkohl, Brokkoli, Buschbohnen, Sommer-Endivie, Erbsen, Gurken, Mangold, Frühmöhren und -rettich, Puffbohnen, Rote Rübe, früher Kohl, Tomaten, Steckzwiebeln. / Auf Schaderreger achten. /

Winter-Linde blüht.   **Hochsommer**
Aussaaten von Feldsalat, Zwiebeln, Spinat, Winter-Kopfsalat, Radies, Kerbel. / Abgeerntete Flächen mit Gründüngern ansäen. / Gewürzkräuter ernten. / Herbstkrokusse und Herbstzeitlose pflanzen. / Gartenwiese mähen, Heublumensamen einsäen. / Starkzehrer mit Brennessel-Jauche oder anderen Kräuterjauchen düngen. / Mulchen. / Kapuzinerkresse und Petersilie für den Winterbedarf in Töpfe säen. / Späte Porreesorten anhäufeln. / Blütenknospenbildung an Obstgehölzen durch Brennessel-Jauche und Kompostgaben anregen. / Erdbeeren, Grünkohl, Chinakohl und Winter-Endivie pflanzen. Wuchsformen der Obstgehölze korrigieren. / Fallobst aufsammeln. / Kohlweißlinge vergraulen. / Ernte von Gurken (aus Direktsaaten), Sommer-Porree, Bleichsellerie, Saatzwiebeln und frühen Obstsorten. / Vogeltränke sauberhalten. / Wellpappgürtel kontrollieren. / Äste reich tragender Obstbäume abstützen. / Wühlmäuse fangen. / Laubabwerfende Hecken schneiden. / Brombeeren absenken. / Sommerschnitt an Obstgehölzen (Wasserschosse). / Komposthaufen auf Feuchtigkeit überprüfen. / Blumenzwiebeln aus dem Boden nehmen und trocknen. / Schnecken wegfangen. / Trockene Blütenstandreste von Flieder und Rhododendren abschneiden bzw. herausbrechen. /

**Spätsommer –
Frühherbst**

Ebereschen- und Holunderbeeren sind reif – Herbstzeitlose blüht.
Aussaaten von Feldsalat, Spinat, Chinakohl, Radies, Schwarzwurzel, Gründünger, Winterportulak, frühe Möhren für das nächste
Jahr. / Mulchdecke erneuern. / Pflanzzeit für Kaiserkrone und Li-
lien. / Teilen und Verpflanzen von frühjahrs- und sommerblühen-
den Stauden. / Nadelgehölze pflanzen, schneiden. / Achselbulben
bei Tigerlilie *(Lilium lancifolium)* und Feuerlilie *(L. bulbiferum)* sammeln und aussäen. / Himbeeren, Stachelbeeren und Johannisbeeren auslichten. / Wühlmäuse fangen (Gemeinschaftsaktion). / Komposthaufen umsetzen. / Blumenzwiebeln pflanzen. / Gartenwiese
zweiter Schnitt. / Alte Rhabarberpflanzen teilen. / Tomaten vor
Frühfrösten schützen (Plastikhauben). / Chicorée in den Keller
bringen. / Mittelfrühes Kernobst und späte Pflaumensorten pflük-
ken. / Fallobst auflesen. / Wildfrüchte für Winterfütterung der Vögel sammeln und trocknen. / Wässern der Obstgehölze einstellen,
damit das Holz ausreift. / Sommerschnitt an Obstbäumen. / Endivie zum Bleichen zusammenbinden. / Gewürzpflanzen können ge-
teilt und neu gepflanzt werden. / Schnittlauch und Petersilie für
den Winterbedarf in Töpfe pflanzen. / Immergrüne Gehölze können jetzt umgepflanzt werden. / Abgeräumtes Land lockern und
mulchen. /

Vollherbst

Reife Früchte und Laubfärbung bei Roßkastanie, Buche, Stiel-
Eiche und Birke.
Obst und Wildgehölze pflanzen. / Obst abnehmen, dabei kranke
Früchte aussortieren. / Wellpappgürtel gegen Frostspanner anbringen. / Knollen von Gladiolen aus dem Boden nehmen, abtrocknen
lassen und frostsicher aufbewahren. / Aussaat von Dill und Petersilie. / Löwenzahnwurzeln ausgraben und zum Treiben in den Keller
bringen. / Erde im Gewächshaus auswechseln. / Schwarzwurzel,
Porree und Meerrettich mit Laub abdecken, um das Ausgraben im
Winter zu erleichtern. / Lehmerde für den Komposthaufen besorgen. / Bei jungen Obstbäumen Stützpfähle und Anbindungen nach-
sehen, erneuern. / Winterquartiere für Igel und Erdkröten schaffen. / Neuen Komposthaufen anlegen. / Bodenproben zur Untersu-
chung entnehmen und in ein Labor bringen. / Boden lockern, mit
Kompost versorgen und mulchen. / Spargelkraut abschneiden. / Immergrüne Gehölze und Stauden wässern. / Hügelbeet anlegen. /
Unreife Tomaten abnehmen und in frostsicheren Räumen nachreifen lassen. / Obstbaumpflege. / Baumscheiben mulchen. / Wein-
trauben und Nüsse ernten. / Späte Obstsorten abnehmen, sortieren
und einlagern. / Erntezeit für späte Sorten Blumenkohl, Kohlrabi,
Möhren, Rettich, frühe Sorten von Rosenkohl, Rotkohl sowie Winter-Endivie, Kürbis, Herbst-Spinat. /

Spätherbst

Roßkastanie, Buche und Birke werfen ihr Laub ab.
Bei Bedarf Boden kalken (nach Bodenuntersuchung). / Immergrüne Gehölze und Stauden wässern. / Frostkeimer aussäen: Eisenhut, Arnika, Lerchensporn, Diptam, Christrose, Primel, Veilchen. /
Frostsaaten (Gemüse) vornehmen. / Dahlienknollen nach dem ersten Frost aus dem Boden nehmen und frostsicher aufbewahren. /
Frostempfindliche Gehölze anhäufeln. / Schnittlauch- und Petersilientöpfe ins Haus nehmen. / Laub zum Kompostieren und Mul-

chen (Anrotten) beschaffen. / Für Obstbaumpflanzungen im nächsten Jahr bereits die Pflanzgruben ausheben. / Material für Winterschutz besorgen und bereithalten. / Kulturheidelbeeren und Kulturpreiselbeeren pflanzen. / Wellpappgürtel kontrollieren. / Inhalt der Ohrwurmtöpfe erneuern. / Obstbäume vor Wildverbiß schützen (Reisig, Manschetten), Rinde säubern, mit Baumanstrich versehen. / Grün- und Rosenkohl gegen Hasenfraß mit Maschendraht einzäunen. / Unbewachsenen Gartenboden lockern und mit Laub abdecken. / Wühlmäuse fangen (Gemeinschaftsaktion). / Im Freien verbleibendes Gemüse mit Laub abdecken. / Unter Beerensträuchern dicke Laubschicht aufbringen. / Fäkalienbehälter entleeren, Fäkalien kompostieren. / Erntezeit für: späte Kohlsorten, Chicorée, Grünkohl, Winter-Porree, Rettich, Rosenkohl, Schwarzwurzel, Knollensellerie, Herbstspinat. /

Frostempfindliche Stauden und Gehölze bei Barfrost ab Weihnachten mit Reisig abdecken. / Obstbäume (außer Aprikose und Pfirsich) bei frostfreiem Wetter schneiden. / Reiser zum Veredeln der Obstgehölze schneiden (bis −5 °C Außentemperatur) und einschlagen. / Baumkronen für Umveredlung im April abwerfen. / Rinde der Obstgehölze mit Rindenkratzer reinigen. / Hecken, wenn geplant, auf Stock setzen. / Plan für Mischkultur entwerfen. / Hummelnester und Fledermauskästen bauen. / Frühbeetkasten bauen. / Bohnenstangen und Tomatenstützen desinfizieren. / Vorkehrungen gegen Wildverbiß an Obstgehölzen kontrollieren. / Obstgehölze bei offenem Boden pflanzen. / Naßschnee von immergrünen Gehölzen abschütteln. / Belastenden Schnee von Gewächshaus, Laube und Schuppen entfernen. / Samenbedarf ermitteln, Bestellungen beim Versandhandel aufgeben. / Mausefallen aufstellen und kontrollieren. / Alte Nester von Buschbrütern entfernen. / Obstgehölze mit Holzasche düngen (auf Schneedecke streuen). / Größere Laubgehölze können jetzt umgepflanzt werden. / Weiterführende Gartenliteratur studieren und auswerten. / Eingelagertes Obst und Gemüse kontrollieren. /

Winter

Kniffe, Ratschläge von A bis Z

Aussaat

Gießen Sie ausgesäten Samen im Freiland nur an, wenn der Boden trocken ist (z. B. Sommeraussaaten). Es ist besser, ihn entsprechend seiner Größe nur mit Erde abzudecken und dann sich selbst zu überlassen, Regen und Luftfeuchtigkeit bringen die Samenkörner besser zum Keimen als stoßweises Angießen.

Aussaaterden sollten nicht gedüngt werden. Überdüngung ist oft die Ursache von Auflaufkrankheiten wie z. B. Pilzinfektionen. Die jungen Pflänzchen werden ja ohnehin bald in andere Erde pikiert.

Beisaaten

Günstige Kombinationen sind: Bohnenkraut in Rote Rübe, Bohnen, Salat und Zwiebeln; Boretsch in Rote Rübe, Salat, Zwiebeln, Möhren, Spargel; Gewürzfenchel in Gurken; Kamille in Zwiebeln; Dill in Möhren, Gurken, Salat, Kartoffeln, Kohl, Zwiebeln, Bohnen und Rote Rübe; Ackerbohnen in Kartoffeln (Stickstoffversorgung).

Bestäubung

Bei kaltem Frühlingswetter fliegen Bienen und andere bestäubende Insekten nicht. Wenn Sie Ihr blühendes Pfirsichbäumchen bei trockenem Wetter kräftig schütteln, fliegt so viel Blütenstaub umher, daß Blüten befruchtet werden und Sie mit einer zufriedenstellenden Ernte rechnen können.

Blattläuse

Topfpflanzen können Sie auf recht einfache Weise von Blattläusen und anderen Pflanzensaugern befreien: Stellen Sie den Blumentopf in einen Plastbeutel, den Sie über der Erde fest zubinden. Dann tauchen Sie die Pflanzen kopfunter in einen Eimer Wasser. 2 über den Eimerrand gelegte Hölzer (große Löffel oder Quirle) halten den dazwischen gestülpten Topf fest. Nach ca. 1 Stunde sind alle Blattläuse abgetötet.

Blumenkohl

Schöner weißer und fester Blumenkohl entwickelt sich, wenn Sie seine Blätter oben zusammenbinden oder einige nach innen einknicken, so daß die sich entwickelnden Knospenstände vor Sonne geschützt sind.

Faustregel beim Pflanzen: dreimal so tief pflanzen wie die Zwiebel hoch ist! Das sind z. B. bei Schneeglöckchen 5 cm, Tulpe 12 cm, Kaiserkrone 25 cm.

Wenn die großblumigen Arten, wie Tulpen und Narzissen verblühen, sollten die Blüten unter dem Fruchtknoten abgeschnitten werden. Das verhindert die Samenbildung und fördert die Entwicklung der neuen Zwiebeln.

Blumenzwiebeln und -knollen

Als einjährige Gewürzpflanze benötigt Dill kein eigenes Beet und keine gesonderte Reihe. Als Mitsaat in den Gemüsereihen fördert er ein gleichmäßiges Aufgehen zum Beispiel der Möhrensaat und das Wachstum der Möhren.

Dill

Wenn Obstbäume im Herbst nicht ihr Laub verlieren, ist der Boden mit Stickstoff überdüngt.

Düngung der Obstbäume

Durch das Entspitzen der Neutriebe vom Kernobst im Frühsommer bei Spalierformen fördert man die Bildung von Kurztrieben, die zumeist endständige Blütenknospen ausbilden. Die neuen Triebe werden nur 20 cm lang belassen.

Entspitzen (Pinzieren)

Sie bilden ihre Blütenknospen bereits im Herbst des Vorjahres aus. Deshalb wird man Erdbeerpflanzen im Herbst und nicht im Frühjahr düngen. Besonders reich tragende Erdbeerpflanzen werden mit einem Stöckchen markiert, damit man sie zur Jungpflanzengewinnung wiederfindet. Um Pilzkrankheiten vorzubeugen, sollten Erdbeeren samt Stiel gepflückt werden. In den frühen Vormittagsstunden haben die Früchte das meiste Aroma.

Erdbeeren

Schneiden Sie das Kraut von Rote Rübe, Sellerie und Möhren mit einem Stückchen der Knolle ab, dann können die Knollen im Keller nicht wieder austreiben, die Nährstoffe bleiben erhalten.

Ernteschnitt

Unreifes Fallobst wird aufgelesen und, soweit es nicht im Haushalt verwertet werden kann, zerstampft und kompostiert. Es enthält viele Nährstoffe. Damit wird gleichzeitig dem Obstmadenbefall im nächsten Jahr vorgebeugt. Fallobst ist oft vermadet.

Fallobst

Bei dieser Art Düngung wird unreifer Kompost verwendet. Mit ihm bringt man aktiviertes Bodenleben an viele Stellen des Gartens, der Boden wird mit dem ausgebreiteten Kompost geimpft. Wichtig ist, daß die Flächenkompostschicht sogleich gemulcht wird, damit der Kompostierungsprozeß nicht unterbrochen wird und aufgehende Wildkräuter unterdrückt werden. Die Flächenkompostierung ist für kleinere Gärten zu empfehlen, wenn nur halbfertiger Kompost greifbar ist und es an Platz fehlt, einen neuen Komposthaufen anzulegen.

Flächenkompostierung

Sie benötigen dazu 250 g Rapsöl, 20 g Schweineschmalz, 20 g Terpentin und 20 g Kolophonium. Öl und Schmalz werden auf zwei Drittel der Masse eingekocht. Unter Umrühren werden die anderen Zutaten beigegeben. Die Masse muß mit einem Pinsel verstreichbar sein.

Fliegenleim

Frostsaat Schwere Böden können im Frühjahr meist erst sehr spät bearbeitet werden. Das hat eine verzögerte Erntezeit zur Folge. Gemüse kann bereits im Winter und bei Frost gesät werden. Der Samen wird mit Gartenerde zugedeckt, Torf und Kompost halten im Frühjahr die Kälte zu lange fest und sind aus diesem Grunde nicht geeignet. Der ausgebrachte Samen geht im Frühjahr schon auf, ehe der Boden betreten werden kann. Für Frostsaaten sind frühe Sorten von Salat, Möhren, Spinat, Kohlrabi, Wurzelpetersilie und Schwarzwurzel besonders geeignet.

Gartenteich »Wasserblüte« in Ihrem Gartenteich ist ein Zeichen von hohem Nährstoffeintrag in das Gewässer. Sie können das Wasser »reinigen«, indem Sie einen kleinen, mit Torf gefüllten Sack in das Wasser hängen. Dadurch bekommt das Wasser einen mit dem Algenwachstum unverträglichen pH-Wert.

Gewürzkräuter Zum Trocknen sind geeignet: Ysop, Liebstöckel, Beifuß, Salbei, Weinraute, Thymian, Bohnenkraut, Majoran, Basilikum, Estragon. Man schneidet sie kurz vor oder zu Beginn der Blüte.
 Zum Einfrieren sind geeignet: Petersilie, Schnittlauch, Boretsch, Dill. Ihre Triebe oder Blätter werden kleingeschnitten, mit Wasser vermischt und in die Eiswürfelbox gefüllt. Die gefrorenen Portionswürfel können unbegrenzte Zeit im Kühlschrank aufbewahrt werden.

Gurke Gurkensamen keimen erst bei einer Bodentemperatur von 22 °C. Deshalb werden sie erst ins Freiland gesät, wenn die gefürchteten »Eisheiligen« die Jungpflanzen nicht mehr schädigen können. Aussaat im Freiland also erst nach dem 5. Mai.
 Salatgurken halten sich nach der Ernte lange frisch, wenn man sie mit dem Stiel nach unten zu zwei Dritteln ihrer Länge in kaltes Wasser stellt.

Hausmittel gegen Schaderreger Gegen Blattläuse: 200 g Schmierseife (oder Kernseife) in 10 Liter Wasser unverdünnt auf Pflanzen spritzen. Gegen starken Raupenbefall: 300 g Schmierseife (oder Kernseife), 0,5 Liter Brennspiritus, 1 Eßlöffel Kalk, 1 Eßlöffel Salz in 10 Liter Wasser gut verrühren, unverdünnt auf Pflanzen spritzen.
 Desinfizierende Beize: 3 kg Kaliumpermanganat in 10 Liter Wasser als Samen- und Wurzelbad.

Holunder Holunderblätter sollen Erdflöhe abwehren, Wühlmäuse und Maulwurf vertreiben. Man legt die Blätter in die Gänge oder gräbt sie um den Frühbeetkasten in die Erde. Jauche aus Holunderblättern hat die gleiche Wirkung.

Keimstoppmittel Holzkohlestaub ist ein wirksames Keimstoppmittel. Der Staub wird lagenweise zwischen die Einkellerungskartoffeln gestreut. Er verhindert auch Fäulnis.

Keimtemperaturen im Boden Erbsen, Dill, Feldsalat, Kohl, Möhre, Spinat: 5 °C; Bohnen, Basilikum, Sellerie: 10 °C; Chicorée, Mangold: 13 °C; Salat, Zwiebeln, Porree: unter 15 °C; Paprika, Tomate, Gurke: 22 °C.

Kohlrabi Verjüngung

Süßkirschen werden mit Stielen gepflückt; Sauerkirschen für den Hausgebrauch ohne Stiele. Die Stiele lösen sich schlecht, deshalb wird häufig das Auge am Stielgrund mit abgerissen.

Kirschenernte

Wenn vor der erwünschten üblichen Erntezeit Kohlköpfe aufzuplatzen beginnen, ist das ein Zeichen von Überreife. Das weitere Wachstum kann man unterbrechen, indem man die Pflanze mit dem Spaten etwas anhebt oder mit dem Messer unterhalb des Kopfes in den Strunk schneidet. In beiden Fällen wird die Nährstoffzufuhr und damit weiteres Wachstum unterbrochen. Die Wasserversorgung muß aber noch ausreichen, um das Kraut nicht welken zu lassen.

Kohl

Wird seine Knolle so abgeschnitten, daß noch 2 bis 3 Blattnarben verbleiben, wächst bald ein neuer Kohlrabi, ohne daß man ein zweites Mal gepflanzt hat.

Kohlrabi

Damit er nicht »schoßt«, begießt man ihn bei starker Sonnenbestrahlung öfter mit kaltem Wasser. Das ist eine Ausnahme von den sonst empfohlenen Gießmethoden.

Kopfsalat

Jauchen aus Wildkräutern und Kohlblättern sind schnell wirksame Dünger für alle Starkzehrer (Tomaten, Kürbis, Sellerie, Kartoffel, Porree) und werden während der Wachstumszeit öfter, 1:10 mit Wasser verdünnt, zum Gießen verwendet.

Kräuter-Jauche

In der Sonne ausreifen lassen, mit Stiel ernten, vor Frost schützen. Wenn er beim Anklopfen hohl klingt, ist er reif und kann verwertet werden.

Kürbis

Beide vergraulen die verschiedensten Schädlinge auf Nachbarpflanzen, hemmen aber auch das Wachstum ihrer Nachbarn. Für Mischkulturen sind diese Gewürzpflanzen deshalb nicht geeignet.

Liebstöckel (Maggikraut) und Beifuß

Löwenzahn	Löwenzahnwurzeln können über Winter wie Chicorée eingeschlagen und getrieben werden. Es gibt übrigens auch Kulturformen dieser wertvollen Heil- und Salatpflanze mit geringeren Bitterstoffgehalten als die Wildform.

Maifröste

Im Mai ist noch mit Nachtfrösten zu rechnen. Damit die Obstblüte nicht leidet, wird bei Temperaturen unter $-1\,°C$ ein Sprenger angestellt. Die Pflanzenteile werden dann von einem Eismantel umgeben. Der Sprenger bleibt in Funktion, bis alles Eis von den Pflanzen wieder geschmolzen ist. Das zerstäubte Wasser setzt beim Gefrieren 335 J Erstarrungswärme frei. Das Verfahren kann bis $-7\,°C$ mit Erfolg angewendet werden.

Markiersaaten

Samenkörner, die lange im Boden liegen, werden mit rasch aufgehenden Samen gemischt. Zum Beispiel Möhrensamen geht erst nach 4 Wochen, Radiessamen sehr schnell auf. Letztere markieren die Reihen, in denen später Möhren kommen werden, so daß zwischen den Reihen der Boden bearbeitet und gemulcht werden kann, ohne dabei die zarten Möhrenkeimlinge zu beschädigen.

Maulwurfhaufen

Vom Maulwurf an die Oberfläche gedrückte Erde ist feinkrümelig. Sie ist deshalb recht gut zur Füllung von Saat- und Pikierkästen geeignet.

Mischkulturen

Die in diesem Buch gegebenen Hinweise zu Pflanzenverträglichkeiten haben nur Gültigkeit, wenn keine leicht löslichen Mineraldünger und keine chemischen Pflanzenschutzmittel zum Einsatz gelangen. Durch sie kann sich der Gehalt an artspezifischen Inhaltsstoffen verschieben und der Abwehrmechanismus nicht mehr ausreichend wirksam werden, weil sich die einzelnen Komponenten des Stoffwechsels quantitativ zueinander verändert haben. Natürliche Wirkungsmechanismen können dadurch blockiert oder gehemmt werden.

Möhrenfliegen

Ligusterblätter zwischen oder an die Möhrenreihen gelegt, sollen Möhrenfliegen vertreiben.

Möhrenputzen

Wenn Sie Möhren vor dem Schaben oder Schälen 5 min lang in heißes Wasser legen, dem etwas Natron zugesetzt wurde, dann haben Sie leichtes Putzen. Mitunter läßt sich sogar die ganze Haut der Möhre mühelos abziehen.

Narzissen

Sie richten ihre Blüten stets der Sonne entgegen. Um ihnen nicht »hinterherzusehen«, pflanzt man Narzissen nördlich von Wegen und anderen gut einzusehenden Bereichen, so daß man immer in ihre Blüten sehen kann.

Naschbaum

Ein Naschbaum ist ein Obstbaum, der mehrere Sorten der gleichen Obstart trägt, auf den also die Edelreiser mehrerer Sorten aufgepfropft wurden. So ist es möglich, daß ein Apfelbaum mehrere Sorten unterschiedlicher Reifezeit, ein Birnbaum mehrere Birnensorten, eine Quitte auch noch Birnen und ein Pflaumenbaum außer Zwetschen noch Aprikosen (!), Mirabellen und Reneklöden trägt.

Der Nitratgehalt im Erntegut von Möhre, Rote Rübe und Sellerie wird erheblich verringert, wenn mindestens 5 Stunden vor der Ernte am Nachmittag die Möhren mit dem Spaten leicht angehoben, bei Rote Rübe und Sellerie die Wurzeln mit einem Messer durchtrennt werden. Damit wird erreicht, daß das im Speicherorgan befindliche Nitrat noch von den Assimilationsorganen verwertet wird, weiteres Nitrat aber nicht mehr aus dem Boden aufgenommen werden kann.

Nitratgehalt senken

Von Krebs befallene Obstbäume können durch Überbrücken der Krebswunde mit einem Reis erhalten werden. Man setzt kräftige einjährige Triebe oberhalb und unterhalb der Schadstelle etwa ab erster Maidekade, wenn die Rinde löst, mit einem T-förmigen Messerschnitt in die Rinde ein, so daß der Stoffwechsel über diese Brücke in Gang gehalten wird.

Obstbaumkrebs

Junge Obstgehölze werden mit der schwächer ausgebildeten Kronenseite nach Süden gepflanzt.

Obstgehölze pflanzen

Zu Perlzwiebeln kommt man, wenn man Porree bis zum nächsten Jahr stehenläßt und ihn dann durch Abschneiden des Schaftes am Blühen hindert. Dabei bilden sich über Sommer in der Erde junge Brutzwiebeln aus, die als Perlzwiebeln verwendet werden können. Die »echte« Perlzwiebel ist eine Varietät des Porrees.

Perlzwiebeln

Porree überwintert am besten in dichten Beständen und wenn er ab September nicht mehr gedüngt und gegossen wird.

Porree

Damit sich aus jedem Samenkorn ein Radies und nicht nur Kraut entwickelt, wird der Samen zwischen Daumen und Zeigefinger genommen und alle 5 cm ein Samenkorn wie Geld in den Boden gezählt. Gut andrücken und immer feucht halten. Im Handel sind auch Samen in Saatbändern (Papierstreifen) erhältlich, die mit diesen in die Saatrille gelegt werden.

Radies

Er wird von Mai bis Mitte Juni, in Höhenlagen noch bis Ende Juni geerntet. Später steigt sein Oxalsäuregehalt beträchtlich an.

Rhabarber

Durch die Verlagerung der Baumentrindung aus dem Wald in Sägewerke oder auf Holzausformungsplätze fallen Rinden konzentriert und in großen Mengen an. Als Rindenmulch ist entweder frische Rinde, die mit dem Häcksler zerkleinert wurde, oder längere Zeit gelagerte Rinde ohne weitere Zusätze zu verwenden. Frische Rinden enthalten Phenole, Harze und Gerbstoffe, die über längere Zeit das Keimen von Wildkrautsamen hemmen, ein willkommener Effekt des Mulchens.

Rindenmulch

Samen erhalten durch ein vierundzwanzigstündiges Bad mit Heilkräuterzusatz (Kamille, Brennessel, Schafgarbe, Baldrian) oder in einer Lösung von Kaliumpermanganat (1 g in 3 l Wasser) keim- und wachstumsfördernde Impulse. Gurkensamen legt man 24 Stunden in Milch. Saatbäder machen Keimling und Jungpflanze widerstandsfähig gegen verschiedene Schadeinwirkungen.

Saatbäder

Sauzahn und Haken

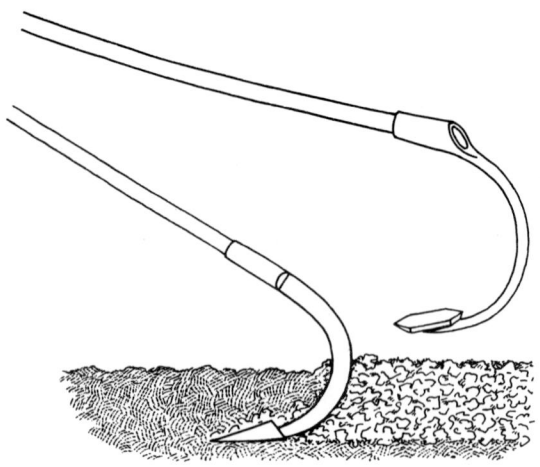

Salbei

Unter Rosen wachsend wehrt Salbei Blattläuse ab, Schnecken meiden seine Nähe.

Sauzahn

Der Sauzahn ist ein Ziehhaken aus Stahl, dessen sichelförmig gebogener Zinken den Boden in tieferen Schichten lockert. Bei der spatenlosen Bearbeitung wird der Boden in handbreiten Abständen mit dem Sauzahn in der Länge und dann diagonal dazu durchzogen. Dabei wird der Boden gelockert, aber nicht umgewendet.

Schnecken

Ein wirksames Lockmittel für Schnecken ist feuchter ungeschälter Reis.

Schnittlauch

Als Randbepflanzung oder abgeschnitten zwischen die Erdbeerreihen gelegt, soll er gegen Schimmelpilze wirken.

Schnittsellerie

Er schützt als Voraussaat Kohlpflanzen vor Raupen und Erdflöhen. Man sät den Schnittsellerie gleich in die Reihen, in denen später der Kohl gepflanzt wird. Er verbleibt als immergrüne Pflanze am Standort, bis er im Frühjahr wieder abgeschnitten werden kann.

Schwarzbeinigkeit

Gießen von Brennessel-Jauche und Schachtelhalm-Tee auf den Boden (unverdünnt) wirkt vorbeugend. Der Pilz wird auch durch Gesteinsmehl oder Holzasche bekämpft.

Schwarzwurzeln zubereiten

Der kaliumreiche Milchsaft färbt beim Schälen die Hände braun. Die Hände sind weder durch Seife noch durch Benzin oder Fett sofort wieder zu »entfärben«. Legen Sie mehrmals gewaschene Schwarzwurzeln 2 Minuten in kochendes Wasser und anschließend mit dem Schaumlöffel in kaltes Wasser. Danach lassen sich die Wurzeln leicht abpellen oder schälen. Danach müssen sie sofort in

Essigwasser gelegt werden, damit sie sich nicht verfärben. Auch
beim Zerschneiden der Wurzeln bleiben die Hände jetzt ungefärbt.

Tiefgepflanzter Sellerie bildet nur kleine Knollen aus. Er darf des-   **Sellerie**
halb nur bis zum Wurzelhals in den Boden gesetzt werden. Umge-
legte Blätter richten sich selbst wieder auf.

Er gehört zu den besten Gründüngern und Zwischenfruchtpflan-   **Senf**
zen. Breitwürfig ausgesät ergibt er in wenigen Tagen eine dichte
grüne Decke, die wie Mulch Wildkräuter unterdrückt und den Boden vor Sonne, Regen und Wind schützt. Als Gründünger nutzt er
gelösten Stickstoff und produziert Biomasse, die zum Teil als Wurzel im Boden bleibt oder dem Komposthaufen zugute kommt.

Spritzmittel haben die beste Wirkung, wenn sie in rhythmischen   **Spritzmittel**
Abständen verwendet werden, zum Beispiel an 3 Tagen hintereinander zur jeweils gleichen Uhrzeit.

Sie lieben einen heißen Kopf und feuchte Füße. Im Herbst nicht   **Tomaten**
ausgereifte Früchte hängt man in Trauben in einem frostsicheren
Raum auf und legt reifende Äpfel in ihre Nähe. Das von den Äp-
feln ausgeschiedene Ethylengas bewirkt ein schnelleres Reifen der
Tomaten.

Sie halten sich in der Vase länger frisch, wenn ihnen ein kleiner   **Tulpen**
Thujazweig beigegeben wird.

Grünkohl entwickelt seinen vollen Geschmack erst, wenn er richtig   **Wintergemüse**
durchfroren ist. Beläßt man die Strünke, treiben sie im Frühjahr
neu aus, die jungen Blätter können als Gemüse verwendet werden.
    Rosenkohl verträgt ohne Winterschutz keine strengen Barfrö-
ste. Im Vollherbst oder Spätherbst sollten die unteren, ausgereiften
Röschen zuerst geerntet werden. Dadurch entwickeln sich die klei-
neren, in den oberen Blattachseln sitzenden Röschen besser. Um
das Reifen zu beschleunigen, schneidet man die Triebspitze bereits
im Frühherbst ab.
    Knollenfenchel verträgt, mit Laub abgedeckt, einige Kältegrade.
Porree wird angehäufelt und ebenfalls mit Laub abgedeckt.

Damit die Zwiebelschlotten zur Erntezeit abwelken, hebt man die   **Zwiebeln**
Pflanze mit der Grabegabel etwas an und läßt sie in diesem Zustand noch 2 bis 3 Wochen, von der Sonne beschienen, stehen. So
reifen sie gut aus und lassen sich lange lagern.

Tabellen

Kombinationsmöglichkeiten für Mischkulturen

	gute Nachbarn	schlechte Nachbarn
Buschbohne	Bohnenkraut, Erdbeere, Rote Rübe, Tomate, Gurke, Kartoffel, Kohl, Kopfsalat, Radies, Rettich, Sellerie, Möhre	Erbsen, Knoblauch, Zwiebeln, Porree
Dill	Bohnen, Erbsen, Gurke, Kohl, Kopfsalat, Möhre, Rote Rübe, Zwiebeln	
Erbsen	Gurke, Kohl, Kopfsalat, Möhre, Radies, Rettich, Bohnenkraut	Bohnen, Kartoffel, Knoblauch, Porree, Tomate, Zwiebeln
Endivie	Fenchel, Kohl, Porree	
Erdbeere	Buschbohne, Knoblauch, Kopfsalat, Porree, Radies, Rettich, Zwiebeln	Kohl
Fenchel	Endivie, Erbsen, Gurke, Kopfsalat, Salbei	Bohnen, Tomate, Pfefferminze
Gurke	Bohnen, Erbsen, Knoblauch, Kohl, Kopfsalat, Porree, Rote Rübe, Sellerie, Spargel, Zwiebeln, Basilikum	Kartoffel, Radies, Rettich, Tomate
Kapuzinerkresse	Kartoffel, Radies, Rettich, Tomate, Zucchini	
Kartoffel	Bohnen, Knoblauch, Meerrettich	Erbsen, Gurke, Kohl, Rote Rübe, Zwiebeln, Sellerie, Tomate

	gute Nachbarn	schlechte Nachbarn
Knoblauch	Erdbeere, Kartoffel, Möhre, Rote Rübe, Tomate	Bohnen, Erbsen, Kohl, Spargel
Kohl	Beifuß, Bohnen, Erbsen, Gurke, Kopfsalat, Salbei, Pfefferminze, Radies, Rettich, Rote Rübe, Sellerie, Tomate, Thymian, Boretsch	Erdbeere, Kartoffel, Knoblauch, Zwiebeln
Kopfsalat	Bohnen, Erbsen, Erdbeere, Gurke, Kohl, Pfefferminze, Porree, Möhre, Radies, Rettich, Rote Rübe, Spargel, Tomate, Zwiebeln	Petersilie, Sellerie
Mangold	Radies, Rettich, Kohl, Möhre	
Möhre	Erbsen, Knoblauch, Salat, Pfefferminze, Porree, Radies, Rettich, Tomate, Zwiebeln, Majoran, Buschbohne	Rote Rübe
Petersilie	Radies, Rettich, Spargel, Tomate, Pfefferminze	Kopfsalat, Porree
Porree	Erdbeere, Gurke, Kohl, Kopfsalat, Möhre, Sellerie, Tomate, Zwiebeln	Bohnen, Erbsen, Petersilie, Radies, Rettich, Rote Rübe
Radies, Rettich	Bohnen, Erbsen, Erdbeere, Kohl, Kopfsalat, Möhre, Petersilie, Tomate, Ringelblume	Gurke
Rote Rübe	Buschbohne, Gurke, Knoblauch, Kohl, Kopfsalat, Tomate, Zwiebeln	Kartoffel, Porree, Möhre, Tomate
Schwarzwurzel	Porree, Kopfsalat, Kohlrabi	
Sellerie	Buschbohne, Gurke, Kohl, Porree, Tomate	Kartoffel, Kopfsalat
Spargel	Gurke, Kopfsalat, Petersilie, Tomate	Knoblauch, Zwiebeln
Tomate	Buschbohne, Gartenkresse, Kapuzinerkresse, Knoblauch, Kohl (außer Rotkohl), Kopfsalat, Porree, Möhre, Petersilie, Pfefferminze, Radies, Rettich, Rote Rübe, Sellerie, Spargel	Erbsen, Gurke, Kartoffel, Rotkohl, Knollenfenchel
Zwiebeln	Erdbeere, Gurke, Kopfsalat, Porree, Möhre, Rote Rübe, Bohnenkraut	Stangenbohnen, Erbsen, Kohl, Spargel, Kartoffel
Zucchini	Erbsen, Stangenbohnen, Kapuzinerkresse, Zwiebeln	

Alte und bewährte einjährige Gartenpflanzen

	Sonne	Schatten	Besondere Ansprüche an den Boden				Bienen-weide
			trocken	frisch	basisch	sauer	
Adonisröschen (Adonis annua)	x		x		x		
Bechermalve (Lavatera trimestris)	x						
Bertram (Anacyclus spec.)	x				x		
Gartenfuchsschwanz (Amaranthus caudatus)	x						
Garten-Rittersporn (Delphinium-Hybriden)	x						
Gartenbalsamine (Impatiens balsamina)	x	(x)		x			
Jungfer im Grünen (Nigella damascena)	x						
Kapuzinerkresse Tropaeolum majus)	x						x
Levkoje (Matthiola incana)	x						
Löwenmaul (Antirrhinum majus)	x						
Reseda (Reseda odorata)	x	(x)					x
Ringelblume (Calendula officinalis)	x	(x)					x
Sommeraster (Callistephus chinensis)	x						x
Sonnenblume (Helianthus annuus)	x			x			x
Strohblume (Helichrysum bracteatum)	x	x					
Studentenblume (Tagetes-Hybriden)	x						
Zinnie (Zinnia elegans)	x						

(x) = bedingt

Alte und bewährte zweijährige Gartenpflanzen

| | Sonne | Schatten | Besondere Ansprüche an den Boden | | | | |
			trocken	frisch	basisch	sauer	Bienen-weide
Bartnelke (Dianthus barbatus)	x	(x)					
Goldlack (Cheiranthus cheiri)	x						x
Königskerze (Verbascum spec.)	x		x				x
Marienglockenblume (Campanula medium)	x	(x)					x
Mutterkraut (Chrysanthemum parthenium)	x				x		
Nachtviole (Hesperis matronalis)	x	(x)					x
Roter Fingerhut (Digitalis purpurea)	(x)	x					
Stiefmütterchen (Viola tricolor)	x	(x)					
Stockrose (Alcea rosea)	x		x				x
Vergißmeinnicht (Myosotis-Hybriden)	x	(x)					

(x) = bedingt

Wildpflanzen für den naturnahen Garten

⊙ = einjährig ⊙⊙ = zweijährig	Sonne	Schatten	Besondere Ansprüche an den Boden				Bienenweide
			trocken	frisch	basisch	sauer	
Blutstorchschnabel *(Geranium sanguineum)*	x			x			
Buschwindröschen *(Anemone nemorosa)*	(x)	x		x			x
Christophskraut *(Actaea spicata)*		x		x	x		
Feld-Rittersporn ⊙ *(Consolida regalis)*	x			x			
Frauenmantel *(Alchemilla spec.)*	x	(x)		x			
Frühlingsblatterbse *(Lathyrus vernus)*	(x)	x		x	x		
Graslilie, Ästige *(Anthericum ramosum)*	x		x				
Grasnelke *(Armeria maritima)*	x						
Kriech-Günsel *(Ajuga reptans)*		x		x			
Habichtskraut, Orangerotes *(Hieracium aurantiacum)*	x						
Heide-Nelke *(Dianthus deltoides)*	x		x				
Himmelsleiter *(Polemonium caeruleum)*	x			x		x	x
Huflattich *(Tussilago farfara)*	x			x	x		x
Hunds-Veilchen *(Viola canina)*	(x)	x		x			
Jakobs-Greiskraut *(Senecio jacobaea)*	x						x
Klatschmohn ⊙ *(Papaver rhoeas)*	x						x
Kornblume ⊙ *(Centaurea cyanus)*	x						x

⊙ = einjährig ⊙ = zweijährig	Sonne	Schatten	Besondere Ansprüche an den Boden				Bienen-weide
			trocken	frisch	basisch	sauer	
Kornrade ⊙ (Agrostemma githago)	x						
Taubenkropf (Silene vulgaris)	x	x					
Lungenkraut (Pulmonaria officinalis)	(x)	x		x			x
Kleines Mädesüß (Filipendula vulgaris)	x			x	x		
Natternkopf ⊙ (Echium vulgare)	x		x				
Nesselblättrige Glockenblume (Campanula trachelium)		x		x			x
Rote Lichtnelke ⊙ (Silene dioica)	(x)	(x)		x			x
Purpurrote Taubnessel (Lamium purpureum)	x	(x)					x
Schafgarbe (Achillea millefolium)	x		x				
Sibirische Schwertlilie (Iris sibirica)	x			x			
Sonnenröschen (Helianthemum nummularium)	x		x		x		x
Frauenspiegel ⊙ (Legousis speculum-veneris)	x				x		
Wegwarte (Cichorium intybus)	x		x		x		
Weiße Taubnessel (Lamium album)	x	(x)					x
Wiesen-Storchschnabel (Geranium pratense)	x			x			
Akelei-Wiesenraute (Thalictrum aquilegiifolium)	x			x			
Wilde Malve (Malva sylvestris)	x						x
Wilde Karde ⊙ (Dipsacus sylvestris)	x	(x)		x			

Zwiebel- und Knollengewächse für den naturnahen Garten

	Sonne	Schatten	Besondere Ansprüche an den Boden trocken	frisch	basisch	sauer	Bienen- weide
Blaustern (Scilla bifolia, S. sibirica)	x	(x)					x
Dahlie (Dahlia-Hybriden)	x						x
Dichternarzisse (Narcissus poeticus)	x			x			
Feuerlilie (Lilium bulbiferum)	x						
Gartentulpe (Tulipa gesneriana)	x						
Gartenanemone (Anemone coronaria)	x						
Gladiole (Gladiolus-Hybriden)	x		x				
Hasenglöckchen (Scilla non-scripta)	x						x
Hyazinthe (Hyazinthus orientalis)	x						
Jonquille (Narcissus jonquilla)	x			x			
Kaiserkrone (Fritillaria imperialis)	x			x			x
Frühlings-Krokus (Crocus spec.)	x						x
Madonnenlilie (Lilium candidum)	x			x			
Märzbecher (Leucojum vernum)	x	(x)		x			x
Montbretie (Crocosmia × crocosmiiflora)	x		x				x

	Sonne	Schatten	Besondere Ansprüche an den Boden trocken	frisch	basisch	sauer	Bienen-weide
Milchstern (Ornithogalum nutans, O. umbellatum)	x				x		
Osterglocke (Narcissus pseudonarcissus)	x			x			
Schneeglanz (Chionodoxa luciliae)	x	(x)					x
Schneeglöckchen (Galanthus nivalis)	x	x					x
Tazette (Narcissus tazetta)	x			x			
Traubenhyazinthe (Muscari racemosum)	x						
Türkenbundlilie (Lilium martagon)	x	(x)			x		
Winterling (Eranthis hiemalis)	(x)	x		x	x		x
Wild-Tulpe (Tulipa sylvestris)	x				x		

(x) = bedingt

Alte und bewährte Stauden- und Blütengehölze

	Sonne	Schatten	Besondere Ansprüche an den Boden trocken	frisch	basisch	sauer	Bienenweide
Akelei (*Aquilegia vulgaris*)	(x)	x		x	x		
Alant (*Inula helenium*)	x	(x)		x			
Astilbe (*Astilbe spec.*)				x		x	
Aurikel (*Primula auricula*)	x				x		
Bergaster (*Aster amellus*)							x
Berufskraut (*Erigeron spec.*)	x						
Blaukissen (*Aubrieta-Hybriden*)	x		x				x
Brennende Liebe (*Lychnis chalcedonica*)	x						
Buchsbaum (*Buxus sempervirens*)	x	(x)	x				
Bunte Margerite (*Chrysanthemum coccineum*)	x			x			
Christrose (*Helleborus niger*)		x		x	x		x
Dost (*Origanum vulgare*)	x		x		x		
Edelgarbe (*Achillea filipendulina*)	x						
Efeu (*Hedera helix*)	x						x
Eibisch (*Althaea officinalis*)	x			x			
Eisenhut (*Aconitum spec.*)	x	(x)		x			
Essigrose (*Rosa gallica*)	x				(x)		
Federnelke (*Dianthus plumarius*)	x		x		x		
Fetthenne (*Sedum spectabile*)	x		x				x
Flieder (*Syringa vulgaris*)	x						x
Gänsekresse (*Arabis alpina*)	x				x		

	Sonne	Schatten	Besondere Ansprüche an den Boden				Bienen-weide
			trocken	frisch	basisch	sauer	
Gemswurz (Doronicum spec.)	x			x			
Goldfelberich (Lysimachia punctata)	x	(x)					
Goldrute (Solidago-Hybriden)							x
Funkie (Hosta-Hybriden)	x			x			
Hauswurz (Sempervivum spec.)	x		x				
Herbstastern (Aster novi belgii, A. novi-angliae, A. dumosus)	x						x
Himmelsleiter (Polemonium caeruleum)	x						x
Hortensie (Hydrangea spec.)	x	(x)					
Immergrün (Vinca minor)	(x)	x					
Indianernessel (Monarda didyma)	x						x
Jelängerjelieber (Lonicera caprifolium)	(x)	x					x
Kartoffelrose (Rosa rugosa)	x		x				x
Katzenminze (Nepeta cataria)	x		x				x
Knäuel-Glockenblume (Campanula glomerata)	x	(x)					
Kokardenblume (Gaillardia-Hybriden)	x						x
Kugeldistel (Echinops spec.)	x		x				x
Lampionblume (Physalis alkekengi)	x	(x)					
Lavendel (Lavendula angustifolia)	x		x		x		x
Liguster (Ligustrum vulgare)	x	(x)					x
Mädchenauge (Coreopsis spec.)	x						x

	Sonne	Schatten	Besondere Ansprüche an den Boden				Bienen-weide
			trocken	frisch	basisch	sauer	
Maßliebchen (Bellis perennis fl. pl.)	x						
Mandelbäumchen (Prunus triloba)	x						
Margerite (Chrysanthemum maximum)	x			x			
Maiglöckchen (Convallaria majalis)	(x)	x					
Mohn (Papaver orientale)	x		x				x
Damaszenerrose (Rosa × damascena)							
Osterluzei (Aristolochia clematitis)	x	(x)		x			
Pfingstnelke (Dianthus gratianopolitanus)	x		x		x		
Pfingstrose (Paeonia officinalis)	x			x	x		
Polsterphlox (Phlox subulata)	x		x				x
Porzellanblümchen (Saxifraga umbrosa)	x	x					
Pfirsichblättrige Glockenblume (Campanula persicifolia)	(x)	x					
Prachtscharte (Liatris spicata)	x						x
Ranunkel (Ranunculus hort.)	x						
Rittersporn (Delphinium-Hybriden)	x						
Schlüsselblumen (Primula veris, P. officinalis)	x	(x)		x			x
Schneeball (Viburnum opulus)	x	(x)		x	x		x
Schwertlilien (Iris germanica, I. sibirica, I. pumila)	x						
Schleifenblume (Iberis sempervirens)	x	x					
Schleierkraut (Gypsophila paniculata)	x			x			

	Sonne	Schatten	Besondere Ansprüche an den Boden				Bienen-weide
			trocken	frisch	basisch	sauer	
Schwarzer Holunder (Sambucus nigra)	x	(x)		x	x		
Seifenkraut (Saponaria officinalis)	x		x				x
Sonnenbraut (Helenium autumnale)	x			x			x
Sonnenhut (Rudbeckia fulgida)	x						
Staudenlupine (Lupinus polyphyllus)	x		x				
Staudenphlox (Phlox-Paniculata-Hybriden)	x						x
Staudensonnenblume (Helianthus rigidus)	x						
Steinkraut (Alyssum saxatile)	x		x				x
Taglilie (Hemerocallis spec.)	x	(x)		x			
Tränendes Herz (Dicentra spectabilis)	x	(x)		x			
Trollblume (Trollius spec.)	x			x		x	
Waldrebe (Clematis spec.)	x	(x)		x			
Weberkarde (Dipsacus sativus)	x			x			
Weinrose (Rosa rubiginosa)	x						x
Wilder Wein (Parthenocissus quinquefolia)	x	x					
Winteraster (Chrysanthemum-Indicum-Hybriden)	x						
Wohlriechendes Veilchen (Viola odorata)	x	(x)		x	x		
Zentifolie, Moosrose (Rosa centifolia)	x			x			
Zimtrose (Rosa majalis)	x	(x)	(x)	x			

(x) = bedingt

Gehölze für Hecken

(s = verträgt Formschnitt)		Besonderheiten
Alpen-Johannisbeere *(Ribes alpinum)*	s	Vogelschutzgehölz
Berberitze *(Berberis vulgaris)*		Früchte eßbar, Brutgehölz
Blasenstrauch *(Colutea arborescens)*		Blüten für Hummel und Wildbienen, Früchte für Vögel giftig!
Blutroter Hartriegel *(Cornus sanguinea)*		
Blut-Johannisbeere *(Ribes sanguineum)*	s	
Feld-Ahorn *(Acer campestre)*	s	
Hainbuche *(Carpinus betulus)*	s	
Flieder *(Syringa vulgaris)*		
Blaue Doppelbeere *(Lonicera coerulea)*		Wirtspflanze für Schmetterlingsraupen, Beeren Vogelnahrung
Gemeiner Schneeball *(Viburnum opulus)*		Beeren Vogelnahrung
Hasel *(Corylus avellana)*		
Hunds-Rose *(Rosa canina)*		Früchte nutzbar
Kartoffel-Rose *(Rosa rugosa)*		Früchte nutzbar
Kreuzdorn *(Rhamnus catharticus)*		Wirtspflanze für Schmetterlingsraupen, Früchte Vogelnahrung
Kornelkirsche *(Cornus mas)*		Bienenweide, Früchte eßbar
Liguster *(Ligustrum vulgare)*	s	Wirtspflanze für Schmetterlingsraupen
Lavendel-Weide *(Salix eleagnos)*		Bodenfestiger, Bienenweide
Pfaffenhütchen *(Euonymus europaea)*		giftig!
Pfeifenstrauch *(Philadelphus coronarius)*		
Pimpinell-Rose *(Rosa pimpinellifolia)*		wichtiger Bodenfestiger
Rote Heckenkirsche *(Lonicera xylosteum)*		Wirtspflanze für Schmetterlingsraupen, Früchte Vogelnahrung
Roter Holunder *(Sambucus racemosa)*		Früchte Vogelnahrung
Schneebeere *(Symphoricarpos albus)*	s	Bienenweide, Früchte Vogelnahrung
Spierstrauch *(Spiraea spec.)*		
Weinrose *(Rosa rubiginosa)*		Früchte nutzbar
Wolliger Schneeball *(Viburnum lantana)*		Früchte Vogelnahrung
Weißdorn *(Crataegus spec.)*	s	Vogelschutzgehölz

Ausdauernde Kletterpflanzen

O = frostgefährdet	niedrige Gebäude/ Mauern	mehrge- schossige Gebäude	Loggien, Pergolen, Bäume, Masten	Boden/ Böschungen	Zäune
Baumwürger (Celastrus orbculatus)	x	x	x		
Clematis-Hybriden	x		x		
Echter Jasmin (Jasminum nudiflorum) O	x			x	x
Efeu (Hedera helix)	x	x	x	x	x
Geißblatt (Lonicera spec.)	x	x	x		x
Glyzine, Blauregen (Wisteria sinensis, O W. floribunda)	x	x	x		
Hopfen (Humulus lupulus)	x		x		x
Jungfernrebe (Parthenocissus quinquefolia, P. tricuspidata)	x	x	x	x	
Kletterhortensie (Hydrangea anomala)	x	x	x		
Kletterrosen (Rosa spec.)	x		x	x	x
Kletter-Knöterich (Fallopia aubertii)	x	x	x		
Pfeifenwinde (Aristolochia macrophylla)	x		x		
Spindelbaum (Euonymus fortunei)	x		x	x	x
Staudenwicke (Lathyrus latifolius)			x		
Strahlengriffel (Actinidia arguta, A. chinensis)	x	x	x		
Trompetenwinde (Campsis radicans) O	x	x	x		
Waldrebe (Clematis vitalba)	x	x			
Weinrebe (Vitis vinifera)	x		x		x
Zaunrübe (Bryonia alba, B. cretica)	x		x	x	x

Quellenverzeichnis

Literatur

Baumann, E.: Organische Düngung und Erdwirtschaft in der Gemüseproduktion. Erfurt/Leipzig 1984

Baumann, E.: Bodenfruchtbarkeit im Garten. 2. Aufl. Berlin 1985

Böhme, G.: Zwischen Wildnis und Dressur. In: Timm, U. (Hrsg.), Wie grün darf die Zukunft sein. Gütersloh 1978

Böhmig, F.: Rat für jeden Gartentag. 20. Aufl. Leipzig-Radebeul 1988

Bergmann, W.: Ernährungsstörungen bei Kulturpflanzen. Jena 1983

BI-Lexikon Toxologie. Leipzig 1985

Brockhaus ABC Biologie. 6. Aufl. Leipzig 1986

Chinery, M.: Naturschutz beginnt im Garten. Ravensburg 1986

Darwin, Ch.: The formation of vegetable mould through the action of worms. London 1881

Däßler, H. G.: Einfluß von Luftverunreinigungen auf die Vegetation. 3. Aufl. Jena 1986

Dittrich, W.: Bäuerl. Gärten. Stuttgart 1984

Dörfler, F.; Roselt, G.: Heilpflanzen gestern und heute. Leipzig-Jena-Berlin 1984

Dunger, W.: Unbekanntes Leben im Boden. Leipzig-Jena-Berlin 1976

Dunger, W.: Tiere im Boden. Wittenberg Lutherstadt 1983

Ernst, M.: Spargel im Garten. 8. Aufl. Berlin 1976

Falkenberg, H.: Lebensgemeinschaften in der heimatlichen Natur. Wittenberg 1968

Fiedler, H. J. und H. Reißig: Lehrbuch der Bodenkunde. Jena 1964

Foerster, E. und G. Rostin: Ein Garten der Erinnerung. Berlin 1982

Francé, R.: Das Edaphon. München 1921

Friedrich, G. u. a. (Hrsg.): Pflanzenschutz in der Obstproduktion. 2. Aufl., Berlin 1987

Friedrich, G.; Preuße, H.: Obstbau in Wort und Bild. 4. Aufl., Leipzig-Radebeul 1988

Friedrich, G.; Schuricht, W.: Seltenes Stein- und Beerenobst. Leipzig-Radebeul 1985

Fritzsche, R. u. a.: Resistenz von Kulturpflanzen gegen tierische Schaderreger. Jena 1988

Gabriel, J.: Erfolgreich gärtnern durch naturgemäßen Anbau. Niedernhausen 1987

Grümmer, G.: Die gegenseitige Beeinflussung höherer Pflanzen – Allelopathie. Jena 1955

Handbuch für den Garten. Leipzig 1984

Heimann, M.: Naturgemäßer Pflanzenschutz im Nutzgarten. Stuttgart 1982

Jaekel, E.: Gärten nach der Natur – Mit einheimischen Pflanzen und Materialien. 2. Aufl., Stuttgart 1983

Kahnt, G.: Biologischer Pflanzenbau. Möglichkeiten und Grenzen biologischer Anbausysteme. Stuttgart 1985

Karg, W.: Die Bestandsüberwachung im Obstbau als Voraussetzung zur Einführung umweltschonender sowie biologischer Pflanzenschutzverfahren. Archiv für Gartenbau. Berlin 28 (1980) H. 7

Kindt, V.: Speisepilze selbst angebaut. Berlin 1978

Klinkowski, M.: Phytoalexine: Begriffe und methodische Fragen. Forschungen und Fortschritte. 40 (1966) S. 321–327

Koloc, R.: Steinobstsorten. 3. Aufl., Leipzig/ Radebeul 1973

Kreuter, M. L.: Der Bio-Garten. 9. Aufl., München/Wien/Zürich 1986

Lanak, J.; Simko, K.; Vanek, G.: Pflanzenschutz im Garten (Obst, Wein, Gemüse). Berlin 1972

Lange, W.: Gartengestaltung der Neuzeit. Leipzig 1907

Le Roy, L.: Natur ausschalten, Natur einschalten. Stuttgart 1978

Lutz, A.: Frühbeet, Folienzelt und Gewächshaus. 4. Aufl. Berlin 1985

Mengel, K.: Ernährung und Stoffwechsel der Pflanze. 6. Aufl., Jena 1984

Molisch, U.: Der Einfluß einer Pflanze auf die andere (Allelopathie). Jena 1937

Mücke, B.; Ferguson, J. A.: Der Garten der zehn Jahreszeiten. München 1987

Mühl, F.: Erfolgstips für den Obstgarten. Niedernhausen 1986

Mühl, F.: Erfolgstips für den Gemüsegarten. Niedernhausen 1983

Müller, E. W.: Gesunde Pflanzen. Berlin 1987

Müller, K. O.; M. Klinkowski u. G. Meyer: Physiologisch-genetische Untersuchungen über die Resistenz der Kartoffel gegenüber Phytophtora infestans. Naturwiss. 27 (1939) S. 765–768

Müller, K. O. und U. Börger: Experimentelle Untersuchungen über die Phytophtora-Resistenz der Kartoffel. Arb. Biolog. Reichsamt. Land- und Forstwirtschaft Berlin-Dahlen 23 (1940) S. 189–231

Pazourek, J.: Das geheimnisvolle Leben der Pflanzen. Prag 1986

Peters, G.: Mensch und Tierwelt. Leipzig-Jena-Berlin 1981

Petzold, H.: Apfelsorten. 2. Aufl., Leipzig-Radebeul 1982

Petzold, H.: Birnensorten. 2. Aufl., Leipzig-Radebeul 1984

Pfleger, V.: Weichtiere. Prag 1984

Pötschke, N.: Großes Gartenbuch. 7. Aufl., Holzbüttgen 1969

Richter, K.: Häutungshemmung bei Insekten durch Pflanzeninhaltstoffe – eine Strategie in der Insektizidforschung. Biolog. Rundschau 27 (1989), S. 73–87

Ritter, L.: Begegnungen in heimatlicher Natur. 2. Aufl., Berlin 1977

Rohde, G.: Lehrbuch der natürlichen Kompostierung. Berlin 1957

Rothmaler, W.: Exkursionsflora. 4. Bd., 6. Aufl., Berlin 1987

Scheerer, G.: Fruchttragende Hecken. 3. Aufl., Berlin, Kleinmachnow 1951

Schilling, G. (Hrsg.): Pflanzenernährung und Düngung, Teil II: Düngung. 2. Aufl. Berlin 1989

Schmid, O., und S. Henggeler: Biologischer Pflanzenschutz im Garten. 6. Aufl., Stuttgart 1984

Schnelle, F.: Pflanzenphänologie. Leipzig 1955

Schneider, C.: Kompostfibel. 2. Aufl., Berlin, Kleinmachnow 1949

Schubert, R. (Hrsg.): Lehrbuch für Ökologie. Jena 1984

Schubert, R.: Bioindikation in terrestrischen Ökosystemen: Jena 1985

Schweitzer, A.: Die Lehre der Ehrfurcht vor dem Leben. 7. Aufl. Berlin 1974

Sedlag, U.: Biologische Schädlingsbekämpfung. 2. Aufl., Berlin 1980

Sorge, P.: Beerenobstsorten. Leipzig-Radebeul 1984

Steiner, H.: Nützlinge im Garten. Stuttgart 1985

Tegethoff, B. M.: Garten ohne Gift. Niedernhausen 1989

Tronickova, E.: Gemüse. Prag 1985

Volak, J., und J. Stodola: Das große Buch der Heilpflanzen. Prag 1983

Wehrhahn, H. R.: Großes Handbuch für Gartenbau und Gartenkultur 2 Bde., Leipzig o. J.

Wendt, H., und H. Hildebrandt: Biologischer Gartenbau unter Glas und Folie. 2. Aufl., München 1983

Zahradnik, J.: Hautflügler. Prag 1985

Zentralstelle für Sortenwesen der DDR: Sortenliste 1988 für landwirtschaftl. Kulturpflanzenarten, Gemüse, Arznei- und Gewürzpflanzen, Obst. Berlin 1988

Fotos

Jürgen Alberti, Bad Schönborn:
S. 14, 17, 30, 35, 39 l., 52, 55 r.l., 56 r.l., 57 r.l., 60, 70 l., 72, 77, 107, 108, 115, 124, 127, 128, 134, 135, 139 r.l., 144 r.l., 157, 168, 170 r.l., 171 r.l., 172, 176, 180 r.l., 186, 188 l., 190 oben, 190 Mitte v., 193 alle, 194 r.l., 198, 201, 203 r.l., 209 r.l.

Hans Gehrke, Kühlungsborn:
200, 206, 215 r.l.

Axel Grambow, Berlin:
11, 23 r., 39 r., 53, 68, 71 r., 78, 81 r.l., 86, 90, 94, 97, 98, 105, 126 r., 130, 131, 132, 133, 145, 150 r.l., 152, 154, 156, 190 Mitte l., 190 unten r., 202, 207 r., 212 r.l., 213

Dr. Hans Dieter Knapp, Waren:
18, 21, 23 l., 28, 34 r.l., 70 r., 71 l., 75, 102, 136, 175 r.l., 184 r.l., 185 l., 185 r., 190 unten l., 197

Reiner Ponier, Berlin:
29, 51, 126 l., 185 r., 207 l.

VEB Erfurter Blumensamen (S. Stie), Erfurt:
120

Zum Schluß
möchte ich all denen danken, die mich bei der Entstehung des Buches unterstützt haben. Das war vor allem der Neumann Verlag, der sich um die bestmögliche Ausstattung bemüht hat, besonders Herr Dr. Manfred Geyer als Lektor.
Herzlichen Dank sage ich ferner Herrn Dr. Hans Dieter Knapp für das Kapitel »Naturnahe Gartengestaltung«, Herrn Veit Ludewig für seine wertvollen praktischen Hinweise, Herrn Hans Preuße für die Zeichnungen und den Fotografen für die farbigen Bilder.

Lückenmühle im Vorfrühling 1990

Günter Budina

Register

x weist auf eine Abbildung
hin